핵심코어!
데이터 분석
with 파이썬

최희식
choihs3054@seoultech.ac.kr

2012 년 2 월 숭실대학교 일반대학원 컴퓨터학과 전공 (공학박사)
2008 년 3 월 ~ 삼육대학교 컴퓨터공학부 외래교수
2020 년 3 월 ~ 서울과학기술대학교 산업시스템공학부 외래교수
2020 년 8 월 ~ 한국외국어대학교 미네르바학부 외래교수
2022 년 8 월 ~ 세종대학교 지능기전학부 외래교수

관심분야
SW 프로그래밍 (Java, C, DB, Python, JSP, JavaScript, Node.js 등), 컴퓨팅사고 ,
인공지능 , 빅데이터 , IoT, 정보보안 등

핵심코어!
데이터 분석
with 파이썬

인쇄 2023 년 03 월 17 일 초판 1 쇄
발행 2022 년 03 월 31 일 초판 1 쇄

저　자 최희식
발행인 성희령
발행처 INFINITYBOOKS | **주소** 경기도 고양시 일산동구 하늘마을로 158, 대방트리플라온 C 동 209 호
대표전화 02)302-8441 | **팩스** 02)6085-0777
기획팀 채희만 , 임민정 | **영업팀** 최형진 , 이호준 | **마케팅팀** 한석범 | **편집팀** 임유리 , 강미연 | **경영관리팀** 이승희

도서문의 및 A/S 지원
홈페이지 www.infinitybooks.co.kr | **이메일** helloworld@infinitybooks.co.kr

ISBN 979-11-92373-18-8 | **등록번호** 제 2021-000018 호 | **판매정가** 26,000 원

머리말

4차 산업혁명 시대가 도래함에 따라 창의성이 요구되고 문제 해결 중심의 프로그램이 중요시되면서, 시대적 흐름에 따라 기존 C 프로그래밍은 파이썬 프로그래밍으로 사용 순위가 바뀌게 되었다. 또한 데이터 활용에 대한 분석도 기존 SAS, SPSS, R 중심에서 파이썬을 활용한 데이터 분석으로 트렌드의 흐름이 완전히 변모하고 있다.

최근 데이터 분석의 중요성이 강조됨에 따라 많은 대학교에서 파이썬을 활용한 데이터 분석 강좌들이 개설되고 있다.

이 책의 특징은 다음과 같다.

첫째, 이 책은 데이터 분석의 필수적 기능을 활용하여 인문, 경영, 공학과 같은 학문적 전공과 상관없이 누구나 쉽게 NumPy, Pandas, Matplotlib 등과 같은 파이썬 라이브러리를 사용해서 데이터 분석을 익힐 수 있도록 구성하였다.

둘째, 강사가 강의하는 스타일을 문제로 옮겨서 누구나 쉽게 이해하고 익힐 수 있도록 하였고, 친절한 해설과 설명으로 누구나 쉽게 따라할 수 있도록 구성하였다.

셋째, 파이썬과 라이브러리를 활용해서 분석에 대한 방법을 익히고 이를 적극적으로 활용할 수 있도록 챕터마다 예제 실습, 진단문제, 수행평가 등으로 배운 내용을 정리하고 문제 해결 능력을 기를 수 있도록 구성하였다.

넷째, 기존 데이터 분석에서 많이 사용되던 통계학적 요소와 관련된 이론적 설명은 가급적 줄이고, 가장 필수 요소인 분석 기법으로 누구나 자신감 있게 데이터 분석을 활용해보도록 구성하였다.

다섯째, 1~5장은 파이썬 기본적인 사용법과 파이썬 함수들을 설명하였고, 6~9장에서는 아나콘다 플랫폼을 설치하여 주피디 노트북 환경에서 실습할 수 있는 환경을 제공하며 NumPy, Pandas, Matplotlib, Seaborn 파이썬 분석 라이브러리 및 시각화에 대해 설명하였다. 10~13장은 전처리, 웹 크롤링, 웹 스크래핑, 공공 데이터를 활용한 데이터 분석이 가능하도록 구성하였다.

끝으로 본서가 출간될 수 있도록 도움을 주신 인피니티북스 채희만 대표님, 한석범 부장님 및 편집, 기획 관계자 여러분께 깊은 감사를 전하는 바이다.

또한 많은 독자들이 이 책을 통해 데이터 분석에 대한 자신감을 기르고, 데이터 분석을 다양한 분야에 활용하여 부디 데이터 분석 전문가로 성장해나가길 진심으로 바라는 바이다.

You can do it with this book, only!

차례

차례

차례

차례

차례

차례

차례

Introduction to **Data analysis**

CHAPTER

01

데이터 분석 개념

학습목표

데이터 분석은 정보를 담고 있고, 새롭고 가치 있는 의미를 담은 정보를 재가공할 수 있어 4차 산업혁명의 대표 기술로 구분된다.

근대사에서는 제한된 양의 데이터라도 가장 어려운 도전과제에 대한 해결책을 찾아내는 통찰력을 제공하는 데 기여했다.

데이터의 양은 더 많아졌지만 데이터 저장 비용은 급감하면서 데이터 과학자들은 새로운 기술로 개발된 첨단 도구로 무장하여 대량의 데이터에서 중요한 통찰력을 얻고 있다. 데이터를 처리하는 기술이 점점 다양화되면서 그러한 기술의 영향도 더욱 커지고 있으며 기회도 더 많아지고 있다.

학습 목차

1.1 데이터 분석 개념

AI, Bigdata, IoT, 자율주행차 같은 단어들은 우리들에게 익숙하지만 갑작스럽게 불어닥친 4차 산업혁명 때문에 어디서부터 어떻게 정보를 접하고 활용해야 하는지 사실상 막연하다.

4차 산업혁명 시대에서 빅데이터는 국가 또는 기업에서 얼마나 많은 데이터를 보유하고 그 데이터를 어떻게 잘 분석하는지에 따라 국가 경쟁력 및 기업의 수익 구조가 달라질 만큼 매우 중요한 기술적 가치를 지닌다.

이번 장에서는 데이터 분석 및 처리의 필요성과 활용성에 대해 알아보도록 한다.

빅데이터의 정의

빅데이터가 무엇인지 정의하기 전에 먼저 빅데이터 이전의 데이터와 비교해보자. 과거에는 문맥이 담긴 텍스트 데이터나 사진, 동영상과 같은 비정형적 데이터는 분석이나 처리가 어려웠다. 하지만 소셜 미디어의 사용 증가로 빅데이터 기술도 발전함에 따라 이러한 비정형 데이터들을 분석하는 것이 가능해졌고, 대량의 정형 또는 비정형 데이터로부터 가치를 추출하고 결과를 분석하는 기술을 낳게 되었다.

즉, 빅데이터는 기존의 기술로는 분석이 불가능하며 처리할 수 없었던 비정형 데이터를 분석하고 추출하여 원하는 패턴을 찾아 저장하고 활용하며 비즈니스 모델 또는 서비스 모델의 개발 및 개선, 수행에 이용하는 일련의 과정이라고 정의할 수 있다.

여기서 잠깐

빅데이터는 데이터를 분석 및 처리하여 유용하게 활용할 때 그 가치를 발휘한다. 다양한 데이터 세트의 시각적 분석을 통해 새로운 명확성을 확보할 수 있으며 이러한 시각적 보고서를 업무에 활용할 수 있다.

데이터 분석은 정형 데이터 분석과 비정형 데이터 분석으로 나눌 수 있다.

❶ 정형 데이터 분석

정형 데이터(Structured Data) : 고정된 테이블 형태로 필드에 저장된 데이터로, 구조화된 데이터에 저장된 데이터를 말한다. ex) 숫자와 문자, 관계형 데이터베이스, 스프레드시트, CSV 등

❷ 비정형 데이터 분석

비정형 데이터는 연산이 불가능한 반정형 데이터와 텍스트와 같은 방대한 데이터를 빠른 실시간 처리(Near Real Time)로 분석하기 위해 필요한 비정형 데이터로 구분한다.

- 반정형 데이터(Semi-Structured Data)

  정형과 같이 형태는 있지만 연산이 불가능한 데이터로 구조에 따라 저장된 데이터지만 정형 데이터와 달리 데이터 내용 안에 구조에 대한 설명이 함께 존재한다.

  ex) HTML, XML, JSON 문서, 웹로그, 센서데이터 등

- 비정형 데이터(Unstructured Data)

  비정형 데이터는 고정된 형태로 저장된 데이터가 아니므로 정해진 규칙이 없고 연산이 불가능한 데이터이다. 최근 스마트폰의 대중화로 SNS 사용이 빈번해지면서 실시간으로 처리되는 많은 양의 멀티미디어 비정형 데이터가 사용되고 있다.

  ex) 텍스트, PDF, 이미지, 오디오, 비디오, IoT 등

빅데이터의 역사와 출현 배경

빅데이터의 개념 자체는 비교적 새로운 것이지만, 대규모 데이터 세트의 기원은 최초의 데이터 센터가 등장하고 관계형 데이터베이스가 개발되는 등 데이터 세상이 막 시작되었던 1960년대와 70년대로 거슬러 올라간다.

1990년 이후 인터넷이 전 세계로 확장되어 정형 데이터와 비정형 데이터가 방대한 양으로 발생하면서 "정보의 홍수", "정보화 시대"라는 개념들이 등장하였고, 2005년 무렵에는 페이스북, 유튜브 및 기타 온라인 서비스를 통해 다양한 미디어 데이터를 생성하여 전 세계적인 사람들과 공유할 수 있게 되었다.

또한 2007년 모바일의 발전과 함께 스마트폰이 등장하여 많은 정보를 이용하게 되었고 이때부터 빅데이터 개념이 등장하였다. 즉, 기업 내 전산화는 과거에 비해 잘 구축되어 사용해 왔었지만 인터넷의 대중화와 정보통신 발달로 새로운 미디어 사용에 대한 데이터가 증가하여 정형 데이터와 비정형 데이터가 무수히 발생하면서 자연스럽게 빅데이터가 출현하게 되었다.

즉, 처리해야 할 데이터 양의 증가하면서 기존의 데이터 저장, 관리, 분석 기법으로 처리할 수 없는 상황에 놓이게 된 것이다. 빅데이터를 통해서 다양하고 많은 데이터를 처리하여 분석하고 이를 유용한 정보로 추출해 그 가치를 극대화한 것이 오늘날 빅데이터가 자리매김하게 된 가장 큰 이유이다.

<표 1> 연대별 정보기술

	PC 보급	인터넷	소셜 미디어	스마트	빅데이터
연도	1985~1995	1993~1999	1999~2006	2007~2012	2012~
H/W	PC, 주변기기	네트워크	내비게이션	스마트폰	웨어러블 디바이스
S/W	OS, OFFICE	인터넷 브라우저 포털사이트	소셜미디어, 온라인 미디어, API	스마트폰 애플리케이션	IoT, AI Clouding SNS

선도 기업	IBM, MS, DELL	야후, 아마존, MS	애플, 구글, 다음, 유튜브	구글, 애플, 삼성, 블랙베리	구글, 애플, 페이스북, 트위터, 인스타그램, 유튜브

빅데이터의 특징

거대한 규모(Volume)와 빠른 속도(Velocity), 높은 다양성(Variety)이 대표적인 특징이며 이전에는 처리할 수 없었던 방대한 양의 데이터를 해결하는 데 사용되면서, 기본적으로 3V라는 요소로부터 시작하였다.

빅데이터 3V

❶ 규모(volume)

데이터의 크기를 의미한다. 미디어 사용의 증가로 해마다 생성되는 디지털 정보량이 기하급수적으로 늘고 있고 저장 공간의 크기도 확장돼서 비정형 데이터를 빠르게 처리해야 하는 상황이 발생하여 제타 바이트와 같은 새로운 데이터 저장 단위가 등장하였다.

❷ 속도(velocity)

데이터의 처리 속도를 의미한다. 일반적으로 데이터 처리에 대한 분석을 실시간으로 진행하여 메모리에 직접 스트리밍할 때 속도가 가장 빠르다.

❸ 다양성(variety)

다양한 형태의 데이터의 유형을 나타낸다. 빅데이터의 등장으로 텍스트, 오디오, 비디오, 소셜 네트워크, 로그 기록 등 분석 대상의 다양한 반정형, 비정형 데이터 지원이 가능하다.

Tips **디지털 데이터 단위**

1바이트(byte) = 8bit
1킬로바이트(KilloByte) = 1024byte
1메가바이트(Megabyte) = 1024KB
1기가바이트(Gigabyte) = 1024MB
1테라바이트(Terabyte) = 1024GB
1페타바이트(Petabyte) = 1024TB
1엑사바이트(Exabyte) = 1024PB
1제타바이트(Zetabyte) = 1024EB
1요타바이트(Yottabyte) = 1024ZB
⇨ 제타바이트 처리 단위부터 '빅데이터 시대', '스마트 시대'라고 칭함

여기서 잠깐 4V, 5V, 7V

빅데이터는 처음에 3V로 시작하여 시간이 흐르면서 신뢰성과 가치를 추가하여 5V가 되었고, 기술적 특징에 힘입어 지금은 7V로 확장되어 사용되고 있다.

▶ 4V

❶ Veracity(신뢰성) : 데이터의 신뢰성과 타당성에 관한 특성이다. 방대한 양의 데이터를 분석하여 일정한 패턴을 추출할 수 있다. 즉, 필요 없는 오류나 노이즈(noise)를 제거하고 시그널(signal)을 확보함으로써 데이터의 신뢰성을 제고해야 한다. 데이터가 많아질수록 쓸모없는 데이터도 생산되어 제공될 수 있으므로 빅데이터의 진실성은 중요하다. 빅데이터를 수집할 때 먼저 유용한 데이터인지 살펴보고 데이터를 분석할 만한 가치가 있는지 고려해야 하므로 Veracity가 추가되었다.

▶ 5V

❶ Value(가치) : 빅데이터에서 가장 중요한 것이 바로 가치이다. 빅데이터 분석을 통해 유용한 가치를 이끌어낼 수 있어야 한다. 그러므로 비즈니스 관점에서 빅데이터는 데이터 운영 면에 있어서 일반적인 데이터 운영보다 더 명확하고 수량화가 가능한 비즈니스 이점으로 이어질 수 있어 그 가치가 높다.

▶ 7V

❶ Validity(정확성) : 방대한 데이터를 분석하고 처리하는 데 부여되는 의미로 Veracity와 비슷한 개념이다. 데이터에 Veracity가 없다면 노이즈와 바이어스로 인해 잘못된 결론을 이끌어 낼 수 있고, Validity가 없다면 데이터의 규모가 크더라도 쓸모가 없어진다.

❷ Volatility(휘발성) : 빅데이터는 단기적으로 활용하기보다는 장기적인 관점에서 유용한 가치를 창출할 수 있어야 한다. 데이터가 얼마나 오래 저장될 수 있고 앞으로 유용하게 사용될 수 있을지에 관한 것이다. 데이터의 양이 자원에 비해 너무나도 커서 오래 저장하는 것이 힘들 경우 빅데이터로서의 활용성을 점검해보아야 한다.

빅데이터의 장단점

빅데이터는 오랫동안 사람들의 생활에 존재하고 생성되어 왔다. 사람들은 일상생활에서 반복된 일을 하며 살아가고 반복되는 일상생활에서 일정한 패턴과 규칙을 발견해 더 효율적인 방법을 찾고자 노력하였다. 그 당시 그들의 삶에 축적된 빅데이터를 활용할 수 있었다면 더 많은 정보를 확보해 훨씬 더 가치 있는 삶을 누릴 수도 있었을 것이다.

축적된 방대한 양의 데이터는 이전에 해결할 수 없었던 이용적인 측면, 비즈니스 문제를 해결하는 데 사용될 수 있고, 문제 해결에 대한 접근 방식이 가능하다. 문제 해결에 대한 접근 방식이 가능하고 높아진다는 것은 데이터의 신뢰성이 높아진다는 의미로 해석할 수 있다.

빅데이터의 장점

❶ 미래 예측 : 빅데이터는 과거의 축적된 데이터를 통해 미래를 예측할 수 있다.

❷ 환경 개선 : 빅데이터는 문제를 발견하고 그 문제를 해결하는 데 유용하게 사용되고 있다.

빅데이터의 단점

❶ 개인정보 유출

빅데이터의 가장 큰 문제점은 바로 사생활 침해와 보안 측면에 있다. 무분별하게 수집되는 개인 정보는 심각한 사생활 침해 문제에 대한 우려를 낳고 있다.

❷ 부정확한 미래 예측

가상 데이터에 의존하여 데이터를 수집하고 분석한 경우 정확도가 떨어진다.
ex) 가상 데이터만을 다루는 기상청 일기 예보의 경우 정확도를 100% 보장하지 못함

❸ 수집한 데이터의 정확성 문제

현장에서 실시한 설문조사 데이터는 신뢰할 만한 데이터로 수용하기 어렵다. 다른 사람에게 잘 보이고 싶어 하는 심리적 경향 때문에 설문조사 시 무의식적으로 참여하는 경향이 높기 때문이다.

빅데이터의 분석 처리 과정

빅데이터는 데이터를 잘 수집하여 저장하고, 잘 분석하여 활용하는 것이 중요하다. 빅데이터가 수집된 데이터를 가공하여 유용한 정보를 생성할 때 다음과 같은 분석 처리 과정을 거친다.

빅데이터 수집 → 빅데이터 전처리 → 빅데이터 저장 → 빅데이터 분석 → 데이터 시각화

빅데이터 수집

데이터 수집은 문제 해결을 준비하는 초기 단계이므로 매우 중요하다. 대상 데이터가 수집이 가능한지, 이용 목적에 맞는 세부 항목이 포함되어 있는지, 개인 정보 침해의 문제는 없는지 등을 고려하여 수집 대상을 선정한다.

데이터 수집은 내부 데이터 수집과 외부 데이터 수집으로 구분할 수 있다.

❶ 내부 데이터 : 기관에서 자체적으로 보유한 업무적인 데이터

- 매출 정보, 제품 정보, 고객 정보, 파일 시스템, DB 데이터, 시스템 로그 등

❷ 외부 데이터 : 인터넷으로 연결되어 외부에서 데이터를 수집하는 데이터

- 동영상, 오디오 정보
- 웹 크롤링 데이터
- SNS 소셜 미디어 데이터
- 통계 KOSIS, 세계은행, Yahoo finance 등

여기서 잠깐 **데이터 변환(Data Transformation) 및 통합**

❶ 데이터 변환: 데이터를 수집하는 과정에서 컴퓨터가 바로 처리할 수 없는 비정형 데이터를 구조적 형태로 전환하여 처리하는 단계이다.

❷ 데이터 통합: 데이터를 효과적으로 분석하기 위해 수집된 정형 데이터와 비정형 데이터를 통합하는 단계이다.

데이터 전처리

데이터 전처리는 데이터 분석을 위해 반드시 거쳐야 하는 과정으로 전처리 결과가 분석 결과에 직접적인 영향을 미치므로 반복적으로 수행한다. 즉, 데이터 전처리 과정을 통해 특정 분석에 맞게 불필요한 이상 데이터 및 중복 데이터를 제거하고, 데이터 분석이 가능한 유형으로 가공하는 작업이다.

데이터 전처리 과정은 처리 시간이 많이 소요될 수 있으며, 다음과 같은 과정으로 진행된다.

데이터 정제 → 결측값 처리 → 이상값 처리 → 변수 처리

❶ 데이터 정제

데이터 정제 과정은 비정형 데이터를 수집하는 과정에서 반드시 수행되는 과정으로 수집 단계에서 필요 없는 데이터를 제거하고 노이즈 및 손실된 데이터를 보정하거나 결측값을 채우거나 이상값을 제거하는 과정을 통해 데이터의 신뢰도를 높이는 작업이다.

❷ 결측값(Missing Value) 처리

결측값은 데이터를 분석하는 데 있어서 값이 없는 데이터를 말한다.
결측값을 모두 제거할 경우 막대한 데이터 손실이 발생할 수 있고 결측값을 잘못 대체할 경우에는 데이터에서 편향(bias)이 생길 수 있으므로 주의한다.

결측 구분	설명
NA	Not Available의 약어로 사용하지 않는 값을 의미한다.
NaN	Not a Number의 약어로 숫자가 아닌 데이터를 의미한다.
Null	아직 정의되지 않은 값으로 아무것도 없는 빈 값을 의미한다.

❸ 데이터 이상값(Data outlier) 처리

데이터 이상값은 입력 데이터 허용 범위에서 벗어난 데이터 값으로 데이터 입력 시 아주 작은 값이나 아주 큰 값이 입력되면 처리할 수 없는 오류값을 의미한다.

❹ 변수 처리

분석을 위한 변수(Feature) 처리는 데이터 모델에서 예측을 수행하는 데 사용되는 입력변수로 종속변수와 독립변수로 구분된다.

- 종속변수 : 다른 변수로부터 영향을 받는 변수
- 독립변수 : 다른 변수에 영향을 받지 않고 종속변수에 영향을 주는 변수

빅데이터의 저장

수집한 데이터를 분석에 사용하기에 적합한 방법으로 안전하게 보관하는 것을 말한다. 수집한 데이터를 저장하고, 정제된 데이터를 수정·삭제하여 다양한 형식의 대용량 데이터를 저장한 후 필요에 따라 데이터를 검색하여 저장된 내용을 읽어올 수도 있다.

여기서 잠깐 저장 방식

빅데이터에서 우선 수집한 데이터를 분석에 사용하기에 안전하게 영구적인 방법으로 보관하는 것이 중요하다. 최근에는 클라우드나 온프레미스와 같은 저장 솔루션이 많이 사용되는데 사용자가 데이터 형태에 따라 원하는 저장 방식을 선택할 수 있다. 클라우드는 컴퓨팅 요구사항을 지원하여 데이터를 저장하고 처리 비용을 절감할 수 있어 인기를 얻고 있다.

❶ 온프레미스(On-premise) 방식 : 필요한 시스템을 구축하기 위해서 자체적으로 시스템 구성 상황에 맞게 하드웨어와 소프트웨어를 구입하여 전산실 서버에 설치하여 운영하는 방식이다. 이 방식은 인프라 구축 기간이 필요하며, 상황에 따라 소요 기간이 오래 걸리기도 한다. 또한 시스템을 구축하는 데 필요한 하드웨어 장비 구매 비용과 전산실 유지보수 비용이 많이 발생한다.

❷ 클라우드(Cloud) 방식 : 서버의 자원, 공간, 네트워크 환경 등이 필요할 때 비용을 지불하고 인터넷에서 서비스 형태로 제공받는 방식으로 서버 구축을 위한 하드웨어나 소프트웨어 구입 등 초기 투자 비용이 발생하지 않는다. 눈에 보이는 물리적인 컴퓨터를 빌려오는 방식이 아닌 가상 컴퓨터를 빌려오는 방식이므로 필요에 따라 컴퓨터의 성능을 유연하게 조절할 수 있고 사용한 만큼의 비용만 지불한다는 장점이 있다.

분석

빅데이터는 데이터를 분석 및 처리할 때 그 가치가 발휘된다. 즉, 다양한 데이터 세트의 시각적 분석을 통해 새로운 명확성을 확보할 수 있다. 최근 빅데이터 분석 도구로 R과 파이썬을 이용하는 경우가 대부분이지만 사용하는 데이터에 따라 기존 SPSS, SAS, Stata 등과 같은 분석 도구를 선택하여 분석에 활용하기도 한다.

❶ 분석 전용 도구

- SPSS는 Statistical Package for the Social Sciences의 약어로 인문·사회 분야에서 설문지를 기반으로 통계 결과를 도출할 때 자주 사용되는 소프트웨어이다. 특히 통계적 분석과 데이터 마이닝 등에 사용되는 통계 분석 프로그램으로 엑셀과 인터페이스가 비슷하다는 장점이 있다.

SPSS는 GUI 방식으로 편리하다는 측면에서 SAS보다 인기가 높다.

- SAS는 Statistical Analysis System의 약어로 SAS Institute에서 출시하였으며, 데이터베이스에서 통계학 수치를 산출하거나 리스트를 관리하는 등 다양한 통계학 기능을 수행할 수 있는 프로그램이다. SAS는 기본적으로 SAS식 언어를 이용한 프로그래밍을 바탕으로 통계 분석을 진행하므로 초급자에게는 다소 어려울 수 있고 오픈소스가 아닌 상업용이기 때문에 SPSS보다는 인기가 덜하다. 유료 통계분석 언어 중 R에 가장 가까운 분석 도구로 알려져 있다.
- Stata는 1980년대 중반 미국의 Stata Corp이 개발한 통계 소프트웨어 패키지이다. Stata라는 이름은 Statistics와 Data를 합친 단어로 통계 분석은 물론 데이터 관리(Data management)와 그래픽(Graphic)에서도 탁월한 기능을 제공한다. Stata는 통계 분석 프로그램으로 데이터 관리가 편리하고 사용법이 매우 간결하며 다양한 분야의 사용자들에게 광범위한 통계 분석 기능을 제공한다. 또한, 인터넷과의 상호작용을 통하여 부가적인 기능을 제공한다. R에 비해 프로그래밍 자유도가 낮다는 단점이 있다.
- MATLAB은 MathWorks사에서 개발한 수치 해석 및 프로그래밍 환경을 제공하는 공학용 소프트웨어로 1984년에 출시되었다. 임베디드 시스템 분야의 많은 엔지니어들이 이미 MATLAB을 사용하고 있다. 대부분의 미국 공대에서 프로그래밍에 입문하는 학생들이 제일 먼저 배우는 프로그램으로 국내에서도 이공계열 대학생, 과학고 학생들이 많이 사용하고 있다. 최근에는 파이썬이 오픈소스에다 numpy, matplotlib 등 유용한 라이브러리 활용이 높으면서 MATLAB 같은 기능을 충분히 구현할 수 있어 파이썬으로 대체하는 기업도 늘어나고 있다.

❷ 분석 언어

- R은 1995년 뉴질랜드 오클랜드 대학의 통계학자 Robert Gentleman과 Ross Ihaka에 의해 통계 및 그래프 작업을 위한 인터프리터 프로그래밍 언어로 개발되었다.

  R은 오픈소스 프로그램으로 맥 OS, 유닉스 기반의 OS나 윈도우 등 다양한 운영체제 환경을 지원하고, 프로그래밍 언어 기반으로 구현되어 있어서 기본적인 통계 처리, 분석 프로그래밍, 복잡한 데이터 마이닝 기법까지 구현이 가능하다. 또한, 이렇게 구현한 결과를 그래프로 시각화해 보여줄 수 있고 분석 결과를 공유할 수 있으며 Java, Python, C와 같은 다른 프로그래밍 언어와의 인터페이스도 가능하여 사용자로부터 인기가 높은 데이터 분석 도구이다.
- 파이썬은 1991년 귀도 반 로섬(Guido van Rossum)이 개발한 오픈소스 프로그래밍 언어이다. 다양한 라이브러리가 무료로 제공되어 교육기관, 연구기관, 산업계, 예술계 등 다방면에 사용되고 있다. 특히 수치를 빠르게 연산하는 장점 때문에 프로그래밍 언어이지만 분석 도구로도 많이 사용되고 있다.

  데이터 분석을 위해서는 CSV 파일 형태의 대용량 데이터를 파이썬으로 불러와서 데이터를 분석하고 작성한 데이터를 CSV 파일 형태로 내보낼 수도 있다. 엑셀 스프레드 시트는 대용량 파일 처리에 다소 시간 많이 걸리고 데이터 예측 활용에 어려움이 있지만, 파이썬은 AI 인공지능인 머신러닝과 딥러닝 관련 알고리즘을 제공하여 대량의 데이터를 빠르게 처리할 수 있고 분석 처리 및 예측이 가능하기 때문에 과학, 공학 분야에서 각광받고 있다.

최근 추세로는 R은 파이썬과 같은 오픈소스이고 데이터 분석 처리에 활용되는 프로그래밍이지만, 엔지니어 관련 일을 하는 사람들은 파이썬을 선호한다.

여기서 잠깐　빅데이터 이전/이후 비교

<표 2> 빅데이터 이전/이후 비교

	빅데이터 출현 이전	빅데이터 출현 이후
저장	데이터웨어하우스	클라우드
분석 도구	SAS, SPSS, MATLAP	R, 파이썬
특징	신뢰성 높은 데이터	데이터 양이 많은 비정형 데이터

Tips　데이터 마이닝(Data Mining)

데이터 분석을 위한 예측을 통해 최적의 의사결정을 하기 위해서 대량의 데이터가 축적된 데이터베이스로부터 데이터 간의 정보를 분석 처리하여 유용한 정보를 추출하는 과정이다.

데이터 시각화

대량의 데이터로부터 숨겨진 패턴과 알려지지 않은 정보, 가치들을 찾아내어 사람들이 이해하기 쉬운 차트로 분석 결과를 나타낸다.

빅데이터의 활용

빅데이터는 민간, 공공 분야를 비롯하여 다양한 분야의 데이터 분석을 목적에 맞게 함으로써 해당 분야의 지식 정보를 추출하고 비즈니스 가치 창출, 생산성 향상, 업무 효율성 제고에 기여할 수 있다.

❶ 공공 분야

빅데이터는 국가적 차원에서 과거부터 현재에 이르기까지 수집된 방대한 데이터를 포괄적으로 사용할 수 있다.

- 경제 성장, 에너지 자원, 교통, 물가 동향 등 다양한 기록과 데이터베이스를 추적하여 국가 경쟁력 향상
- 공공 분야의 경쟁력 강화로 국가 시스템 전체 경쟁력 향상에 도움
- 투명성과 개방성, 높은 수준의 분석은 생산성 향상과 운영 효율화에 기여

❷ 과학 분야

빅데이터는 국가 차원에서 수집된 데이터를 수집, 가공, 유통, 재활용하여 활용할 수 있다.

- 환경 및 기후, 해양 등에서 일어나는 재난 관련 문제를 효율적으로 이용하여 재난으로부터 피해를 줄이고 예방하는 기능적 역할을 함

❸ 의료 분야

빅데이터는 임상 분야에서 의료기관별 진료 방법, 효능, 비용 데이터를 분석하여 보다 효과적인 진료 방법을 파악하고 환자의 의료 기록을 바탕으로 환자 진단뿐만 아니라 치료에도 이용할 수 있다. 공중보건 분야에서는 의료 데이터와 연계하여 전염병 발생과 질병 예방에도 사용 범위를 확대할 수 있다.

- 의료 기록의 전자화, 병원 간 연구 데이터 공유로 빅데이터 도입과 활용 확대
- 전염병 예방과 관리 및 맞춤형 의료 서비스 제공
- 전염성이 강한 유전체 데이터를 질병 예방, 진단, 처방, 관리에 활용

❹ 정보통신 분야

빅데이터 정보통신 분야는 기업, 정부, 민간 기업을 포함하여 일반인에게도 가장 널리 활용되는 분야로 특히 빅데이터를 활용한 분석은 마케팅 분야에 널리 활용되어 수익 증대에 도움을 준다.

- 이동 통신의 발전과 개인 단말기의 증가로 생성된 디지털 공간의 개인 데이터를 기반으로 목표 마케팅, 개인화 서비스 확대
- 점차 사용자의 행동 패턴, 이력, 선호도, 주변 상황에 따라 적절한 지식을 제공하는 서비스 형태로 진화

❺ 도소매 분야

빅데이터의 도소매 분야는 비즈니스 인텔리전스(BI)와 고객 관계 관리(CRM) 등으로 데이터를 분석하고 활용하여 마케팅, 매출 증대에 이용한다.

- 다양한 시장 정보를 수집해 빅데이터의 해석을 기초로 고객 만족도 판단
- 고객이 원하는 상품의 개발, 투입 시기 계산에 활용
- 생산품들의 각 구매 시점을 이용하여 생산품 간의 연관성을 찾아내는 장바구니 분석
- 구매 행위에 대한 지식을 얻기 위한 시계열 패턴 조사(이때 빅데이터를 연속성 있게 활용하는 것이 중요)

❻ 제조 분야

빅데이터의 제조 분야는 기존 생산 방식에서 사용했던 데이터 양이 많으므로 이를 활용하여 생산라인에서의 가치를 높일 수 있고, 인적 교육에 기반을 둔 방법보다는 데이터 기반 방법론을

사용하면 품질 관리 및 보증이 가능하다.

- 제조 분야에서 불량품을 줄이고, 생산 제품의 계량화를 통해 활용성을 높일 수 있음
- 재고 파악이 가능하고 특정 제품에 대한 인기 선호도, 트렌드와 고객이 원하는 새로운 제품 및 서비스를 조사할 수 있음
- 재고율을 줄이고 생산성에 대한 가치를 높일 수 있음
- 생산된 제품에 대한 고객 피드백 및 반품, 기타 요인을 분석하고 평가하여 향후 수요를 예측할 수 있음

❼ 일기예보

기상 정보 빅데이터를 이용해 날씨 예측의 정확도를 높이고, 날씨 정보와 빅데이터를 결합하여 부가가치를 창출하며, 기상 데이터를 이용하여 가뭄이나 홍수 등과 같은 자연재해 피해를 최소화할 수 있다.

- 미국의 국립해양대기청(NOAA)은 전 세계에서 수집되고 관리되는 정보를 활용하고 있다. 측정된 데이터를 모아 복잡하고 정확도가 높은 예측 모델링 정보를 미국 국립기상청(NWS)에 제공하고 있음
- 우리나라 기상청도 옛날부터 현재까지의 기상데이터를 모두 저장하고 있으며, 이러한 데이터들을 바탕으로 기상을 예측하여 일상생활뿐만 아니라 산업 전반에 영향을 주고 있음

❽ 전자상거래

빅데이터 전자상거래 분야는 인터넷상에서 물건을 판매하는 업체의 경우 고객에게 상품이나 서비스를 판매함으로써 수익을 창출하는 데 고객 거래 데이터가 매우 중요한 요소이다.

- 전자상거래 빅데이터는 데이터 분석 및 마이닝을 통해 법칙을 도출하여 기업에 지속적인 경쟁 우위를 가져옴
- 구매 데이터, 경쟁사 가격, 상품 원가 등의 데이터에 따라 상품의 최적의 가격을 결정함
- 고객의 취향과 과거의 행동 패턴에 따라 그 고객에게 최적의 상품만을 추천하게 함

❾ 기타

빅데이터는 위의 8개 분야 외에도 고객 경험에서 분석에 이르기까지 다양한 산업별 비즈니스 활동 영역에 활용될 수 있다.

- 거래처 고객 관리와 고객의 불만, 수요 현황 파악 및 판매 예측 가능, 성공적인 마케팅 효과, 충성 고객 유치 및 이탈 고객 예방 관리
- 학교: 학습 이력이나 행동 이력 등의 빅데이터 수집, 시각화 분석을 통해 성적과 학습 습관에 대한 데이터 분석

- 은행: 현금 회수부터 재무 관리까지 업무의 효율성을 높이고 분석을 통해 대출 가능 대상자를 파악하고 회수 불가능에 대한 위험으로부터 회피 가능
- 관광: 인터넷을 통해 전 세계 관광지와 관광객 정보를 수집하여 여행 수요 예측

요점정리

1. 정형 데이터(Structured Data)는 고정된 테이블 형태로 필드에 저장된 데이터로 구조화된 데이터에 저장된 데이터이다. 숫자와 문자, 관계형 데이터베이스, 스프레드시트, CSV 등이 속한다.

2. 반정형 데이터(Semi-Structured Data)는 구조에 따라 저장된 데이터지만 정형 데이터와 달리 데이터 내용 안에 구조에 대한 설명이 함께 존재하는 데이터로 HTML, XML, JSON 문서, 웹로그, 센서데이터 등이 속한다.

3. 비정형 데이터(Unstructured Data)는 정해진 규칙이 없고 연산이 불가능한 데이터로 텍스트, PDF, 이미지, 오디오, 비디오, IoT 등이 속한다.

4. 빅데이터 3대 요소는 크기(Volume), 속도(Velocity), 다양성(Variety)이다.

5. 디지털 데이터 단위

> 1바이트(byte) = 8bit
> 1킬로바이트(Kilobyte) = 1024byte
> 1메가바이트(Megabyte) = 1024KB
> 1기가바이트(Gigabyte) = 1024MB
> 1테라바이트(Terabyte) = 1024GB
> 1페타바이트(Petabyte) = 1024TB
> 1엑사바이트(Exabyte) = 1024PB
> 1제타바이트(Zetabyte) = 1024EB
> 1요타바이트(Yottabyte) = 1024ZB

6. 빅데이터 분석 처리 과정: 빅데이터 수집 → 빅데이터 전처리 → 빅데이터 저장 → 빅데이터 분석 → 데이터 시각화

7. 빅데이터의 내부 데이터는 기관에서 자체적으로 보유한 업무적인 데이터로 매출 정보, 제품 정보, 고객 정보, 파일 시스템, DB 데이터, 시스템 로그 등이 속한다.

8. 빅데이터의 외부 데이터는 인터넷으로 연결되어 외부에서 데이터를 수집하는 데이터로 다음과 같다.
- 동영상, 오디오 정보
- 웹 크롤링 데이터
- SNS 소셜 미디어 데이터
- 통계 KOSIS, 세계은행, Yahoo finance 등

9. 정제 과정은 수집 단계에서 필요 없는 데이터를 제거하고 노이즈 및 손실된 데이터를 보정하거나 결측값을 채우거나 이상값을 제거하는 과정을 통해 데이터의 신뢰도를 높이는 작업이다.

10. 결측값 처리

결측 구분	설명
NA	Not Available의 약어로 사용하지 않는 값을 의미한다.
NaN	Not a Number의 약어로 숫자가 아닌 데이터를 의미한다.
Null	아직 정의되지 않은 값으로 아무것도 없는 빈 값을 의미한다.

11. 온프레미스(On-premise) 방식은 필요한 시스템을 구축하기 위해서 자체적으로 시스템 구성 상황에 맞게 하드웨어와 소프트웨어를 구입하여 전산실 서버에 설치하여 운영하는 방식이다.

12. 클라우드(Cloud) 방식은 서버의 자원, 공간, 네트워크 환경 등이 필요할 때 비용을 지불하고 인터넷을 통해서 서비스 형태로 제공받는 방식이다.

13. R은 프로그래밍 언어 기반으로 구현되어 있어서 기본적인 통계 처리, 분석 프로그래밍, 복잡한 데이터 마이닝 기법까지 구현이 가능하며 분석 결과를 자바, 파이썬, C와 같은 다른 프로그래밍 언어와 공유 인터페이스도 가능하다.

14. 파이썬 프로그래밍 언어는 AI 인공지능인 머신러닝, 딥러닝 관련 알고리즘을 제공하여 대량의 데이터를 빠르게 처리할 수 있고 분석 처리 및 예측이 가능하다.

연습문제

1. 4차 산업혁명 핵심 기술이 아닌 것은? ( )
   ① AI ② Bigdata ③ 5G ④ IoT

2. 빅데이터 3V에 속하지 않는 것은? ( )
   ① Value ② Volume ③ Verocity ④ Variety

3. 가장 큰 디지털 용량 단위는? ( )
   ① PB ② ZB ③ YB ④ EB

4. 정형 데이터의 종류가 아닌 것은? ( )
   ① 숫자 ② html ③ 문자 ④ csv

5. 비정형 데이터가 아닌 것은? ( )
   ① 텍스트 ② 이미지 ③ 오디오 ④ csv

6. 반정형 데이터가 아닌 것은? ( )
   ① IoT ② JSON ③ 웹로그 ④ 센서데이터

7. 데이터 수집 시 내부 데이터 항목이 아닌 것은? ( )
   ① 매출 정보 ② 제품 정보 ③ 고객 정보 ④ 환율 정보

8. 결측치 값에서 NULL 값의 의미는? ( )
   ① 0인 값 ② 아무것도 없는 빈 값
   ③ 공백 값 ④ 사용하지 않는 값

9. 파이썬의 특징이 아닌 것은? ( )
   ① CSV 파일 형태를 사용할 수 있다.
   ② 파이썬은 오픈소스 소프트웨어 라이선스다.
   ③ AI 인공지능인 머신러닝, 딥러닝과 관련된 알고리즘을 제공한다.
   ④ GUI 방식을 사용한다.

수행평가

1. 정형 데이터(Structured Data)에 대해서 서술하시오.

2. 비정형 데이터(Unstructured Data)에 대해서 서술하시오.

3. 반정형 데이터(Semi-Structured Data)에 대해서 서술하시오.

4. 데이터 전처리 과정에 대해서 서술하시오.

Introduction to **Data analysis**

CHAPTER

02

파이썬 기본 문법 1

학습목표

이 장에서는 파이썬을 수행하는 데 가장 우선적으로 알아야 할 기본 문법에 대해 알아본다. 변수와 파이썬 자료형, 파이썬 연산자, 문자열 포맷팅에 대해 이해하고 응용할 수 있도록 학습한다.

학습 목차

2.1 변수(variable)

변수란?

파이썬에서 변수(variable)란 값을 저장할 때 사용하는 임시 메모리 공간이다. 식별자를 말하여 변수를 사용하기 위해서는 좌측에 변수 이름과 할당 연산자(=), 우측에 데이터 값을 적어주면 된다.

변수 이름 = 데이터 값

❶ 변수를 사용하기 위해서는 1개의 변수 이름에 하나의 데이터 값을 지정하며 숫자, 문자열 데이터 구분 없이 데이터를 지정한다.

```
>>> name="홍길동"
>>> age=20
>>> print("이름은",name, "나이는",age)
이름은 홍길동 나이는 20
```

Tips

문자열을 사용하기 위해서는 " "(큰따옴표)나 ' '(작은따옴표)를 사용한다.

❷ 변수를 지정할 때 2개 이상의 변수 num1, num2, num3에 하나의 값을 각각 동일하게 지정할 수 있다.

```
>>> num1=num2=num3=10
>>> sum=num1+num2+num3
>>> print(f"{num1}+{num2}+{num3}의 합계는 {sum} 이다.")
10+10+10의 합계는 30 이다.
```

변수 생성 규칙

파이썬에서 변수를 생성할 때는 다음 규칙을 반드시 따라야 한다.

❶ 파이썬 키워드 식별자는 식별자로 사용할 수 없다.

❷ 영문자는 대소문자를 구별한다. (ex. Hap과 hap은 다른 식별자로 인식)

❸ 식별자는 영문자, 숫자, 언더바(_)로 구성된다(변수는 문자, 숫자, 언더바(_)를 포함할 수 있음).

❹ 첫 글자는 반드시 영문자나 밑줄(_)로 시작해야 한다(숫자로 시작하면 안 됨).

❺ 식별자 중간에 공백을 포함할 수 없다.

❻ 식별자 생성에 길이 제한은 없다.

파이썬에서 사용 가능한 식별자

식별자	설명
name	영문 알파벳 문자로 시작
_number	밑줄 문자로 시작할 수 있음
number_of_pens	중간에 밑줄 문자를 넣을 수 있음
Code3	맨 처음이 아니라면 숫자도 넣을 수 있음

파이썬에서 사용 불가능한 식별자

식별자	설명
1st_class	숫자로 시작할 수 없음
my car	중간에 공백이 있음
def	def는 파이썬 키워드임
num1#	특수기호 #이 사용되었음

진단문제

파이썬에서 사용할 수 없는 변수명을 모두 고르고 그 이유를 설명하시오.

① print ② pricel ③ 1st ④ -python ⑤ if

2.2 파이썬 자료형

파이썬에서 변수에 특정 값을 저장하여 다양한 데이터를 표현할 수 있다. 이러한 데이터는 특정 군을 이루는데 이를 자료형이라 하며 파이썬에서 제공되는 자료형은 크게 기본형과 확장형으로 구분된다.

기본 자료형

파이썬에서 처리되는 기본 자료형은 크게 숫자(정수형, 실수형), 문자열, 부울형(True/False)으로 분류한다. 확장형은 리스트, 튜플, 딕셔너리, 세트로 구분하는데 다음 절에서 살펴보기로 한다.

숫자형 데이터 : 정수

❶ 숫자형 정수 데이터는 제로(0), 음수(-5), 양수(100) 등을 정수형 데이터로 취급한다. 정확한 자료형을 알아보기 위해 type() 함수를 사용하여 할당된 변수의 자료형을 알아보도록 하자.

```
>> a=100
>>> type(a)
<class 'int'>
```

Tips

type() 함수를 사용하면 변수에 할당된 자료형을 쉽게 확인할 수 있다.

숫자형 데이터 : 실수

– 1.1, 5.5, 소수점이 있는 데이터와 1.234e5와 같은 지수 형태의 숫자도 실수형 데이터로 처리된다.

```
>>> a=90.5


>>> type(a)
<class 'float'>
```

문자열 자료형

파이썬에서 문자열은 두 가지 형태로 저장되는데 큰따옴표(" ")와 작은따옴표(' ')를 사용한다.

```
>>> a="Python"
>>> type(a)
<class 'str'>
>>> b='파이썬'
>>> type(b)
<class 'str'>
```

부울 자료형

파이썬에서 참과 거짓에 대한 부울(bool) 데이터를 변수에 저장할 수 있으며 사용도 가능하다.

```
>>> t=True
>>> type(t)
<class 'bool'>
>>> f=False
>>> type(f)
<class 'bool'>
```

진단문제

파이썬에서 사용되지 않는 자료형은?

① 정수형 ② 문자열 ③ 문자 ④ 부울

2.3 파이썬 기본 연산자

이번 절에서는 할당된 파이썬 산술 연산자, 대입(할당) 연산자, 복합 대입 연산자, 비교 연산자, 논리 연산자 사용에 대해서 학습한다.

산술 연산자

파이썬 산술 연산자의 종류는 다음과 같다.

식별자		설명
덧셈	+	x + y
뺄셈	-	x - y
곱셈	*	x * y
나눗셈	/	x / y
나눗셈(몫)	//	x // y
나머지	%	x % y
거듭제곱	**	x ** y

산술 연산자

다음 산술 연산자를 사용하여 실행 결과를 확인해보자.

```
>>> 15 + 25
40
>>> 200-50
150
>>> 5 * 5
25
>>> 20/3
6.666666666666667
```

//, %, ** 연산자

다음 //(몫), %(나머지), **(거듭제곱) 연산자를 사용하여 실행 결과를 확인해보자.

❶ // : 파이썬 나눗셈에서 정수형 몫을 산출하는 연산자

```
>>> 25 // 2
12
>>> 30 // 7
4
```

❷ % : 파이썬 나눗셈에서 나머지만 산출하는 연산자

```
>>> 15 % 2
1
>>> 14 % 2
0
```

❸ ** : 일반 수식에서 23에 해당되는 제곱값을 산출하는 연산자

```
>>> 2**3
8
>>> 3**3
27
```

진단문제

다음 실습을 통해 [실행 결과]와 같은 출력을 할 수 있도록 밑줄 친 빈칸을 채우시오.

```
>>> candy=14
>>> boy=4
______________________

______________________
>>> print("한 사람에게 할당된 캔디는",qty,"개이고 남은 캔디는",na,"개 이다.")
```

[실행 결과]

```
한 사람에게 할당된 캔디는 3개이고 남은 캔디는 2개 이다.
```

대입(할당) 연산자

가장 기본이 되는 연산자로 오른쪽 계산식 또는 값을 = 대입(할당) 연산자를 이용하여 왼쪽 변수에 저장한다. 대입 연산자의 왼쪽 부분에는 반드시 변수만 사용 가능하며 같은 계산식을 사용할 수 없다.

대입 연산자를 사용한 실습을 통해 결과를 확인해보자.

```
>>> num1=30
>>> num2=25
>>> hap=(num1+num2) // 3
>>> hap
18
```

진단문제

다음 대입 연산자를 사용하여 [실행 결과]와 같은 출력 값이 나오도록 밑줄 친 빈칸을 채우시오.

```
>>> num1=50
>>> num2=300
____________________
>>> print(hap)
```

[실행 결과]

```
5,0
```

복합 대입 연산자

복합 대입 연산자는 산술 연산자와 대입 연산자를 합쳐 놓은 연산자이다.

예를 들어 a=a+1 연산식을 a+=1로 사용하게 되는데, 왼쪽 a변수에 오른쪽 값 1을 더해서 다시 왼쪽 a변수에 할당하여 수식을 간결하게 처리할 수 있다.

파이썬 복합 대입 연산자의 종류는 다음과 같다.

복합 대입 연산자	사용 예	수행 결과
+=	a += 5	a+5를 더한 후, a변수에 저장
-=	a -= 5	a-5를 뺀 후, a변수에 저장
*=	a *= 5	a*5를 곱한 후, a변수에 저장
/=	a /= 5	a/5를 나눈 후, a변수에 저장
//=	a //= 5	a//5를 나눈 후 몫만 a변수에 저장
%=	a %= 5	a%5를 나눈 후 나머지 값만 a변수에 저장
**=	a **= 5	a**5를 거듭제곱 계산 후 a변수에 저장

다음 복합 대입 연산자를 사용하면 간편하게 계산식을 표현할 수 있다. 다음 실습을 통해 결과를 확인해보자.

```
>>> a=10
>>> a+=5;  print(f"a+5를 더한 후 값={a}")
a+5를 더한 후 값=15
>>> a-=5;  print(f"a+5를 뺀 후 값={a}")
a+5를 뺀 후 값=10
>>> a*=5;  print(f"a+5를 곱한 후 값={a}")
a+5를 곱한 후 값=50
>>> a/=5;  print(f"a+5를 나눈 후 값={a}")
a+5를 나눈 후 값=10.0
>>> a//=5;  print(f"a+5를 나눈 후 몫 값={a}")
a+5를 나눈 후 몫 값=2.0
>>> a%=5;  print(f"a+5를 나눈 후 나머지 값={a}")
a+5를 나눈 후 나머지 값=2.0
>>> a**=5;  print(f"a+5를 나눈 후 거듭제곱 값={a}")
a+5를 나눈 후 거듭제곱 값=32.0
```

진단문제

num1 변수의 값에 5를 더하여 그 변수에 그대로 5를 더한 값을 복합 대입 연산자를 이용하여 결과 값을 출력하도록 빈칸을 채우시오.

```
>>> num1=100
____________________
>>> print(num1)
```

[실행 결과]

```
105
```

관계(비교) 연산자

관계 연산자는 크기를 비교하는 연산자로 비교 연산자라고도 하며, 주로 조건문이나 반복문에서 사용되며 연산 결과는 True나 False 값을 반환한다.

파이썬 관계 연산자의 종류는 다음과 같다.

관계 연산자	의미	사용 예
>	크다(초과)	a > b
<	작다(미만)	a < b
>=	크거나 같다(이상)	a >= b
<=	작거나 같다(이하)	a <= b
==	같다(동등)	a == b
!=	같지 않다	a != b

다음 예제 실습을 통해 결과를 확인해보자.

```
>>> a=10
>>> b=5
>>> print(a>b)
True

>>> print(a<b)
False
>>> print(a>=b)
True
>>> print(a<=b)
False
>>> print(a==b)
False
>>> print(a!=b)
True
```

진단문제

num1과 num2에 숫자 정수가 각각 기억되어 있다.
두 과목이 서로 같은지를 판별하여 그 결과 값을 출력하도록 빈칸을 채우시오.

```
>>> num1=150
>>> num2=150
____________________
```

논리 연산자

파이썬 논리 연산은 비교 대상에 대한 조건이 참인지 거짓인지를 판단하여 그 결과 값으로 True나 False 값을 반환한다.

파이썬 논리 연산자의 종류는 다음과 같다.

논리 연산자	설명	사용 예
and	논리곱으로 두 가지 조건이 모두 참이어야 참	a=15 (a>10) and (a<20)
or	논리합으로 두 조건 중 하나만이라도 참이면 참	a=15 (a==10) or (a<20)
not	논리 부정으로 참이면 거짓, 거짓이면 참을 수행	a=15 not(a==10)

❶ and 연산자

and 연산자는 조건 x와 조건 y값이 모두 참이어야만 True를 반환한다. 만약 조건 x나 조건 y 중 하나라도 거짓이면 False를 반환하고 조건 x, y 모두 거짓이면 False를 반환한다.

x	y	z
0	0	0
0	1	0
1	0	0
1	1	1

```
>>> x=100
>>> y=200
>>> print(x<y and x==y)
False
>>> print(y>x and x<y)
True
```

❷ or 연산자

or 연산은 조건 x와 조건 y값 중에서 하나라도 참이면 True를 반환한다. 만약 조건 x와 y 조건값이 모두 False인 경우에는 False를 반환한다.

x	y	z
0	0	0
0	1	1
1	0	1
1	1	1

```
>>> x=100
>>> y=200
>>> print(x<y or x<10)
True
>>> print(x>y or y>300)
False
```

❸ not 연산자

not 연산자는 x가 거짓이면 True를 반환하고, x가 참이면 False를 반환한다.

x	z
0	1
1	0

```
>>> x=100
>>> print(not x)
False
>>> print(not False)
True
```

진단문제

국어, 영어, 수학 변수에 다음과 같이 점수가 기억되어 있다.
세 과목 모두 80점 이상인지를 판별하여 그 결과 값을 출력하도록 빈칸을 채우시오.

```
>>> kor=90
>>> eng=100
>>> math=85
______________________________
```

[실행 결과]

```
True
```

문자열 연산자 : +, *, []

파이썬 문자열 출력에서 '+' 연산자와 '*' 연산자를 사용해 문자열을 연결하여 출력할 수 있다.

또한, 인덱싱(indexing)은 저장된 문자열의 어떤 특정 위치를 인덱스(index) '[]' 연산자를 사용하여 출력할 수 있다. 인덱싱은 다음 절 자료형 슬라이싱에서 다시 살펴볼 것이다.

파이썬 문자열 연산자의 사용 방법은 다음과 같다. 실습을 통해 확인해보도록 하자.

연산자	설명
print(str+str1)	두 문자열을 연결하여 붙여서 출력하라는 의미다.
print(str*5)	문자열을 해당 숫자 횟수만큼 반복하여 출력하라는 의미다.
print(str[3])	인덱스 3번째 문자열을 출력하라는 의미로, 4번째 문자열을 출력하게 된다.

```
>>> str="korea"
>>> str1="seoul"
>>> print(str+str1)          #str과 str1 문자열을 붙여서 출력
korea seoul

>>> str="ok"
>>> print(str*5)             #'ok' 문자열을 정의된 횟수 5번만큼 반복 출력
okokokokok

>>> str="python"
>>> print(str[3])            #4번째 위치 문자열을 출력
h
```

Tips

파이썬 인덱스는 다른 언어들과 마찬가지로 시작 인덱스를 0으로부터 시작한다.
예를 들어 str="python" 변수에 문자열이 str[0]이라고 할 때, 1번째 문자열을 가리켜서 'p'를 나타내게 된다.

비트 연산자

비트 연산자는 0과 1로만 처리되는 연산자이다.

파이썬 비트 연산자의 종류는 다음과 같다.

연산자	의미	설명
&	비트 논리곱(and)	두 비트 중 모두 1이어야만 1
|	비트 논리합(or)	두 비트 중 하나만이라도 1이면 1
~	비트 부정(not)	1은 0으로, 0은 1로 변환
^	비트 배타적 합(xor)	같은 비트는 0, 다른 비트는 1
<<	비트 좌쉬프트	비트를 인쪽으로 쉬프트
>>	비트 우쉬프트	비트를 오른쪽으로 쉬프트

비트 논리곱(&)

우리는 논리 연산에서 and 연산자에 대해서 배웠다. 비트 논리곱 연산자는 and와 같이 두 비트가 1일 때만 1(True)을 반환한다.

and 논리 연산 원리를 기억하면서 실습을 통해 비트 논리곱 연산 수행 결과를 알아보도록 하자.

비트1	비트2	비트1 & 비트2
0	0	0

0	1	0
1	0	0
1	1	1

```
>>> print(4&6)
4
>>> print(bin(4&6))
0b100
```

여기서 잠깐 파이썬에서 진법 처리

파이썬에서의 숫자 표현은 기본적으로 10진 정수 형태로 처리되지만 컴퓨터 프로그래밍에서는 다양한 연산을 처리하기 위해서 10진수를 컴퓨터 처리 언어인 숫자로 표현하는 진법(2진수, 8진수, 10진수, 16진수) 변환 함수를 이용한다. 진법 함수는 2진수의 bin(), 8진수의 oct(), 16진수 hex() 함수를 사용한다.

```
2진수 : bin()
8진수 : oct()
16진수 : hex()
```

비트 논리합(|)

or 논리 연산 원리를 기억하면서 실습을 통해 비트 논리합 연산 수행 결과를 알아보도록 하자.

비트1	비트2	비트1 | 비트2
0	0	0
0	1	1
1	0	1
1	1	1

```
>>> print(4|6)
6
>>> print(bin(4|6))
0b110
```

비트 배타적 합(^)

비트 배타적 합이란 XOR(Exclusive OR)로 두 개의 피연산자 중 비트1과 비트2가 같으면 False를 출력하고, 비트1과 비트2가 서로 다를 경우에는 True를 반환한다.

비트1	비트2	비트1 ^ 비트2
0	0	0
0	1	1
1	0	1
1	1	0

```
>>> print(4^6)
2
>>> print(bin(4^6))
0b10
```

비트 부정(~)

비트 not 연산자 ~는 피연산자가 두 수의 비트 값을 가지고 연산하는 게 아니라 단항 연산자로서 비트 값 하나로 not 연산을 수행하게 되는데 비트 값이 0이면 1로 1이면 0으로 바꾸어준다.

비트	~비트
0	1
1	0

비트 부정 연산 수행 결과를 알아보도록 하자.

```
>>> print(bin(~6), ~6)
-0b111 -7

>>> print(~6)
-7
```

쉬프트 연산자

파이썬 비트 쉬프트 연산은 정수를 2배로 곱하거나 나누어 계산해주는 비트 단위 쉬프트 연산을 수행할 수 있다.

파이썬 쉬프트 연산자의 종류는 다음과 같다.

연산자	의미	설명
<<	왼쪽 쉬프트 연산자	- 어떤 값을 왼쪽으로 지정된 비트 수만큼 이동 - 왼쪽으로 1비트 이동할 때마다 2배씩 늘어난다. - 왼쪽 쉬프트는 2^n 곱한 것과 같은 효과 즉, 값 << 2 값 * 2^n

>>	오른쪽 쉬프트 연산자	- 어떤 값을 오른쪽으로 지정된 비트 수만큼 이동 - 오른쪽으로 1비트 이동할 때마다 1/2씩 줄어든다. - 2^n으로 나눈 것과 같은 효과 즉, 값 >> 2　값 / 2^n

실습을 통해 좌쉬프트(<<) 수행 결과를 확인해보자.

```
>>> print(12<<2)
48
>>> print(bin(12<<2))
0b110000
```

실습을 통해 우쉬프트(>>) 수행 결과를 확인해보자.

```
>>> print(12>>2)
3
>>> print(bin(12>>2))
0b11
```

진단문제

num1=10 변수에 저장된 값에 좌쉬프트 print(num1<<2)와 우쉬프트 print(num1>>1)를 수행했을 때 연산을 10 진수로 쓰시오.

```
>>> num1=10
>>> print(num1<<2)
______

>>> print(num1>>1)
______
```

여기서 잠깐　연산자 우선순위 정리

파이썬 연산 우선순위는 연산자 계산의 우선순위가 높을수록 최우선적으로 처리되며 위쪽이 가장 높고 아래쪽으로 내려갈수록 순위가 낮다.

우선순위	연산자	설명
1	( ), [ ], { }	괄호, 리스트, 딕셔너리, 세트 등
2	**	지수 연산자
3	-, +, ~	단항 연산자, 비트 반전 연산자(ex. -10, ~18)
4	*, /, //, %	산술연산(곱하기, 나누기, 몫, 나머지)
5	+ , -	산술연산(더하기, 빼기)

6	<<, >>	비트 쉬프트 연산자
7	&	비트 논리곱
8	^	비트 배타적 논리합
9	|	비트 논리합
10	in, not in, is, is not, <, >, <=, >=, ==, !=	관계(비교) 연산자
11	not	논리 연산 not
12	and	논리 연산 and
13	or	논리 연산 or
14	if ~ else	조건 비교문
15	lambda	람다식

2.4 문자열 포맷팅

이번 절에는 숫자나 문자 데이터에 서식을 지정하여 좀 더 다양한 형식으로 출력할 수 있는 문자열 포맷팅에 대해서 알아본다. print() 함수와 함께 문자열 포맷팅을 함께 사용하면 훨씬 더 깔끔하고 다양한 형식으로 출력을 만들어낼 수 있다. 포맷팅을 사용하는 방법은 % 형식 지정자를 이용하는 방법, format() 함수를 이용하는 방법, f-string 포맷팅을 이용하는 방법이 있다.

% 형식 지정자

print() 함수와 함께 사용하는 파이썬 문자열 포맷팅은 다른 프로그래밍 언어인 C 출력 형식과 비슷하며 서식을 사용하기 위해서 % 기호를 사용한다.

print() 함수에서 사용할 수 있는 특정 자료 출력에 대한 % 형식 지정자(format specifier)의 종류는 다음과 같다.

%형식	설명
%d	Decimal Integer의 의미로, 정수형 숫자를 나타낸다.
%f	Floating Point를 Fix Point로 사용하는 의미로 실수형 숫자를 나타낸다.
%c	Character 의미로 문자 한 글자를 나타낸다.
%s	String을 의미하고, 한 글자 이상의 문자열을 나타낸다.

정수형 형식 지정

% 형식 지정자를 사용하기 위해서는 출력할 값 위치에 %d 형식 지정자를 넣고 % 뒤에 숫자나 지정된 변수를 사용하여 값을 지정해준다.

"%d" % 숫자 또는 변수

```
>>> print("국어 : %d, 수학 : %d, 영어 : %d" %(90, 100, 95))
국어 : 90, 수학 : 100, 영어 : 95
```

실수형 형식 지정

실수형 숫자를 출력하기 위해서는 %f 형식의 서식 지정을 사용한다. 서식 형식이 %5.2f일 때 앞의 숫자 5는 전체 숫자 자리를 의미하고 소수점 뒤의 숫자 2는 소수점 2자리까지 출력한다는 것을 의미한다.

"%f" % 숫자 또는 변수

```
>>> print("원의 넓이=%5.2f" %(5*5*3.14))
원의 넓이=78.50
```

Tips

%5.2f : 전체 숫자의 길이는 5자리이며 소수점 아래 2자리까지 출력한다.

문자열 형식 지정

문자열을 출력하기 위해서는 %s를 사용한다. 서식 형식이 %20s일 때, 숫자 20은 문자열의 길이를 지정하여 문자열을 오른쪽으로 정렬하고 남는 왼쪽 공간은 공백으로 채워서 출력한다.

"%s" % 문자열 또는 변수

```
>>> name="python programming"
>>> print("배우는 언어 : %20s" % name)
배우는 언어 : python programming
```

Tips

%20s : 문자열 길이를 20으로 지정하고 문자열을 오른쪽으로 정렬하고 문자열이 남은 길이는 왼쪽에 공백으로 채운다.

진단문제

num1, num2 변수에 정수형 숫자가 각각 기억되어 있다.
% 형식 지정자를 사용하여 [실행 결과]와 같이 출력되도록 밑줄 친 빈칸을 채워 완성하시오.

```
>>> num1=15
>>> num2=2
________________________
```

[실행 결과]

```
15 / 2 = 7.50
```

format() 함수

format() 함수는 중괄호 {}를 사용하여 출력할 데이터 값의 순서를 지정한 후, format()에는 실제 데이터 또는 변수를 지정하여 데이터 값을 출력한다.

{} 위치에 데이터 값을 순차적으로 할당

"{}".format(변수)

```
>>> print("이름:{}, 나이:{}".format("홍길동",20))
이름:홍길동,나이:20
```

{} 위치에 순서를 지정하여 데이터 값을 임의로 할당

"{0}{1}".format(변수1,변수2)

```
>>> print("{0}군은 {1}과에 재학 중이며 {0}의 지도교수는 {2}이다.".format("홍길동","컴퓨터
공학","최희식"))
홍길동군은 컴퓨터공학과에 재학 중이며 홍길동의 지도교수는 최희식이다.
```

진단문제

kor, eng 변수에 점수가 각각 기억되어 있다.
format() 함수를 사용하여 두 과목에 대한 총점이 출력되도록 밑줄 친 빈칸을 채워 완성하시오.

```
>>> kor=90
>>> eng=100
______________________
```

[실행 결과]

```
90+100=190
```

f-string 포맷팅

f-string 포맷팅은 출력할 때 편리하게 사용할 수 있는 아주 간결한 포맷팅이다. f-string 포맷팅을 사용하기 위해서는 print() 함수에 f 문자와 {} 중괄호를 사용하는데 {}에는 변수명이나 출력하고 싶은 데이터 값을 직접 입력하여 사용한다.

f-string 포맷팅과 변수

중괄호 { } 안에는 변수 이름을 직접 작성하여 출력할 내용을 가져올 수 있다.

f "{변수}"

```
>>> name="홍길동"
>>> age=20
>>> print(f"이름:{name}, 나이:{age}세")
이름:홍길동, 나이:20세
```

f-string 포맷팅과 정렬

확보된 자릿수 20에 정렬 형식 지정자에 의해서 지정된 변수 내용을 출력할 수 있다.

f"{변수:<자릿수}"

```
>>> str="python"
>>> print(f"{str:<20}")              # f-string 왼쪽 정렬
python

>>> print(f"{str:^20}")              # f-string 가운데 정렬
python

>>> print(f"{str:>20}")              # f-string 오른쪽 정렬
python
```

여기서 잠깐 f-string과 함께 사용되는 정렬 옵션

< : 출력 내용을 왼쪽 정렬

^ . 출력 내용을 가운데 정렬

> : 출력 내용을 오른쪽 정렬

진단문제

school, dept 변수에 학교명과 학과가 각각 기억되어 있다.
f-string 포맷팅을 사용하여 [실행 결과]와 같이 출력되도록 밑줄 친 빈칸을 채워 완성하시오.

```
>>> school="한국대학교"
>>> dept="IT융합학과"
____________________
```

[실행 결과]

```
학교명:한국대학교, 전공학과:IT융합학과
```

요점정리

1. 변수(variable)란 값을 저장할 때 사용하는 임시 메모리 공간이다.

2. 변수에 할당된 자료형 타입을 확인하기 위해서는 type() 함수를 사용한다.

3. 산술 연산자

연산자	기호	수식
뺄셈	-	x - y
곱셈	*	x * y
나눗셈	/	x / y
나눗셈(몫)	//	x // y
나머지	%	x % y
거듭제곱	**	x ** y

4. 복합 대입 연산자는 +=, -=, *=, /=, //=, %=, **= 등이 있다.

5. 크기를 비교하는 관계연산자는 >, < , >= , <=, ==, != 등이 있다.

6. 논리 연산자는 and, or, not 3가지가 있으며 결과 값으로는 True나 False를 반환한다.

7. 비트 연산자는 &, |, ~, ^, <<, >>) 등이 있으며, 10진 정수를 2진 형태로 변환한 후 각 비트끼리 연산을 수행한다.

8. 왼쪽 쉬프트 <<는 비트 수만큼 왼쪽으로 이동하게 되며 쉬프트 연산으로 비워진 나머지 비트 수만큼 우측에 0으로 채워진다.

9. 왼쪽 쉬프트 연산은 기본값에 2^n을 곱한 결과값과 같다.

10. 오른쪽 쉬프트 >>는 비트 수만큼 오른쪽으로 이동하게 되며, 부호 없는 숫자의 경우 비워진 비트 수만큼 0으로 채워진다. 이때 숫자가 양수이면 0, 숫자가 음수이면 1이 사용된다.

11. 오른쪽 쉬프트 연산은 기본값에 2^n을 나눈 결과값과 같다.

12. 10진 정수를 각 진법으로 빠르게 처리하기 위해서 각 진법 변환 함수를 이용하는데 2진수는 bin(), 8진수는 oct(), 16진수는 hex()를 사용한다.

13. % 형식 지정자(format specifier)의 종류는 다음과 같다.

%d	Decimal Integer의 의미로, 정수형 숫자를 나타낸다.
%f	Floating Point를 Fix Point로 사용하는 의미로 실수형 숫자를 나타낸다.
%c	Character를 의미하고 문자 한 글자를 나타낸다.
%s	String을 의미하고, 두 글자 이상의 문자열을 나타낸다.

14. format() 함수는 중괄호 {}를 사용하여 출력할 데이터 값의 순서를 지정한 후, format() 함수 부분에는 실제 데이터 또는 변수를 지정하여 데이터 값을 출력한다.

15. f-string 포맷팅은 print() 함수에 f 문자와 {} 중괄호를 사용하는데 {}에는 변수명이나 출력하고 싶은 데이터 값을 직접 입력하여 사용한다.

연습문제

1. 다음 중 변수 사용이 불가능한 것은? ( )

   ① _tot　　② %price　　③ try　　④ sum_kor

2. 다음 중 산술 연산자가 아닌 것은 ? ( )

   ① +　　② ^　　③ /　　④ *

3. 다음 중 관계 연산자가 아닌 것은? ( )

   ① >　　② <　　③ ==　　④ <>

4. 다음 중 논리 연산자가 아닌 것은? ( )

   ① xor　　② and　　③ or　　④ not

5. 다음 중 비트 논리 연산자가 아닌 것은? ( )

   ① &　　② |　　③ ~　　④ **

6. 다음 연산 부호 중 나머지 연산자는? ( )

   ① /　　② //　　③ **　　④ %

7. 다음 연산 부호 중 거듭제곱 연산자는? ( )

   ① /　　② //　　③ **　　④ %

8. 쉬프트 연산자에 대한 설명으로 옳지 않은 것은? ( )

   ① 왼쪽 쉬프트는 어떤 수에 2^n을 곱한 결과값과 같다.

② 오른쪽 쉬프트는 어떤 수에 2^n을 나눈 결과값과 같다.

③ print(15 << 2)의 결과값은 60이다.

④ print(45 >> 3)의 결과값은 15이다.

9. 다음 왼쪽 쉬프트의 연산 수행 결과를 쓰시오. (   )

```
>>> num = 14
>>> num << 2
```

10. 다음 오른쪽 쉬프트의 연산 수행 결과를 쓰시오. (   )

```
>>> num = 20
>>> num >> 4
```

11. 형식 지정자 사용에 대한 설명으로 옳지 않은 것은? ( )

① %d : 정수형 숫자

② %f : 실수형 숫자

③ %c : 문자열 2글자

④ %s : 문자열 1글자 이상의 문자열

12. kor, eng, math 변수에 대입한 값을 이용하여 총점, 평균이 [실행 결과]와 같이 출력되도록 format() 함수를 사용하여 출력하시오.

```
>>> kor=90
>>> eng=100
>>> math=85
>>> tot=(kor+eng+math)
>>> avg=tot/3
>>> ______________________________________________
```

[실행 결과]

```
90+100+85=275이고 평균=91.67
```

1. name="홍길동", addr="서울 종로구"를 변수에 각각 기억시킨 후, % 형식 지정자를 이용하여 [실행 결과]와 같이 빈칸을 완성하시오.

```
>>> name="홍길동"
>>> addr="서울 종로구"
>>> ______________________________________________
```

[실행 결과]

```
이름:홍길동 거주지:서울 종로구
```

2. format() 함수를 사용하여 기억된 변수가 [실행 결과]와 같이 출력되도록 빈칸을 완성하시오.

```
>>> name="홍길동"
>>> kibon=2000000
>>> bonus=500000
>>> salary=kibon+bonus
>>> __________________________________________________
```

[실행 결과]

```
홍길동님 급여 총액은 2500000원으로 기본급2000000원과 보너스500000원을 더한 금액이다.
```

3. f-string 포맷팅을 이용하여 num1, num2에 기억된 변수가 [실행 결과]와 같이 출력되도록 빈칸을 채워 완성하시오.

```
>>> num1=48
>>> num2=5
>>> ________________________________________________
```

[실행 결과]

```
48/5=9...3
```

4. 토익 듣기 영역 점수가 470, 읽기 영역 점수가 390점이다. 두 영역 점수를 참조하여 토익 점수의 총점과 평균을 [실행 결과]와 같이 출력하는 코딩을 작성하시오. 단, 평균은 소수점 둘째 자리까지 출력한다.

[실행 결과]

```
리스닝=470, 리딩=390, 총점=860, 평균=430.00
```

Introduction to **Data analysis**

CHAPTER

03

파이썬 기본 문법 2

학습목표

이 장에서는 본격적인 코딩을 위한 기본 문법에 대해 알아본다. print 함수, input 함수, 조건문, 반복문, 함수를 이해하고 응용할 수 있도록 학습한다.

학습 목차

3.1 print() 함수

파이썬 출력을 위해 기본적으로 print() 함수를 이용한다. print() 함수와 함께 앞서 학습한 %형식 지정자, format() 함수, f-string포맷팅과 같이 형식을 지정하여 출력할 수 있다.

print() 함수

print() 함수 명령은 내용을 화면에 출력하라는 명령으로 print() 함수 사용 시 자동으로 줄 바꿈과 띄어쓰기가 실행된다.

문자열 출력

문자열은 큰따옴표(" ")와 작은따옴표(' ')를 이용하여 문자열 내용을 표시하며, 두 개의 문자열을 연결하여 출력하기 위해서는 ",(콤마)" 와 "+(더하기)"를 이용한다.

,를 이용하면 한 칸 공백이 생기지만 +를 이용하면 공백 없이 바로 붙여서 출력할 수 있다.

❶ print("문자열 내용" + "문자열 내용") : 문자열과 문자열을 공백 없이 붙여서 출력

❷ print("문자열 내용" , "문자열 내용") : 문자열과 문자열 사이를 한 칸 띄어 출력

```
>>> print("python"+"program")
pythonprogram
>>> print("python","program")
python program
```

end와 sep 옵션 사용하기

print() 함수를 사용하면 자동으로 줄 바꿈 문자(\n)와 띄어쓰기가 포함되어 출력된다.

print() 함수와 함께 end와 sep 옵션 사용 방법을 알아보자.

❶ end 옵션

end 옵션은 개행을 없애고 이어서 출력할 수 있다.

```
print("python", end="")
print("programming")
```

[실행 결과]

```
pythonprogramming
```

❷ sep 옵션

sep 옵션을 활용하여 공백을 없애거나 구분자를 변경하여 출력할 수 있다.

a. 공백 없이 출력

```python
print("python","programming",sep="")
```

[실행 결과]

```
pythonprogramming
```

b. 구분자를 변경하여 출력

```python
print("R","python","Java",sep=",")
```

[실행 결과]

```
R,python,Java
```

진단문제

다음 두 개의 문자열을 str1, str2 변수에 기억시킨 후, [실행 결과]와 같이 출력하는 print문을 작성하시오.

```python
str1="python"
str2="programming"
```

[실행 결과]

```
python programming is so fun!
```

3.2 input() 함수

사용자로부터 어떤 데이터를 직접 입력받아 변수에 할당하기 위해 input() 함수를 사용한다.

input() 함수로 문자열 입력

input() 함수는 키보드로부터 입력한 데이터를 변수에 할당하는 함수이다. 이때 input() 함수는 사용자가 입력한 데이터를 무조건 문자열 형태로 입력받아서 변수에 할당하게 된다.

input() 함수를 사용할 때 입력을 기다리는 커서가 깜박이면 데이터를 입력하고 ↵를 누른다.

x = input()

input() 함수로 이름과 나이 데이터를 입력받아서 name, age 변수에 할당해보자.

```
name=input("이름을 입력하세요:")
age=input("나이를 입력하세요:")
print("당신의 이름은",name,"이고","나이는",age,"세 입니다.")
```

[실행 결과]

```
이름을 입력하세요:홍길동
나이를 입력하세요:20
당신의 이름은 홍길동 이고 나이는 20 세 입니다.
```

input() 함수로 정수형 숫자 입력

input() 함수를 이용해 입력받은 데이터 값은 무조건 문자열로 처리된다. 정수형 숫자 데이터를 입력받기 위해서는 숫자 자료형으로 변환하는 작업이 필요한데 int() 함수를 이용하면 된다.

input() 함수로 정수형 숫자1, 숫자2를 입력받아 합을 구한 후, 출력하는 프로그램을 작성해보자.

```
num1=int(input("숫자 정수1:"))
num2=int(input("숫자 정수2:"))
tot=num1+num2

print("{}+{}={}이다.".format(num1, num2, tot))
```

[실행 결과]

```
숫자 정수1:50
숫자 정수2:30
50+30=80이다.
```

Tips **int() 함수**

사용자가 입력한 문자열 데이터를 정수형 숫자로 변환하기 위해 int() 함수를 사용하기도 하지만 실수형 데이터를 정수형 데이터로 변환할 때도 사용된다.

```
>>> num1=int(5.5)
>>> num2=int(10.5)
>>> print(num1+num2)
15
```

Tips **float() 함수**

사용자가 입력한 문자열 데이터를 실수형 숫자로 변환할 때 float() 함수를 사용한다.

```
>>> num1=float(5)
>>> num2=float(10)
>>> print(num1+num2)
15.0
```

Tips **숫자를 문자열 자료로 변환**

int(), float()를 이용하여 정수형과 실수형으로 변환한 것처럼, 숫자로 된 자료형을 문자열 자료형으로 변환할 때는 str() 함수를 사용한다.

진단문제

사용자로부터 커피 가격, 주문 수량을 입력받아 커피 가격을 구하는 프로그램을 [실행 결과]와 같이 작성하시오.

```
커피 가격:4500
주문 수량:3
```

[실행 결과]

```
커피 3잔 가격은 13500원입니다.
```

3.3 if 조건문

조건문은 어떤 조건을 제시하여 해당 조건이 참이면 조건에 맞는 처리문을 수행하고 거짓이면 거짓에 맞는 처리문을 수행한다.

조건문

if 조건은 가장 기본적으로 사용하는 조건문으로 주어진 조건이 참일 때만 참에 해당하는 조건을 처리하고, 거짓이면 아무것도 실행하지 않는다.

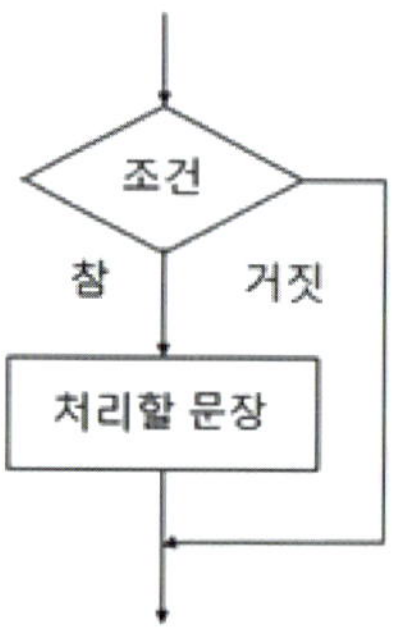


```
if 조건식 :
        처리할 문장
```

10보다 작은 정수를 입력하는 경우를 실습을 통해 결과를 확인해보자.

```
num=int(input("숫자 입력:"))
if num < 10 :
    print("10보다 작습니다.")
```

[실행 결과]

```
숫자 입력:5
10보다 작습니다.
```

if ~ else 문

if~else 조건문에서는 조건이 참인 경우 처리문_1을 수행하고, 거짓인 경우 else 문에 정의된 처리문_2를 수행한다.

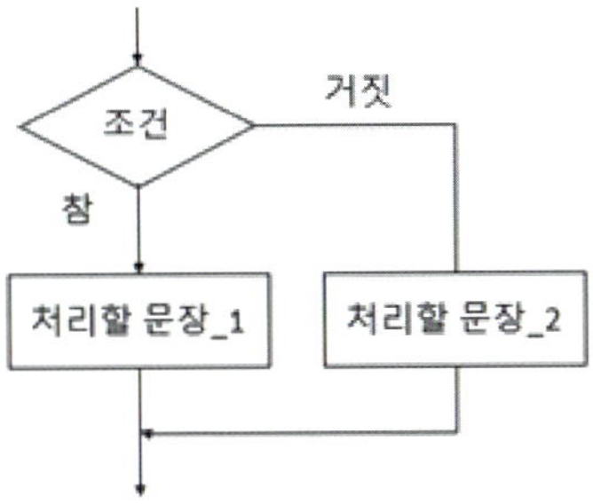


```
if 조건식 :
        처리할 문장_1
else :
        처리할 문장_2
```

10보다 작은 정수를 입력한 경우와 10보다 큰 정수를 입력했을 때 실습을 통해 결과를 확인해보자.

```
num=int(input("숫자 입력:"))
if num < 10 :
    print("10보다 작습니다.")
else :
    print("10보다 큽니다.")
```

[실행 결과]

```
숫자 입력:5
10보다 작습니다.

숫자 입력:15
10보다 큽니다.
```

진단문제

사용자로부터 나이를 입력받아 20대를 판별하는 프로그램을 작성하시오.

```
나이:25
20대입니다.

나이:19
20대가 아닙니다.
```

중첩 if 문

중첩 if 문은 if 조건문 안에 또 다른 if 조건문이 포함된 조건문으로 복잡한 상황의 여러 조건값에 대한 문제를 해결하기 위해 주로 if 문을 중첩하여 사용한다.

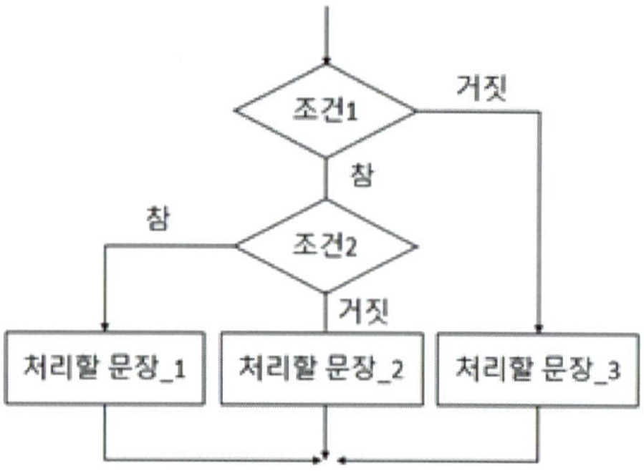


```
if 조건식_1 :
    if 조건식_2 :
        처리할 문장_1
    else :
        처리할 문장_2
else :
    처리할 문장_3
```

사용자로부터 나이를 입력받아 나이가 14세 미만인 경우, "초등학생", 14세 이상 20세 미만인 경우 "중고등학생", 나이가 20세 이상인 경우 "대학생"을 출력하는 예제를 실습해보자.

```
age = int(input("나이:"))

if age>=14 :
    if age < 20 :
        print("중고등학생")
    else :
        print("대학생")
else :
    print("초등학생")
```

[실행 결과]

```
나이:19
중고등학생

나이:23
대학생

나이:11
초등학생
```

진단문제

사용자로부터 '학교코드'와 '패스워드'를 입력받아 두 개의 조건이 모두 만족하면 '로그인 성공', '학교코드'는 맞고 패스워드가 틀리면 '패스워드 오류!', '학교코드'가 처음부터 틀리면 '학교코드 오류!'를 출력하는 중첩 if 프로그램을 작성하시오. 단, 로그인 성공을 위한 학교코드와 패스워드는 다음과 같다.

```
학교코드 : hankook
패스워드 : hk1234
```

[실행 결과]

```
학교코드:hankook
패스워드:hk1234
로그인 성공!

학교코드:hankook
패스워드:1234
패스워드 오류!

학교코드:korea
패스워드:hk1234
학교코드 오류!
```

if~elif~else 문

가독성을 높이면서 if와 else 조건문보다 다양한 조건을 수행하기 위해 if~elif~else 문을 사용한다.

조건1에 만족한다면 처리문_1을 실행하고 처리문_4 이후를 실행한다.

조건2에 만족한다면 처리문_2를 실행하고 처리문_4 이후를 실행한다.

조건1, 조건2 둘 다 만족하지 않는다면 처리문_3을 실행하고 처리문_4 이후를 실행한다.

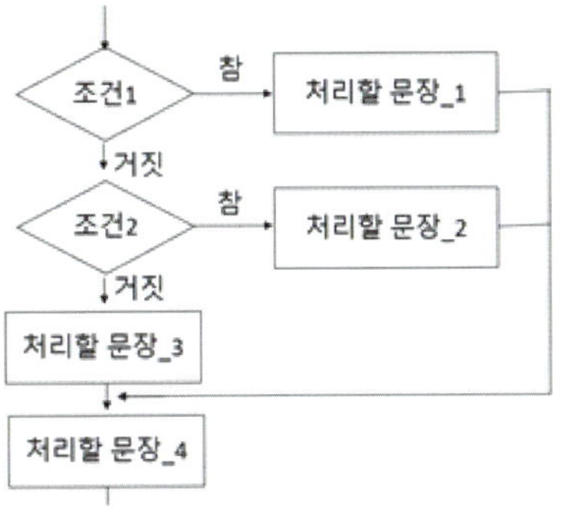


```
if 조건식_1 :
        처리할 문장_1
```

```
elif 조건식_2 :
        처리할 문장_2
else :
        처리할 문장_3
처리할 문장_4
```

사용자로부터 숫자 정수 하나를 입력받아 그 숫자가 양수인지, 제로(0)인지, 음수인지를 판별하는 if~elif~else 문을 예제를 통해 알아보자.

```
num = int(input("숫자 정수:"))

if num > 0:                 #입력받은 숫자가 0보다 큰 경우
    print("양수")
elif num == 0:              #제로(0)인 경우
    print("제로(0)")
else:                       #입력받은 숫자가 음수인 경우
    print("음수")
 print("프로그램종료")        #프로그램 종료는 무조건 실행됨
```

[실행 결과]

```
숫자 정수:15
양수
프로그램 종료

숫자 정수:0
제로(0)
프로그램 종료

숫자 정수:-5
음수
프로그램 종료
```

진단문제

면접 점수와 필기 점수를 입력받아 두 점수가 모두 90점 이상인 경우 "A등급", 두 점수가 모두 80~89점 사이인 경우 "B등급", 두 점수가 모두 70~79점인 경우 "C등급", 그 외 점수인 경우는 "불합격 등급"을 처리하는 if~elif~else 프로그램을 작성하시오.

[실행 결과]

```
면접점수:93
필기점수:95
A등급

면접점수:60
필기점수:55
불합격 등급
```

3.4 반복문

파이썬 반복문은 어떤 과정을 반복 수행하는 구조로 반복문을 사용하면 정확하고 빠르게 지정한 횟수만큼 코드를 반복하여 수행할 수 있다.

for 반복문

for 반복문은 반복할 횟수를 지정하여 특정한 범위만큼 반복 수행하는 반복문이다.

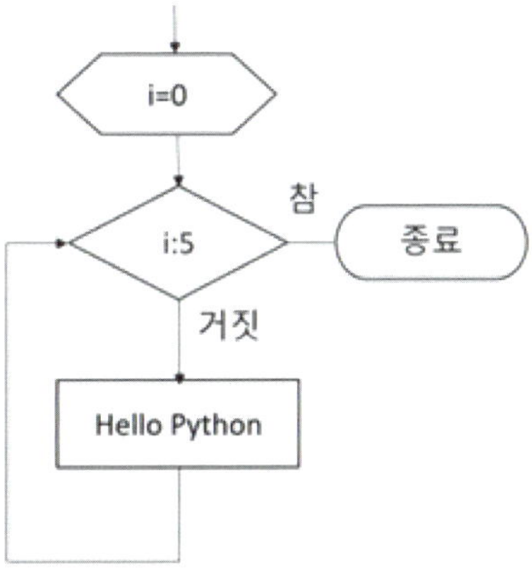


```
for 변수 in range() :
    처리할 반복 문장
```

Hello Python을 5회 반복히는 for 반복문을 이용하여 예제 실습을 해보자.

```python
for i in range(5):
    print("Hello Python")
```

[실행 결과]

```
Hello Python
Hello Python
Hello Python
Hello Python
Hello Python
```

여기서 잠깐　range() 함수

반복문에서 range() 함수 사용 형식은 range(시작값, 종료값+1, 증가/감소값)으로 구성되며 시작값은 0부터 시작한다. range(5)를 사용했을 경우, 시작값은 0, 증가값은 1로 간주되어 0,1,2,3,4를 출력하게 된다.

```
for i in range(5):
    print(i)
```

[실행 결과]

```
0
1
2
3
4
```

진단문제

for 반복문을 이용하여 1부터 10까지의 합계를 출력하는 프로그램을 작성하시오.

[실행 결과]

```
1-10까지 합=55
```

while 반복문

while 반복문은 조건이 만족하는(참인 경우) 동안 명령을 반복 수행하다가 조건이 거짓이면 반복 루프를 탈출하는 반복문이다.

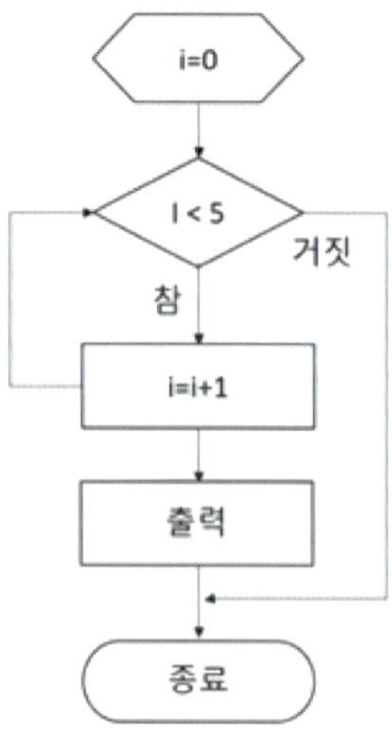

```
while 조건식 :
    반복 처리할 문장
```

while 반복문을 이용하여 1-5까지 출력하는 실습을 해보자.

```
i=0
while i<5:
    i=i+1
    print(i)
```

[실행 결과]

```
1
2
3
4
5
```

여기서 잠깐　while 무한루프

파이썬에서 while 반복문을 이용하여 무한루프 조건식을 만들 수 있다.

```
while True :
    처리할 반복 문장
```

while 반복문 무한루프는 조건문(조건식)에 True를 입력한다.

True 대신 숫자 정수 1을 사용해도 되지만 1보다는 True를 사용하는 것이 좋다.

무한루프를 강제 종료하기 위해서는 키보드 Ctrl + C를 누르거나 break 기타 제어문을 통해 빠져나갈 수 있다.

진단문제

사용자로부터 숫자 정수 한 개를 입력받아, while 반복문을 사용해 합계를 구하여 출력하는 프로그램을 작성하시오.

[실행 결과]

```
숫자 입력:20
1-20까지 합계=210
```

중첩 반복문

중첩 반복문은 for 반복문 안에 또 다른 for 반복문을 내포하는 구조로 어렵고 복잡한 문제를 해결할 때 사용된다. 중첩 반복문은 외부 for 1회 수행에 내부 for 전체 수행을 하게 된다.

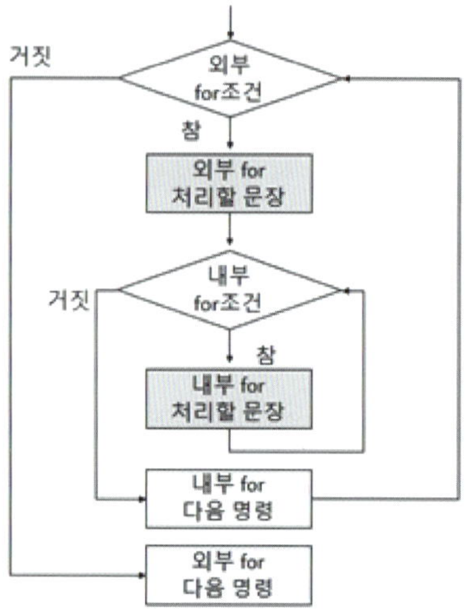

외부 변수 1회 수행에 내부 변수 3회를 총 2회 수행하는 중첩 반복문을 예제 실습을 통해 알아보자.

```
for 변수 in range() :          #외부(outer) for
    처리할 반복 문장_1
  for 변수 in range() :        #내부(inner) for
      처리할 반복 문장_2
```

```
for i in range(2) :
    print("i=",i)
    for j in range(3) :
        print("\tj=",j)
```

[실행 결과]

```
i= 0
  j= 0
  j= 1
  j= 2
i= 1
  j= 0
  j= 1
  j= 2
```

여기서 잠깐

위 예제는 외부 for 반복문 i변수 1회 수행할 때에 내부 for 반복문 j변수 0,1,2 출력을 3번을 수행하게 된다. 그다음 반복 loop를 빠져나간다. 이때 for 반복문 i변수 2회 수행할 때에 내부 for 반복문 j변수 0,1,2 출력을 3번 수행한 후, 외부 for 반복문 수행을 종료하게 된다.

중첩 반복문 활용

중첩 반복문을 이용하여 가로 구구단 2~9단까지 출력을 예제를 통해 알아보자.

```
for i in range(1,10,1) :
    for j in range(2,10,1) :
        print(f"{j}*{i}={j*i}", end="\t")
    print()
```

[실행 결과]

```
2*1=2	3*1=3	4*1=4	5*1=5	6*1=6	7*1=7	8*1=8	9*1=9
2*2=4	3*2=6	4*2=8	5*2=10	6*2=12	7*2=14	8*2=16	9*2=18
2*3=6	3*3=9	4*3=12	5*3=15	6*3=18	7*3=21	8*3=24	9*3=27
2*4=8	3*4=12	4*4=16	5*4=20	6*4=24	7*4=28	8*4=32	9*4=36
2*5=10	3*5=15	4*5=20	5*5=25	6*5=30	7*5=35	8*5=40	9*5=45
2*6=12	3*6=18	4*6=24	5*6=30	6*6=36	7*6=42	8*6=48	9*6=54
2*7=14	3*7=21	4*7=28	5*7=35	6*7=42	7*7=49	8*7=56	9*7=63
2*8=16	3*8=24	4*8=32	5*8=40	6*8=48	7*8=56	8*8=64	9*8=72
2*9=18	3*9=27	4*9=36	5*9=45	6*9=54	7*9=63	8*9=72	9*9=81
```

여기서 잠깐 중첩 반복문을 활용한 삼각형 출력하기

중첩 반복문을 활용하여 다양한 숫자 삼각형 모양을 출력할 수 있다.

1 -----------5행 구조 형태로 구성 : 외부 for가 담당
22 ---------삼각형 구조는 i변수가 변함에 따라 삼각형 형태를 갖춤 : 내부 for가 담당
333 --------데이터 출력
4444 -------가로로 붙여서 출력하는 형태는 end=""를 활용
55555 -------출력을 마치고 새로운 줄로 시작하기 위해서는 print()로 줄을 바꾸어 줌

```
for i in range(1,6,1) :
    for j in range(1,i+1,1) :
        print(i, end="")
    print()
```

[실행 결과]

```
1
22
333
4444
55555
```

진단문제

중첩 for 반복문을 이용하여 [실행 결과]와 같은 숫자 삼각형을 출력하는 프로그램을 작성하시오.

[실행 결과]

```
12345
1234
123
12
1
```

3.5 기타 제어문

기타 제어문은 제어문(for 반복문, while 반복문, if~else 조건문 등)과 함께 다양하게 활용되는 보조 제어문으로 break, continue, pass 명령 등이 사용된다.

break 문

break 문은 for 반복문 또는 while 반복문을 사용하다가 특정한 조건을 수행하여 break를 만나면 중간에 loop 구간을 벗어나 프로세스를 종료한다.

```
while 조건식 :
    반복 처리할 문장
    break        #프로그램 반복 구간을 벗어나 완전히 종료됨
```

while 반복문을 이용하여 1-10까지 숫자를 반복 수행한다. 그런데 숫자 5를 만나면 수행을 중단하고 반복문을 종료하는 예제를 실습을 통해 알아보자.

```
i=0
while i<10:
    i=i+1
    print(i, end=" ")
    if i==5:
        break
```

[실행 결과]

```
12345
```

진단문제

무한 반복문을 사용하여 사용자로부터 어떤 숫자를 입력 받아 합계를 누적한다. 단, 숫자 0이 입력되면 입력을 중단하고 누적한 합계를 출력하는 프로그램을 작성하시오.

```
숫자:5
숫자:10
숫자:15
숫자:20
숫자:0
합계:50
```

continue 문

반복문에서 continue 문을 만나게 되면 반복문 루프 구간의 흐름을 유지한 상태에서 해당 코드의 루틴만 건너뛰고 반복문 처음으로 돌아간다.

```
while 조건식 :
    반복 처리할 문장
    continue                #이곳 루틴은 생략하고, 반복문 처음으로 돌아감
```

while 반복문을 이용하여 1-10까지 숫자 중 홀수만 출력하는 실습을 예제를 통해 알아보자.

```
i=0
while i < 10 :
    i=i+1

    if i % 2 == 0 :
        continue
    print(i, end=" ")
```

[실행 결과]

```
13579
```

진단문제

반복문과 continue 문을 이용하여 1에서 50까지 숫자 중에서 5의 배수만 출력하는 프로그램을 작성하시오.

[실행 결과]

```
5 10 15 20 25 30 35 40 45 50
```

3.6 함수(function)

파이썬에서 함수(function)는 앞에서 학습한 print()나 int() 함수처럼 파이썬에서 제공하는 함수가 있는가 하면 사용자가 작성하여 필요 시 호출하여 사용하는 사용자 정의 함수가 있다.

사용자 정의 함수

사용자 정의 함수(User defined Functions)는 사용자가 특정한 작업을 수행하는 일련의 과정을 순서대로 작성한 소단위 프로그램으로 사용자가 필요 시 언제든지 호출하여 재사용이 가능하다. 사용자 정의 함수를 통해 코드의 구조화(structuring), 모듈화(modularization), 재사용성(reusable), 가독성(Readability) 등을 높일 수 있다.

❶ 사용자 정의 함수 특징

- **사용자가 문제 해결을 위해 함수명, 프로그램 코딩을 직접 작성할 수 있다.**
- **하나의 큰 프로그램을 분리하여 단위 프로그램으로 분할 작성이 가능하다.**
- **필요 시 언제든지 호출하여 사용할 수 있으므로 재사용에 대한 효율을 높일 수 있다.**
- **함수 내에서 또 다른 함수를 포함시킬 수 있다.**

❷ 함수 이름 작성 규칙

- **알파벳, 숫자, 밑줄 문자(_)만 사용 가능하고 공백은 사용할 수 없다.**
- **함수의 첫 글자는 반드시 알파벳 대문사 또는 밑줄 문자만 사용할 수 있다.**
- **파이썬에서 사용한 예약어(reversed word)는 사용할 수 없다.**

함수 호출

파이썬에서 사용자 정의 함수의 def는 영어 definition의 약어로 def 예약어로 시작하며 첫 행에는 def 함수 이름()을 쓰며, 함수 뒤에는 조건문, 반복문처럼 :(콜론)을 사용한다.

```
def 함수 이름() :    # 함수 정의
  함수 본문          # 함수가 호출됐을 때 실행되는 코드

함수 이름()          #함수 호출
```

함수 "myFunction()"을 호출하여 "Hello! Python Programming"을 5번 출력하는 예제 실습을 해보자.

```
def myFunction() :              # 함수 정의
    for i in range(5) :
        print("Hello! Python Programming")

myFunction()                    # 함수 호출

```

```
Hello! Python Programming
Hello! Python Programming
Hello! Python Programming
Hello! Python Programming
Hello! Python Programming
```

진단문제

myFunction() 함수를 호출하여 사용자로부터 이름과 나이, 성별을 입력받아 출력하는 함수 정의 프로그램을 작성하시오.

[실행 결과]

```
이름:홍길동
나이:20
성별:남
홍길동은 20세로 남성입니다.
```

함수와 인자

함수 호출 시 함수에 데이터를 전달하여 호출할 수 있는데 이때 사용되는 값을 인자(argument)라고 하며, 함수에서 전달받은 값은 매개변수(parameter)라고 한다.

```
def 함수 이름(매개변수1, 매개변수2...) :    # 함수 정의
    함수 본문                              # 실행되는 코드
    return 결과값
-----------------------------------------------------------------
#호출 영역
함수 이름(인자1, 인자2...)                 #호출 영역에서 함수 호출
```

두 개의 인자값으로 함수를 호출하여 함수 영역 내에서 합계를 출력하는 실습을 해보자.

```
def hap(x,y) :              # 함수 정의
    hap=x+y
    print("{}+{}={}".format(x,y,hap))

                            #호출 영역
a=10
b=20
hap(a,b)                    # 함수 호출
```

[실행 결과]

```
10+20=30
```

Tips

함수를 호출할 때 hap(x,y)와 값을 넘겨받을 때 대응되는 값으로 hap(x,y) 인자값과 동일하게 사용해도 좋고 hap(a,b) 매개변수를 다르게 사용해도 좋다.

두 개의 인자값으로 함수를 호출하여 합계를 호출한 영역으로 return하여 출력하는 실습을 해보자.

```
def hap(x,y) :                          # 함수 정의
    return(x+y)                         # 합계를 return

                                        # 호출 영역
a=10
b-20
print("{}+{}={}".format(a,b,hap(a,b)))  # 함수 호출
```

진단문제

호출 영역에서 이름과 취미를 인자로 입력받아 함수 영역 내에서 [실행 결과]와 같이 출력되도록 프로그램을 작성하시오.

이름 : 김갑돌
취미 : 영화 감상

[실행 결과]

```
김갑돌은 취미가 영화 감상이다.
```

요점정리

1. print() 함수에서 '+'는 문자열과 문자열을 공백 없이 붙여서 출력하고, ','는 문자열과 문자열 사이를 한 칸 띄어서 출력한다.

2. print() 함수에서 end 옵션으로 개행을 없애고 이어서 출력할 수 있고, sep 옵션을 활용하여 공백을 없애거나 구분자를 변경하여 출력할 수 있다.

3. input() 함수는 사용자가 입력한 데이터를 무조건 문자열 형태로 입력받아서 변수에 할당한다.

4. int() 함수는 실수형 숫자를 정수형으로로 변환하고, float() 함수는 정수형을 실수형으로 변환한다.

5. if~else 조건문에서는 if 조건문에서 참인 경우 처리문_1을 수행하고, 거짓인 else 경우에는 처리문_2를 수행한다.

```
if 조건식 :
   처리할 문장_1
else :
   처리할 문장_2
```

6. if~elif~else 조건문은 if 조건식에서 조건 수행이 거짓인 경우, 조건 만족을 수행하기 위해 elif~else 조건문을 다시 수행하는 조건문이다.

```
if 조건식_1 :
   처리할 문장_1
elif 조건식_2 :
   처리할 문장_2
elif 조건식_3 :
   처리할 문장_3
else :
   처리할 문장_4
```

7. for 반복문은 횟수를 지정하여 수행하는 반복문으로 for 변수 in range(시작값, 종료값+1, 증가/감소값):으로 수행한다.

8. while 문은 조건식이 만족하는(참인 경우) 동안 명령을 반복 수행한다.

9. while의 조건식을 True로 하면 무한 반복을 실행할 수 있으며, True 대신 숫자 정수 1을 사용할 수 있다. 무한 루프를 강제 종료할 때는 Ctrl + C를 누른다.

```
while True:
    반복 처리할 문장
```

10. 파이썬에서 사용자 함수 정의 def는 영어 definition의 약어로 def 예약어로 시작하며 첫 행에는 def 함수 이름()을 쓰고, 함수 뒤에는 :(콜론)을 사용한다.

11. 함수를 호출할 때 값은 인자(argument)라고 하고, 함수 실행 시 넘어오는 값은 매개변수(parameter)라고 한다.

1. print() 함수에 대한 설명으로 옳지 않은 것은? ( )

   ① '+'는 두 줄을 이어서 출력한다.

   ② ','는 문자열과 문자열 사이를 한 칸 띄어서 출력한다.

   ③ print() 함수에서 end 옵션은 개행을 없애고 이어서 출력할 수 있다.

   ④ sep 옵션을 활용하여 공백을 없애거나 구분자를 변경하여 출력할 수 있다.

2. input() 함수 사용 시 사용할 수 없는 함수는? ( )

   ① txt ② str ③ int ④ float

3. 다음 중 제어문에 해당되지 않는 명령은? ( )

   ① if~else ② for ③ list ④ while

4. 다음 순서도에서 보이는 조건문은? ( )

   ① if 문 ② if~else 문 ③ 중첩 if 문 ④ if~elif~else 문

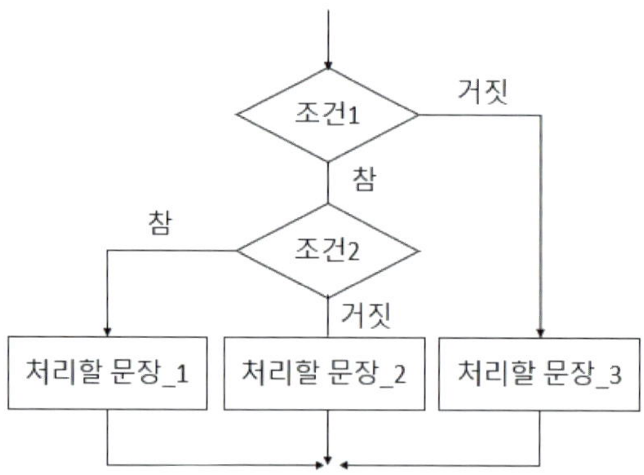

5. 다음 if 조건문에서 숫자 정수 250을 입력했을 때 출력 결과로 옳은 것은? ( )

```
num=int(input("숫자:"))
if num > 100 :
    if num > 200 :
```

```
        print("200보다 큰 수입니다.")
    else :
        print("100보다 크고 200보다 작은 수입니다.")
else :
    print("100보다 작은 수입니다.")

```

[실행 결과]

```
숫자:250
```

① 100보다 작은 수입니다.

② 100보다 크고 200보다 작은 수입니다.

③ 200보다 큰 수입니다.

④ 200보다 큰 수입니다.

6. 조건문을 사용하여 변수 num이 짝수인지를 판별할 때 올바른 조건식은? ( )

① if num/2 == 0 ② if num/2 == 1

③ if num % 2 == 1 ④ if num % 2 == 0

7. for 반복문 내에 또 다른 for 반복문을 내포하고 있는 구조는? ( )

① 중첩 반복문 ② 외부 반복문 ③ 내부 반복문 ④ 순환 반복문

8. 다음 반복문 코드의 출력 결과로 옳은 것은? ( )

```
for i in range(5):
    if i==3 :
        break
    print(i, end=" ")
```

① 0 1 2 3 4

② 0 1 2 3 4 5

③ 0 1 2 3

④ 0 1 2

9. 반복문 루프 구간의 흐름을 유지한 상태에서 해당 코드 부분만 건너뛰는 역할을 수행하는 명령은? ( )

① break ② continue ③ pass ④ jump

10. 반복문을 사용하다가 특정 조건이 맞으면 중간에 루프 수행을 벗어나 프로세스를 끝내는 명령은? ( )

① break ② continue ③ pass ④ exit

11. 다음 코드를 실행했을 때 밑줄 친 부분에 들어갈 올바른 코드는? ( )

```
for i in range(1,6) :
    if i==3 :
        ____________________
    print(i)
```

[실행 결과]

```
1
2
4
5
```

① break ② continue ③ pass ④ print()

12. 무한 루프 반복이 가능한 조건식을 모두 고르시오. ( )

① while True : ② while 1 : ③ for(;;;) ④ for loop :

13. 조건인 참인 동안 처리할 문장을 반복 수행하는 반복문은? ( )

① for ② do~while ③ for~else ④ while

14. while 반복문 코드를 실행했을 때 예상되는 출력 결과는? ( )

```
i=0
while i<3:
    i=i+1
    print("{}".format(i))
```

① 0 1 2

② 1 2 3

③ 0
2
3

④ 1
2
3

15. 함수 관련 설명으로 옳지 않은 것은? ( )

① 함수 선언은 def 함수명():으로 시작한다.

② 함수를 호출할 때 인자값은 생략할 수 있다.

③ 함수 안에서 사용 가능한 변수를 매개변수라고 한다.

④ 함수 호출 시 여러 개의 값은 매개변수로 전달할 수 없다.

1. 사용자로부터 어떤 정수 5개를 입력받아 짝수를 판별하여 짝수의 개수를 구하는 반복문 프로그램을 작성하시오.

[실행 결과]

```
숫자:12
숫자:15
숫자:4
숫자:8
숫자:9
짝수 개수:3
```

2. 사용자로부터 입력받은 숫자를 인자(argument)로 하여 소수(prime)인지를 판별하는 함수 프로그램을 작성하시오.

[실행 결과]

```
숫자:13
13은 소수임

숫자:24
24는 소수가 아님
```

3. while 무한 루프 조건식을 적용하여 "Python Programming"을 3회 출력하도록 프로그램을 작성하시오.

Hint: break 문은 특정한 조건을 만족할 경우 반복문을 벗어날 때 사용한다.

[실행 결과]

```
Python Programming
Python Programming
Python Programming
```

4. 중첩 반복문을 활용하여 다음과 같은 별 삼각형 모양이 출력되도록 프로그램을 작성하시오.

[실행 결과]

```
*
**
***
****
*****
```

5. 중첩 반복문을 활용하여 다음과 같은 숫자 삼각형 모양이 출력되도록 프로그램을 작성하시오.

[실행 결과]

```
12345
 2345
  345
   45
    5
```

6. 중첩 반복문을 활용하여 다음과 같은 숫자 삼각형 모양이 출력되도록 프로그램을 작성하시오.

[실행 결과]

```
    1
   12
  123
 1234
12345
```

7. 컴퓨터활용 2급 자격증 유무를 묻고 자격증을 보유한 4학년이면 "응시 지원 대상자"를 표시하고 두 조건 중 하나라도 만족하지 않으면 "응시 지원 자격 미충족"을 판별하는 if 조건 프로그램을 작성하시오.

[실행 결과]

```
컴퓨터활용자격증(2급) 유무(Y/N)?Y
학년?4
응시 지원 대상자임

컴퓨터활용자격증(2급) 유무(Y/N)?N
학년?4
응시 지원 미충족
```

8. 전력 구분, 사용량을 입력하여 전기 요금을 산출하는 중첩 if 프로그램을 작성하시오. 단, 용도별 전기료 산출에 필요한 기본 요금 및 kwh 전력량 요금은 다음과 같으며, 사용량, 전기 요금은 소수점 둘째 자리까지 표시되도록 한다.

요금 용도	주택용	공업용	산업용
기본 요금	910	1600	7300
kwh 전력량 요금	88	182	275

```
[용도] 1:주택용, 2:공업용, 3:산업용?1
사용량(kwh)?57
```

[실행 결과]

```
용도:1, 사용량:57.00, 전기요금:5,926.00원
```

Introduction to **Data analysis**

CHAPTER

04

파이썬 기초 문법 3

학습목표

리스트튜플, 딕셔너리, 세트 자료형을 살펴본다.

학습 목차

4.1 리스트(list)

리스트는 여러 개의 자료를 하나의 변수로 관리할 때 사용되는 집합이다. 역할적으로는 C나 자바에서 다루는 배열(array)과 비슷한 역할을 수행하지만 파이썬에서 리스트는 명령의 흐름적인 처리 부분에서는 리스트 데이터 항목값이 삽입, 삭제, 수정, 정렬, 데이터 추출과 같은 데이터 처리 및 데이터 항목 변경이 가능하다는 부분에서 배열과 매우 다르다.

리스트(list) 살펴보기

리스트는 여러 항목의 데이터 값을 기억할 수 있다. 데이터 항목을 저장하기 위해 [](대괄호)를 사용하며 항목을 구분하기 위해서는, (콤마)를 사용한다.

리스트 변수=[항목1, 항목2, 항목3...]

리스트 변수

파이썬에서 리스트는 항목에 대한 데이터 값을 하나의 자료형으로 저장하여 사용할 수도 있지만, 숫자형 데이터 항목, 문자열 데이터 항목, 숫자와 문자열 혼합형 데이터 항목과 같은 여러 형태의 다양한 자료 항목도 저장할 수 있다.

❶ numList = []	#빈 리스트
❷ numList = [10, 20, 30, 40, 50]	#숫자 리스트 변수
❸ strList=[“SBS”, “KBS”, “MBC”, “TVN”, “ICON”]	#문자열 데이터 리스트 변수
❹ milkiest = [10, "KBS", 120.15, True, False]	#혼합형 데이터 리스트 변수

숫자 리스트

리스트 변수 num=[10,15,20,25,30]에 숫자 정수 항목이 기억되어 있다. 반복문을 이용하여 기억된 항목값을 출력해보자.

```
num=[10,15,20,25,30]
for i in num:
        print(i)
```

[실행 결과]

```
10
15
20
25
30
```

여기서 잠깐　리스트 변수 반복문 활용하기

리스트는 반복문 range() 위치에 리스트 변수를 활용할 수 있지만 리스트 항목 개수만큼 지정하여 사용할 수도 있다. num[0], num[1], num[2], num[3], num[4]와 같이 0부터 4까지 차례로 인덱스를 이용하여 항목 값을 출력할 수 있다.

```
num=[10,15,20,25,30]
for i in range(5):
    print(num[i])
```

[실행 결과]

```
10
15
20
25
30
```

진단문제

리스트 변수 num=[15,23,18,47,23] 항목의 홀수, 짝수 개수를 [실행 결과]와 같이 출력하는 프로그램을 작성하시오.

[실행 결과]

```
홀수 개수=4
짝수 개수=1
```

문자 리스트

리스트 변수 city=["Korea","Seoul","Incheon","Pusan","Jeju"]에서 문자열 항목의 길이가 5글자인 항목만 출력하는 예제를 실습을 통해 알아보자(문자열의 길이를 구하는 함수는 len()을 사용한다).

```
city=["Korea","Seoul","Incheon","Pusan","Jeju"]
for i in city:
    if len(i)==5 :
        print(i)
```

[실행 결과]

```
Korea
Seoul
Pusan
```

진단문제

리스트 변수 strNum=["35","20","40","80","41"]에 각 문자열 항목이 기억되어 있다. 항목의 홀수 짝수 숫자 합계를 구하여 [실행 결과]와 같이 출력하는 프로그램을 작성하시오.

Hint : 문자열 숫자를 정수형 숫자로 변환하는 함수는 int() 함수를 이용한다.

[실행 결과]

```
홀수 합=76
짝수 합=140
```

리스트 슬라이싱(slicing)

파이썬에서 슬라이싱은 리스트에서 범위를 지정하여 항목을 추출하는 기법으로 문자열, 리스트, 튜플과 같은 객체로부터 데이터 값을 가져올 수 있다. 리스트를 추출하기 위해서는 [] 대괄호 안에 숫자와 콜론 기호(:)를 이용한다.

리스트 슬라이싱

리스트 변수에 기억된 항목에 접근하기 위해서는 인덱스로 항목값을 색인하게 되는데 이때 [] (대괄호)를 사용한다. 왼쪽에서 오른쪽 방향으로 인덱스를 사용하고자 할 때는 양수를, 오른쪽에서 왼쪽 방향으로 인덱스를 사용하고자 할 때는 음수를 표시한다. 인덱스 시작값은 항상 0부터 시작한다.

▶ 슬라이싱 사용 방법

```
리스트 변수명[:]         #처음부터 끝까지
리스트 변수명[시작:]     #시작 위치부터 끝까지
리스트 변수명[:종료]     #처음부터 종료-1 인덱스까지
리스트 변수명[시작:종료] #가장 많이 사용하는 방법으로 시작부터 종료-1 인덱스까지
```

인덱스 \ 항목	a	b	c	d	e	f	g	h
양수(좌→우)	0	1	2	3	4	5	6	7
음수(우←좌)	-8	-7	-6	-5	-4	-3	-2	-1

리스트 변수 alphaList=['a','b','c','d','e','f','g','h']에서 해당 인덱스 위치 항목값을 실습을 통해 출

력해보자.

```
>>> alphaList=['a','b','c','d','e','f','g','h']      #문자열 항목을 alphaList 리스트 변수에 저장
>>> alphaList
['a', 'b', 'c', 'd', 'e', 'f', 'g', 'h']
>>> alphaList[0]                                     #0번째 인덱스 출력
'a'
>>> alphaList[-1]                                    #오른쪽에서 1번째 항목 출력
'h'
>>> alphaList[0:]                                    #시작 위치부터 끝까지
['a', 'b', 'c', 'd', 'e', 'f', 'g', 'h']
>>> alphaList[0:5]                                   #0번째 인덱스부터 5개 항목까지 출력
['a', 'b', 'c', 'd', 'e']
```

진단문제

리스트 변수 alphaList=['a','b','c','d','e','f','g','h']에 알파벳 문자열을 기억시킨 후 아래 2가지 슬라이싱 방법으로 동일한 문자열 항목을 밑줄을 채워 완성하시오.

❶ 왼쪽 → 오른쪽 방향으로 [['c','d','e','f']] 문자열 항목만 추출하시오.

❷ 오른쪽 방향 ← 왼쪽 으로 ['c','d','e','f'] 문자열 항목만 추출하시오.

```
____________
['c', 'd', 'e', 'f']
______________
['c', 'd', 'e', 'f']
```

리스트(list) 활용하기

리스트는 여러 개의 항목을 한 곳에 모아서 리스트 변수에 저장하여 관리할 수 있는데 리스트 항목이 데이터를 효율적으로 다루기 위해 항목을 추가, 삽입, 삭제, 수정하는 방법을 알아보자.

빈 리스트 만들기

빈 리스트를 만들기 위해서는 항목이 없는 [] 빈 대괄호를 사용한다.

```
>>> numList = []
>>> numList          #빈 리스트 확인
[]
```

리스트 추가하기

생성된 리스트 변수에 항목을 추가하기 위해서는 append() 함수를 사용한다. append() 함수를 사

용하면 리스트 맨 끝에 새로운 항목을 추가할 수 있다.

빈 numList 리스트 변수에 숫자 5와 3을 추가해보자.

```
>>> numList.append(5)       #항목 5 추가
>>> numList.append(3)       #항목 3 추가
>>> numList                 #리스트 변수 확인
[5, 3]                      #2개의 항목이 추가된 것을 확인할 수 있음
```

진단문제

numList 리스트 변수에 숫자 항목 20을 추가해보자.

```
>>> ______________
>>> numList
[5, 3, 20]
```

리스트 항목 삽입하기

insert() 함수를 이용하여 원하는 위치에 항목을 삽입할 수 있다. 이때 항목의 위치값을 인덱스라고 하는데 찾아보기(index)는 0을 시작으로 저장된 순서대로 차례로 부여된 번호를 지칭한다.

numList 리스트 변수 0번째 찾아보기에 숫자 항목 30을 삽입해보자.

```
>>> numList.insert(0,30)
>>> numList
[30, 5, 3, 20]
```

진단문제

numList 리스트 변수 3번째 찾아보기에 밑줄을 채워 삽입하시오.

```
>>> numList
[30, 5, 3, 20]
>>> ____________________
>>> numList
[30, 5, 3, 50, 20]
```

리스트(list) 삭제하기

파이썬에서는 저장된 리스트 항목을 인덱스를 이용하여 삭제 가능하고 직접 항목값을 입력하여

삭제할 수도 있다. 또한 특정한 범위를 :(콜론)으로 지정하여 삭제가 가능하다.

pop()

pop() 함수는 리스트 변수의 마지막 항목값을 삭제할 수 있으며, del 함수처럼 인덱스를 통해 특정 위치값을 삭제할 수도 있다.

여기서 잠깐

- 객체 이름.pop()

ex) cityList.pop()　　#cityList 리스트 변수 마지막 항목값을 취득한 후 삭제

- 객체 이름.pop(인덱스)

ex) cityList.pop(2)　　#cityList 리스트 변수 2번째 인덱스 항목값을 삭제

리스트 변수 cityList=["서울","부산","제주","대구","대전"]에서 마지막 항목 "대전"을 삭제해보자.

```
>>> cityList=["서울","부산","제주","대구","대전"]
>>> cityList.pop()              #마지막 항목 대전을 취득한 후 삭제
'대전'
>>> cityList
['서울', '부산', '제주', '대구']
```

진단문제

리스트 변수 cityList =['서울', '부산', '제주', '대구']에서 0번째 항목을 밑줄을 채워 삭제하시오.

```
>>> ____________________
'서울'
>>> cityList
['부산', '제주', '대구']
```

del

del 함수는 인덱스를 사용하여 항목을 삭제할 수 있고, 슬라이싱을 이용하여 범위를 지정하여 삭제할 수도 있다.

여기서 잠깐 del 항목 삭제

- del 객체[인덱스]

ex) del movieList[2] #2번째 인덱스 항목을 삭제

- del 리스트 변수명[슬라이싱]

ex) del movieList[슬라이싱] #범위를 지정하여 여러 항목값을 삭제

리스트 변수 movieList=["스파이더맨","배트맨","아이언맨","아쿠아맨","킹스맨"]에서 2번째 인덱스 항목을 삭제해보자.

```
>>> movieList=["스파이더맨","배트맨","아이언맨","아쿠아맨","킹스맨"]
>>> del movieList[2]
>>> movieList
['스파이더맨', '배트맨', '아쿠아맨', '킹스맨']
```

리스트 변수 numList=[1,2,3,4,5,6,7,8,9,10]에서 del 명령과 슬라이싱을 이용하여 범위를 지정해서 삭제해보자.

```
>>> numList=[1,2,3,4,5,6,7,8,9,10]
>>> del numList[8:]            #8번째 인덱스 이후 모두 삭제
>>> numList
[1, 2, 3, 4, 5, 6, 7, 8]       #8번째 인덱스 이후 항목이 모두 삭제되었음
>>> del numList[:4]            #처음부터 4번째 인덱스까지 모두 삭제
>>> numList
[5, 6, 7, 8]                   #처음부터 4번째 인덱스까지 모두 삭제되었음
```

clear()

clear() 함수는 리스트 내의 모든 항목을 한꺼번에 삭제할 수 있다. 이때 리스트 변수는 빈 리스트로 남는다.

- del 객체.clear()

ex) del colorList.clear() #colorList 리스트 변수의 모든 항목값을 한꺼번에 삭제

```
>>> colorList=["빨강","주황","노랑","초록","파랑"]
>>> colorList.clear()
>>> colorList
[]                            #모든 항목값이 삭제되어 빈 리스트만 남았음
```

진단문제

리스트 변수 carList=["소나타","그랜저","아반떼","제네시스","엘란트라"]에서 ① 4번째 인덱스 값을 삭제, ② carList 변수도 삭제하시오.

```
>>> carList=["소나타","그랜저","아반떼","제네시스","엘란트라"]
>>> ____________________
>>> ____________________
```

remove()

remove() 함수는 항목값을 직접 입력하여 삭제하는 함수이다. 동일한 항목값이 여러 개 있을 경우에는 앞에 있는 항목 데이터 하나만 삭제된다.

▪ 객체 이름.remove("항목")

ex) numA.extend(numB) #numA 리스트 변수에 numB를 가져와서 numA 리스트 변수를 확장

리스트 변수 fruitList=["딸기","참외","수박","복숭아","바나나","수박"]에서 "수박" 항목을 검색하여 삭제해보자.

```
>>> fruitList=["딸기","참외","수박","복숭아","바나나","수박"]
>>> fruitList.remove("수박")
>>> fruitList
['딸기', '참외', '복숭아', '바나나', '수박']
```

진단문제

리스트 변수 fruitsList에서 "딸기" 항목을 빈줄을 채워 삭제하시오.

```
fruitList=['사과','바나나','체리','두리안','딸기'
>>> ____________________
>>> fruitList
['사과','바나나','체리','두리안']
```

리스트 항목 정렬하기

파이썬에서 리스트, 튜플, 딕셔너리 등에 저장된 데이터를 순서대로 정렬해주는 함수가 소트(sort)이다. 소트는 오름차순과 내림차순이 있으며 리스트 변수에 저장된 데이터 항목의 위치를 원하는 순서로 정렬할 수 있다.

리스트 변수.sort(reverse=True/False)

Tips

- 오름차순(Ascending) : 작은 것부터 큰 것의 차례로 정렬 (ex: 0,1,2,3,.....8,9)
- 내림차순(Descending) : 큰 것부터 작은 것의 차례로 정렬 (ex: 9,8,7,6....1,0)

리스트 오름차순 정렬하기 : 작은 값에서 큰 값

리스트 변수 numList=[43,12, 3, 7, 72, 25]에 저장된 숫자 항목을 오름차순으로 정렬해보자.

```
>>> numList=[43,12, 3, 7, 72, 25]
>>> numList.sort()
>>> numList
[3, 7, 12, 25, 43, 72]
```

Tips

오름차순 정렬에서 reverse=False는 생략 가능하다.

이번에는 내림차순으로 정렬해보자. 내림차순 정렬을 위해 reverse=True를 추가한다.

```
>>> numList.sort(reverse=True)
>>> numList
[72, 43, 25, 12, 7, 3]
```

진단문제

리스트 변수 color=['yellow', 'green', 'pink', 'red']에 저장된 색깔 항목을 밑줄을 채워 내림차순으로 정렬하시오.

```
>>> color=['yellow', 'green', 'pink', 'red']
>>> ____________________
>>> color
['yellow', 'red', 'pink', 'green']
```

4.2 튜플(tuple)

파이썬에서 튜플은 리스트처럼 여러 개의 항목 데이터를 차례로 묶어서 저장할 수 있다. 둘의 차이점은 리스트는 자료 변경이 자유롭고, 튜플은 자료 변경이 불가능하다는 것이다. 즉, 데이터 변경이 잦은 자료는 리스트를 이용하는 것이 좋고, 주민등록번호와 같이 변경되지 않는 데이터는 튜플을 사용한다.

튜플

튜플은 리스트처럼 여러 데이터를 담을 수 있지만, 한 번 생성된 항목 자료를 변경할 수 없다.

튜플 변수=(항목1, 항목2, 항목3...)

튜플 변수

파이썬에서 튜플은 숫자형 데이터 항목, 문자열 데이터 항목, 숫자와 문자열 혼합형 데이터 항목 등 다양한 자료 항목을 저장할 수 있다.

❶ numList=() #빈 튜플

❷ numList=(10, 20, 30) #숫자 튜플 변수

❸ strList=("SBS","KBS","MBC","TVN","ICON") #문자열 튜플 변수

❹ milxList=(10,"KBS", 120.15, (1,2,3)) #혼합형 튜플 변수

num1 튜플을 생성해보자.

```
>>> num1=(1,2,3)
>>> type(num1)
<class 'tuple'>
```

이번에는 리스트 변수를 생성 후, tuple() 함수를 사용하여 튜플 자료형으로 전환해보자.

```
>>> str=["a","b","c"]
>>> str1=tuple(str)
>>> type(str1)
<class 'tuple'>
```

여기서 잠깐　튜플 1개를 생성하려면?

튜플 항목 1개를 생성할 때는 (1)과 같이 작성하면 에러가 발생하므로 반드시 (1,)과 같이 마지막에 ,(콤마)를 넣어 주어야 튜플로 생성된다.

```
>>> num1=(1,)        #튜플로 1개의 항목을 만들 때 반드시 ,(콤마)까지 사용해야 함
>>> type(num1)
<class 'tuple'>
```

진단문제

튜플 변수 num = (1,3,3,5,7,7,3,3)에 숫자 항목을 기억시킨 후, 숫자 항목 3에 대한 개수를 밑줄을 채워 구하시오.

```
>>> ________________________
>>> num.count(3)
4
```

튜플 활용하기

파이썬에서 튜플은 변경할 수 없다는 특징을 가지고 있지만, 리스트로 변환하여 추가, 삽입, 변경이 가능하다.

튜플 항목 수정하기

튜플 변수 flower=("들국화","채송와","봉선화","맨드라미","해바라기")의 "채송와" 항목을 "채송화"로 수정해보자.

```
>>> flower=("들국화","채송와","봉선화","맨드라미","해바라기")
>>> flower[1]="채송화"        #튜플은 수정이 안 되므로 에러가 발생한다.
Traceback (most recent call last):
  File "<pyshell#19>", line 1, in <module>
    flower[1]="채송화"
TypeError: 'tuple' object does not support item assignment
```

문제 해결을 위해 튜플을 리스트로 변경한 후, "채송화"로 수정하고, 다시 tuple() 함수를 이용하여 튜플로 전환하는 방법을 실습해보자.

```
>>> listFlower=list(flower)      #튜플을 list() 함수를 이용하여 리스트로 변환
>>> listFlower                   #리스트 항목을 출력
['들국화', '채송와', '봉선화', '맨드라미', '해바라기']
>>> listFlower[1]="채송화"        #리스트 상태에서 1번째 인덱스를 "채송화"로 수정
>>> flower=tuple(listFlower)     #리스트를 tuple() 함수를 이용하여 튜플로 변환
>>> flower                       #성공적으로 튜플로 전환되었고 항목도 변경되었음
('들국화', '채송화', '봉선화', '맨드라미', '해바라기')
```

Tips 튜플 추가하기

튜플에서 바로 항목을 추가할 수 없으므로 **list()** 함수를 이용하여 먼저 리스트로 변환한 후, **append()** 함수를 이용하여 항목을 추가하고, 다시 **tuple()** 함수를 이용하여 튜플로 전환하면 항목을 추가할 수 있다.

진단문제

튜플 변수 italy=("라자냐","파스타","스파게티","피자","피렌체")에 항목 데이터를 저장한 후, 밑줄을 채워 "피자" 항목을 제거하시오.

```
>>> italy=("라자냐","파스타","스파게티","피자","피렌체")
>>> foodList=list(italy)
>>> ______________________
>>> foodList
['라자냐', '파스타', '스파게티', '피렌체']
>>> italy=tuple(foodList)
>>> italy
('라자냐', '파스타', '스파게티', '피렌체')
```

여기서 잠깐 튜플 슬라이싱

튜플도 리스트처럼 슬라이싱을 통해 항목 데이터를 추출이 가능하다. 슬라이싱은 리스트서럼 :(골론)을 이용하여 추출 범위를 지정하면 된다.

튜플도 자료형이므로 [] 대괄호를 사용하여 특정 항목을 인덱스하거나 특정 구간 범위를 지정하여 자료를 추출하는 슬라이싱(slicing)이 가능하다.

```
>>> num=(1,2,3,4,5,6,7,8,9,10)
>>> num[2]                 #인덱스 2번째 항목 추출
3
>>> num[0:3]               #인덱스 0부터, 앞에서 숫자 1부터 3번째 개수까지 추출
(1, 2, 3)
```

진단문제

튜플 변수 num=(11,22,33,44,55)에 숫자 항목을 기억시킨 후, 반복문을 이용하여 튜플에 기억된 데이터 값을 출력하는 프로그램을 작성하시오.

```
11
12
13
14
15
```

다중 리스트

리스트를 사용할 때 한 줄(행)로만 구성된 것을 1차원 리스트, 행과 열로 구성된 리스트를 2차원 리스트라고 한다. 2차원 리스트의 구조는 다음과 같다.

0행 0열	0행 1열	0행 2열
1행 0열	1행 1열	1행 2열
2행 0열	2행 1열	2행 2열

2차원 리스트 및 리스트 튜플 구조

- **다중 리스트 = [[값, 값], [값, 값], [값, 값]]**
- **다중 리스트 튜플 = ([값, 값], [값, 값], [값, 값])**

numList 변수에 항목값을 입력해보자.

```
>>> numList = [[10, 20], [30, 40], [50, 60]]
>>> numList
[[10, 20], [30, 40], [50, 60]]
>>> type(numList)
<class 'list'>
```

위 numList에 저장된 2차원 리스트에 인덱스로 접근하기 위해서는 다음과 같이 입력한다.

- **리스트[행][열]**

numList 변수에 저장된 위치값을 입력하여 출력해보자.

```
>>> numList[0][0]        #0행 0열 인덱스 위치값
10
>>> numList[1][1]        #1행 1열 인덱스 위치값
```

```
40
>>> numList[2][0]        #2행 0열 인덱스 위치값
50
```

numList 변수 2행 0열에 10, 2행 1열에 100으로 데이터 항목값을 각각 할당해보자.

```
>>> numList[2][0]=10
>>> numList[2][1]=100
>>> numList
[[10, 20], [30, 40], [10, 100]]
```

for 반복문을 이용하여 다중 리스트를 출력해보자.

```
>>> numList = [[10, 20], [30, 40], [10, 100]]
>>> for i, j in numList:
      print(i, j)
 10 20
 30 40
 10 100
```

다중 리스트 튜플 정렬하기

다중 리스트 튜플에서 여러 개의 필드가 존재할 경우, lambda() 함수를 이용하여 인자값을 key로 지정하여 정렬이 가능하다.

sorted(객체변수, key=lambda x:x[인자], reverse=True/False)

다중 리스트 튜플 변수 book = [("Java", 15000),("Python", 25000), ("C", 18000), ("Java",19000)]에서 lambda 함수 key값을 1번째 인자값(도서대금)을 내림차순으로 정렬하는 예제를 실습해보자.

```
book = [("Java", 15000),("Python", 25000), ("C", 18000), ("Java",19000)]
newBook=sorted(book, key=lambda x:x[1], reverse=True)
for i,j in newBook:
   print("{}\t{}".format(i,j))
```

[실행 결과]

```
Python   25000
Java     19000
C        18000
Java     1500
```

진단문제

다중 리스트 튜플 변수에 저장된 데이터를 점수 기준 내림차순으로 [실행 결과]와 같이 출력하도록 프로그램을 작성하시오.

```
student=[
        ("인터넷","이정재","010-123-1234", 90),
        ("미디어","전지현","010-123-4560", 80),
        ("정통과","송혜교","010-123-2244", 100),
        ("컴퓨터","김소현","010-123-3355", 85),
        ("국문과","강하늘","010-123-7890", 95)
        ]
```

[실행 결과]

```
 학 과   이 름      연락처      점수
정통과  송혜교  010-123-2244  100
국문과  강하늘  010-123-7890  95
인터넷  이정재  010-123-1234  90
컴퓨터  김소현  010-123-3355  85
미디어  전지현  010-123-4560  80
```

4.3 딕셔너리(dictionary)

딕셔너리(dictionary)는 key와 value가 한 쌍으로 이루어진 자료형으로 리스트나 튜플과 같이 순차적으로 해당 값을 요구하는 것이 아니라 임의적으로 입력된 key값을 참조하여 매칭되는 해당 value값을 탐색하여 가져오는 자료형이다.

딕셔너리 구조

딕셔너리에 key값과 value값을 사용하기 위해 아래와 같은 구조를 갖는다.

딕셔너리 변수={key1:value1, key2:value2 ... }

딕셔너리 변수={key1:value1, key2:value2 … }와 같이 {} 중괄호를 사용하며, key값을 설정할 때는 변하지 않는 고유한 값을 사용하고, value값 설정은 변하는 값과 변하지 않는 값 모두를 사용할 수 있다.

빈 딕셔너리 만들기

빈 딕셔너리를 {} 중괄호를 이용하여 생성한 후, 나중에 key, value는 얼마든지 추가할 수 있다.

딕셔너리 변수 grade 이름으로 빈 딕셔너리를 생성해보자.

```
>>> grade={}
>>> type(grade)
<class 'dict'>
```

딕셔너리에 데이터 항목 추가하기

딕셔너리 변수 grade에 '딕셔너리[key] = value' 방법으로 key와 value를 추가해보자.

key(키)	value(값)
아이키	90
박보검	95
유아인	80
전지현	100
송중기	90

```
>>> grade["아이키"]=90
>>> grade["박보검"]=95
>>> grade["유아인"]=80
>>> grade["전지현"]=100
>>> grade["송중기"]=90
>>> grade
```

[실행 결과]

```
{'아이키': 90, '박보검': 95, '유아인': 80, '전지현': 100, '송중기': 90}
```

key값을 검색하여 value값 변경하기

딕셔너리 변수 grade에 key "유아인"에 할당된 value를 85점으로 변경해보자.

```
>>> grade["유아인"]=85
>>> grade
```

[실행 결과]

```
{'아이키': 90, '박보검': 95, '유아인': 85, '전지현': 100, '송중기': 90}
```

딕셔너리 key값만 출력하기

딕셔너리 변수.keys() 함수를 이용하여 key값만 출력할 수 있다.

딕셔너리 변수 grade에 key값만 출력해보자.

```
>>> for i in grade.keys() :
      print(i)
```

[실행 결과]

```
아이키
박보검
유아인
전지현
송중기
```

딕셔너리 value값만 출력

딕셔너리 변수.values() 함수를 이용하여 value값만 출력할 수 있다.

딕셔너리 변수 grade에 value값만 출력해보자.

```
>>> for i in grade.values():
      print(i)
```

[실행 결과]

```
90
95
80
100
90
```

key값과 value값 동시에 출력하기

딕셔너리 변수 grade에 key, value값을 동시에 출력해보자.

```
>>> for i in grade.keys():
      print(i,grade[i])
```

[실행 결과]

```
아이키 90
박보검 95
유아인 80
전지현 100
송중기 90
```

Tips **반복문에 의해 출력되는 딕셔너리[i]는 key값에 대응되는 value값이다.**

딕셔너리 변수에 key에 할당된 value값을 동시에 출력하기 위해서는 딕셔너리 변수.items() 함수를 이용하면 된다.

진단문제

딕셔너리 변수 cookie={'산도': 2500, '초코칩': 3500, '에이스': 3000, '코코넛': 2000, '오징어땅콩': 4000}에 key값에 할당된 value값 항목의 합계를 [실행 결과]와 같이 출력하는 프로그램을 작성하시오.

[실행 결과]

```
산도      2500
초코칩    3500
에이스    3000
코코넛    2000
오징어땅콩  4000
====================
쿠키 가격 합계=15000
```

4.4 세트(set)

세트(set)는 집합의 특징을 파이썬 자료 구조로 만든 것으로, 리스트 같이 여러 개의 데이터를 집합의 형태로 넣을 수 있지만, 데이터의 중복을 허용하지 않는다.

세트 구조

세트 자료형은 집합 데이터를 다룰 때 아주 유용하게 사용되며 합집합, 교집합, 차집합을 구할 수 있다.

합집합 : 두 집합 합치기(|)

s1, s2 두 집합의 합집합을 구해보자.

```
>>> s1={1,2,3,4,5}
>>> s2={4,5,6,7,8}
>>> s3=s1|s2
>>> s3
{1, 2, 3, 4, 5, 6, 7, 8}
```

s1, s2 두 집합의 모든 항목이 합쳐져서 새로운 집합이 만들어진 것을 볼 수 있다.

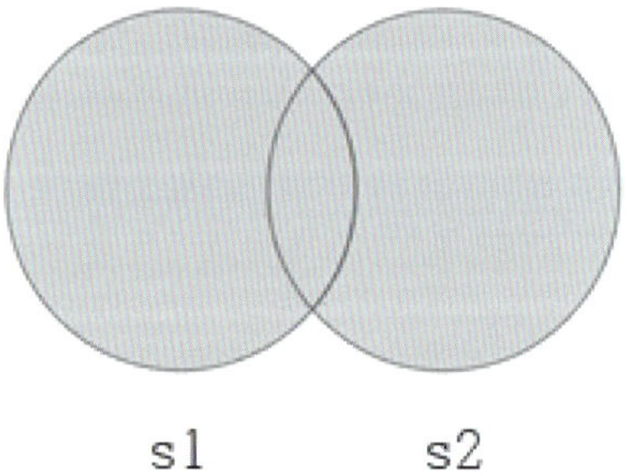

Tips **합집합 부호 "|" 대신 union() 함수를 사용해도 된다.**

```
>>> s1.union(s2)
{1, 2, 3, 4, 5, 6, 7, 8}
```

교집합 : 중복 데이터 추출하기(&)

s1, s2 두 집합의 교집합을 구해보자.

```
>>> s3=s1&s2
>>> s3
{4, 5}
```

s1, s2 두 집합에서 공통적인 값 4, 5가 출력된 것을 확인할 수 있다.

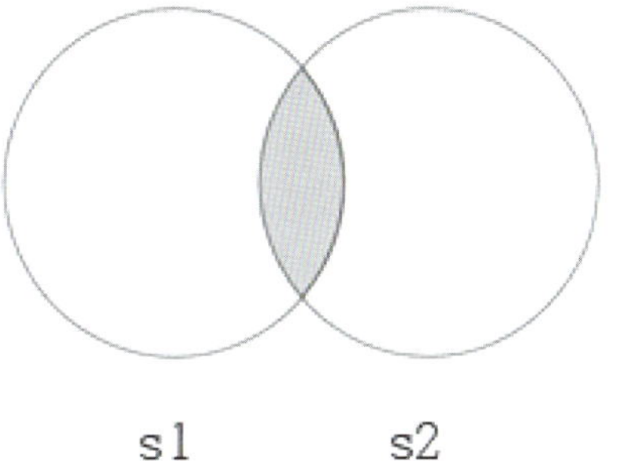

> **Tips** 교집합 부호 "&" 대신 intersection() 함수를 사용해도 된다.
>
> ```
> >>> s1.intersection(s2)
> {4, 5}
> ```

차집합 : 중복되는 데이터만 빼기(-)

"-" 연산자를 이용해서 차집합을 구할 수 있으며, 합집합, 교집합과는 달리 순서가 상관이 있다.

s1, s2 두 집합의 s1-s2, 또는 s2-s1 차집합을 구해보자.

```
>>> s1-s2
{1, 2, 3}
>>> s2-s1
{8, 6, 7}
```

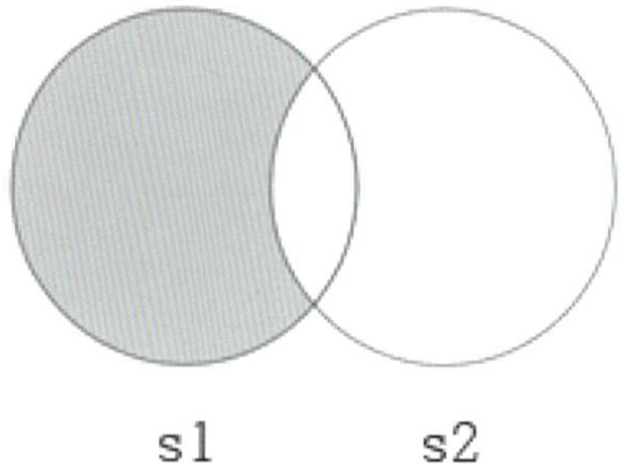

Tips **차집합 부호 "–" 대신 difference() 함수를 사용해도 된다.**

```
>>> s1.difference(s2)
{1, 2, 3}
>>> s2.difference(s1)
{8, 6, 7}
```

대칭 차집합(^) : 합집합(|) – 교집합(&)

s1, s2 두 집합의 합집합에서 s1, s2의 교집합을 뺀 대칭 차집합은 "^" 기호를 사용한다.

s1과 s2의 대칭 차집합 (s1∪s2) −(s1∩s2)을 구해보자.

```
>>> s1^s2
{1, 2, 3, 6, 7, 8}
```

(s1∪s2) = {1, 2, 3, 4, 5, 6, 7, 8}

(s1∩s2) = {4, 5}

(s1∪s2) - (s1∩s2) = {1, 2, 3, 6, 7, 8}의 set 수행 결과를 얻을 수 있다.

중복 제거하기

set 자료형은 중복값을 허용하지 않는다. set() 함수를 이용하여 중복 항목을 삭제할 수 있다.

리스트 변수 city=["서울","서울","부산","부산","경주","포항"]에서 중복된 항목을 삭제해보자.

```
>>> city=["서울","서울","부산","부산","경주","포항"]
>>> set(city)
{'경주', '부산', '포항', '서울'}
```

진단문제

리스트 변수 fruits=["사과","복숭아","배","포도","수박","포도","사과"]에서 set() 함수를 이용하여 밑줄 친 빈칸을 채워 중복된 항목값을 삭제하시오.

```
>>> ______________________
>>> set(fruits)
{'복숭아', '수박', '포도', '사과', '배'}
```

요점정리

1. 리스트 자료형은 [], 튜플 자료형은 (), 딕셔너리 자료형은 {}, 세트 자료형의 단위는 {}를 사용한다.

2. 리스트 변수에 기억된 특정한 위치값을 출력하기 위해서는 리스트 변수 [인덱스]를 사용하여 슬라이싱할 수 있다.

3. 리스트 변수에 항목을 추가하기 위해서는 리스트 변수.append(), 항목을 삽입하기 위해서는 리스트 변수.insert(), 항목을 삭제하기 위해서는 리스트 변수.remove(), 리스트 변수 항목 전체를 삭제하기 위해서는 리스트 변수.clear(), 리스트 변수를 삭제하기 위해서는 del 리스트 변수명을 이용한다.

4. 튜플 데이터는 먼저 튜플을 리스트로 변환한 후 원하는 항목을 추가, 삽입, 수정할 수 있다. 그런 다음 tuple( )함수를 이용하여 다시 튜플로 전환시키면 데이터 변경이 가능하다.

5. sorted() 함수는 리스트나 튜플에서 항목을 오름차순과 내림차순으로 선택하여 정렬이 가능하다. 정렬된 결과를 새로운 변수에 저장해야만 사용할 수 있다.

6. 딕셔너리는 key(키)와 value(값)가 매칭되어 한 쌍으로 이루어진 자료형이다.

7. 딕셔너리에 입력된 key값만 출력하기 위해서는 딕셔너리 변수.keys() 함수를 이용한다.

8. 딕셔너리 key에 할당된 value값만 출력하기 위해서는 딕셔너리 변수.values() 함수를 이용한다.

9. 세트(set)는 집합의 특징을 파이썬의 자료 구조로 만든 것으로, 리스트 같이 여러 개의 데이터를 집합의 형태로 넣을 수 있지만, 데이터의 중복을 허용하지 않는다.

10. 세트 합집합은 "|"나 union() 함수를 사용한다.

11. 세트 교집합은 "&"나 intersection() 함수를 사용한다.

12. 세트 차집합은 "-" 나 difference() 함수를 사용한다.

13. 세트 대칭 차집합은 "^"나 symmetric_diffrence() 함수를 사용한다.

1. sorted() 함수에 대한 설명으로 옳지 않은 것은? ( )
   ① sorted() 함수는 오름차순, 내림차순 정렬을 선택하여 정렬할 수 있다.
   ② reverse=True는 내림차순 정렬을 의미한다.
   ③ sorted() 함수는 기존 변수 내에서 정렬되어 저장된다.
   ④ sorted() 함수는 리스트, 튜플, 딕셔너리 자료형에서 모두 사용할 수 있다.

2. set에서 사용하는 집합 연산 부호로 옳지 않은 것은? ( )
   ① 합집합 : | ② 교집합 : &
   ③ 차집합 : - ④ 대칭 차집합 : ~

3. 데이터 항목을 변경할 수 없는 자료형은? ( )
   ① list ② tuple ③ dictionary ④ set

4. 딕셔너리에 대한 설명으로 옳지 않은 것은? ( )
   ① 딕셔너리 key값은 항상 숫자 인덱스로만 지정되어야 한다.
   ② 딕셔너리는 데이터의 추가, 변경이 자유로운 자료형이다.
   ③ 딕셔너리 key(값)에 의해 해당 value(값)를 탐색할 수 있다.
   ④ 딕셔너리는 key와 value의 쌍으로 이루어진 데이터 자료형이다.

5. 딕셔너리 변수 telList에서 밑줄 친 부분에 들어갈 옳은 코드는? ( )

```
>>> telList={"이순신":"010-123-4567","홍길동":"010-123-1111", "강감찬":"010-123-7890"}
>>> ____________________
dict_keys(['이순신', '홍길동', '강감찬'])
```

   ① telList.keys() ② telList.values()
   ③ CtelList.sets() ④ telList.items()

6. 다음 코드를 실행했을 때 올바른 출력 결과는? ( )

```
>>> num1={1,2,3,4,5}
>>> num2={3,4,5,6,7}
>>> num1 - num2
```

① {1, 2, 3, 4, 5, 6, 7} ② {3, 4, 5}
③ {1, 2, 6, 7} ④ {1, 2}

7. 다음 코드를 실행했을 때 밑줄 친 부분에 들어갈 올바른 코드는? ( )

```
>>> num=[1,1,3,1,5,7,9]
>>> ____________
{1, 3, 5, 7, 9}
```

① set(num) ② remove(1)
③ del(1) ④ num.pop(1)

8. 다음 코드를 실행했을 때 밑줄 친 부분에 들어갈 올바른 코드는? ( )

```
>>> num=[15,23,41,3,10]
>>> ____________________________
>>> newNum
[41, 23, 15, 10, 31]
```

① newNum=sorted(num, reverse=True)
② newNum=sorted(num, reverse=False)
③ newNum=sort(num, reverse=True)
④ newNum=sort(set(num), reverse=True))

9. 다음 코드 전체를 실행했을 때 밑줄 친 부분에 들어갈 올바른 코드는? ( )

```
>>> num=[15,23,41,3,10]
>>> ____________________
10
>>> num
[15, 23, 41, 3]
```

① num[4]　② num.pop()
③ num.remove(10)　④ del num[4]

10. 다음 중 '서울' 항목을 삭제하는 명령이 아닌 것은? ( )

```
>>>  city=["서울","부산","제주","대구","인천"]
>>> ____________________
>>> city
['부산', '제주', '대구', '인천']
```

① city.remove("서울")　② del city[0]
③ city.pop(0)　④ city.delete(0)

1. 튜플 변수 animal = ("병아리","오리","강아지","오리","거위", "송아지", "오리", "암탉")에 문자 항목을 기억시킨 후, "오리" 항목의 개수를 [실행 결과]와 같이 구하시오.

[실행 결과]

```
오리 항목 개수=3
```

2. 다중 리스트 튜플 book = [("Java", 15000),("Python", 25000), ("C", 18000), ("Java",19000)]에서 첫 번째 항목 값이 중복되어 있다면 중복된 값을 제거하여 [실행 결과]와 같이 출력하는 프로그램을 작성하시오.

[실행 결과]

```
Java      15000
Python    25000
C         18000
```

3. 다중 리스트 튜플 movieList=[("오징어게임",50.45), ("이터널스",35.46),("그레비티",9.8), ("노타임투다이",52.5), ("스파이더맨",15.47)]에 저장된 자료를 딕셔너리로 변환하여, [실행 결과]와 같이 영화제목, 예매율, 순위순으로 출력하시오. 단, 예매율이 높은 순으로 출력하시오.

[실행 결과]

```
영화제목      예매율    순위
========    ======   ====
노타임투다이   52.50     1
오징어게임    50.45     2
이터널스     35.46     3
스파이더맨    15.47     4
그레비티      9.80     5
```

4. 빈 리스트 변수 sports=[]를 선언 후, 항목을 리스트 변수에 추가하고 [실행 결과]와 같이 항목을 내림차순으로 정렬하여 출력하는 프로그램을 작성하시오.

나이키, 아디다스, 퓨마, 휠라, 미즈노

[실행 결과]

```
휠라 퓨마 아디다스 미즈노 나이키
```

5. 리스트 변수 flower=["장미","백합","튤립","국화","수선화"]의 문자열 항목을 저장한 후, 꽃 이름이 "수선화"인 항목은 출력되지 않도록 프로그램을 작성하시오.

[실행 결과]

```
장미
백합
튤립
국화
```

6. 리스트 변수 city=["경주","부산","파주","대전","전주","진주","영주","남양주"]의 도시 항목의 마지막 글자가 "주"로 끝나면 [실행 결과]와 같이 출력되도록 프로그램을 작성하시오.

[실행 결과]

```
경주
파주
전주
진주
영주
남양주
```

7. 리스트 변수 globalCity=["시드니","뉴욕","벤쿠버","부에노스아이레스","모스크바","브라질리아"]의 항목과 항목 길이가 [실행 결과]와 같이 출력되도록 프로그램을 작성하시오.
Hint: 새로운 변수의 문자열 길이를 구하는 함수는 list(map(len,globalCity))이다.

[실행 결과]

```
부에노스아이레스    8
브라질리아          5
모스크바            4
시드니              3
벤쿠버              3
뉴욕                2
```

Introduction to **Data analysis**

CHAPTER

05

파이썬 기초 문법 4

학습목표

이번 장은 파이썬 프로그램에서 파일을 다루는 학습 단원으로 예외 처리와 파일 처리에 대해 학습한다.

학습 목차

5.1 예외 처리

파이썬 프로그래밍 코딩을 하다 보면 여러 예기치 않은 오류들을 접하게 된다. 프로그램 오류 상황에 대해 예외 처리를 하여 효율적으로 처리할 수 있다.

예외 처리(try~except)

파이썬을 실행하는 과정에서 오류가 발생했을 때 예외 처리를 통해 프로그램을 계속 실행할 수 있다.

```
try :
    에러 발생 가능성이 있는 코드
except :
    에러가 발생되면 동작할 코드
```

- try : 기본적으로 실행되는 정상 코드
- except : 프로그램을 진행하다 오류가 발생하면 처리되는 예외 처리 코드

어떤 숫자 정수를 입력받아 0으로 나눌 수 없을 때 발생하는 예외 처리를 실습을 통해 알아보자.

```
try:                                          # 나눗셈을 수행하기 위한 정상적인 실행 코드
    num = int(input("정수 입력:"))
    n=int(input("나눌 숫자 입력:"))
    mo, na=divmod(num,n)
    print("{}/{}={}...{}".format(num, n, mo, na))

except ZeroDivisionError:                     #나눗셈을 하는데 0을 입력하여 에러 발생: 예외 처리
    print("0으로 나눌 수 없습니다.")
```

[실행 결과]

```
정수 입력:25
나눌 숫자 입력:4
25/4=6...1

정수 입력:25
```

```
나눌 숫자 입력:0
0으로 나눌 수 없습니다.
```

▪ 다양한 예외 처리 종류

예외 처리	내용
OverflowError	데이터 타입이 표현할 수 있는 숫자의 범위를 넘어가는 경우에 발생
ArithmeticError	수식 연산과 관련된 경우에 발생
FileNotFoundError	파일을 열려고 했으나 해당 파일이 존재하지 않을 때 발생
ImportError	파이썬 모듈을 import로 불러들일 수 없을 때 발생
EOFError	파일이 마지막 끝이 되었을 때 발생
KeyError	딕셔너리에 접근하려는 Key값이 없을 때 발생
KeyboardInterrupt	사용자가 Ctrl + C 키로 강제 종료를 눌렀을 때 발생
ValueError	부적절한 값을 가진 인자를 받았을 때 발생 ex) int('str')
TypeError	연산 시 잘못된 type을 전달했을 때 발생 ex) 10+"20"
IndexError	인덱스 범위를 벗어나는 경우에 발생
ZeroDivisionError	숫자를 0으로 나누었을 때 발생
NameError	설정된 변수를 찾을 수 없을 때 발생

try ~ except ~ else ~ finally

try 문에서 오류가 발생하면 except 문이 실행되고, 오류가 발생하지 않으면 else 문이 실행된다. finally 문은 예외 발생 여부와 상관없이 무조건 실행되는 처리문으로 생략이 가능하다.

```
try :
    에러 발생 가능성이 있는 코드
except 예외 종류 :
    에러가 발생하면 동작할 코드
else:
    에러가 발생하지 않을 경우 실행되는 코드
finally:
    에러 여부와 상관없이 무조건 실행되는 코드
```

숫자 정수, 나눌 숫자를 입력하여 [실행 결과]와 같이 오류가 발생하지 않으면 else 문이 수행되는지 여부와, 오류 발생 여부와 상관없이 finally 문은 항상 수행되는지 실습을 통해 알아보자.

```
try:                                    #나눗셈을 수행하는 정상적인 실행 코드
    num = int(input("정수 입력:"))
    n=int(input("나눌 숫자 입력:"))
    mo, na=divmod(num,n)
    print("{}/{}={}...{}".format(num, n, mo, na))

except ZeroDivisionError:               #나눗셈을 하는데 0을 입력하여 에러 발생: 예외 처리
    print("0으로 나눌 수 없습니다.")

else:
    print("else 처리 문입니다.")
finally:
    print("finally는 항상 처리되는 문입니다.")
```

[실행 결과]

```
정수 입력:34
나눌 숫자 입력:5
34/5=6...4
else 처리 문입니다.
finally는 항상 처리되는 문입니다.
```

진단문제

리스트 변수 listStr=["python","programming","seoul","korea","university"]에 인덱스 위치를 입력하여 해당 인덱스 위치에 있는 항목의 글자 길이를 구하는 프로그램을 작성하시오. 단, 해당 인덱스가 없다면 예외 처리를 실행하시오.

[실행 결과]

```
인덱스 번호:1
programming...11

인덱스 번호:6
해당 인덱스가 없습니다.
```

5.2 파일 처리

파이썬에서는 어떤 데이터를 읽고 처리하여 그 결과를 화면, 프린터, 파일로 다시 저장하기도 한다. 파이썬 파일 처리에서는 읽어들인 데이터를 분석하고 처리하여 그 결과를 저장하기, 내보내기, 시각화 보고서 자료를 표시하여 활용할 수 있다.

파일 읽기

파이썬에서 파일을 생성할 때 가장 먼저 사용하는 함수가 open() 함수이다.

open() 함수는 파일을 열고 해당 파일에 대한 스트림을 반환한다.

파일을 열기 위해서는 옵션에 따라서 읽기, 쓰기 모드 등이 있으며 파일이 호출이 완료되면 파일 객체로 반환해준다. 파일 사용 작업이 완료되면 파일 객체는 close() 함수로 닫아주어야 한다.

실습 진행을 위해 직접 해야 할 작업 구성은 다음과 같다.

❶ 내 PC – 로컬 디스크(C:\)에 “C:\python_work” 폴더를 만든다.

❷ 메모장을 열어서 다음과 같이 입력한다.

❸ 입력한 내용을 “C:\python_work\sample.txt” 파일로 저장한다.

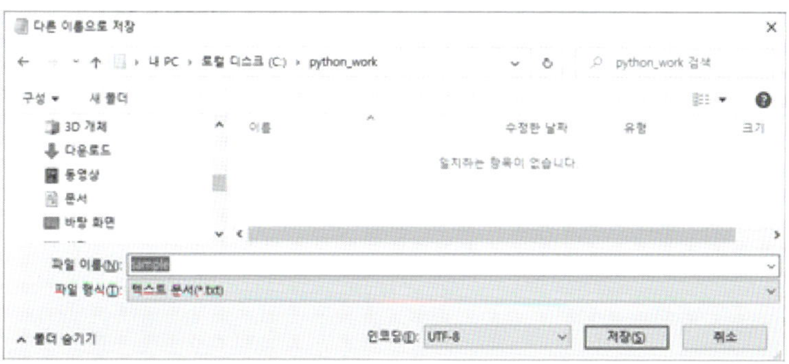

파일 열기 객체

"C:\python_work\sample.txt"로 저장한 파일을 'r' 모드로 읽어서 객체로 저장해보자.

파일 객체 = open("파일명", 'r', encoding="한글코드") ① ② ③

- 파일 객체를 생성하기 위해 open() 함수 3가지 인자 구분

❶ 사용할 파일명으로 "C:\\폴더명\\sample.txt" 입력

❷ 모드 방식으로 읽기 위한 "r" 모드, 쓰기 모드는 "w" 모드를 선택하여 사용한다.

❸ 한글 처리를 위한 encoding 방식으로 "utf-8"을 사용한다.

- 파일 모드 종류

모드	설 명
r	"read"의 약어로 파일을 읽기 전용 모드로 열기 이때 파일이 존재하지 않으면 에러 발생
w	"write"의 약어로 파일을 쓰기 모드로 열기 이미 파일이 존재한다면 새로 쓰기를 하게 되며, 없는 경우는 파일이 새로 생성됨
a	"append"의 약어로 기존 파일 마지막에 추가하기 추가할 파일이 존재하지 않으면 파일이 새롭게 생성됨
t	"text"의 약어로 텍스트 모드로 열기
b	"binary"의 약어로 파일을 바이너리 모드로 열기
r+	읽기+쓰기 모드, 덮어쓰기로 파일 쓰기
w+	읽기+쓰기 모드, 기존의 파일을 지우고 파일 쓰기
a+	읽기+쓰기 모드, 기존의 파일 끝에서부터 파일 쓰기

read()로 파일 읽기

read() 함수는 모든 파일의 내용을 읽어들이거나 주어진 바이트 수만큼 파일의 내용을 읽어들인다.

파일 객체.read()

open() 함수를 사용하여 "C:\python_work\sample.txt"에 있는 파일을 읽기 모드로 연 후, read() 함수를 통해 내용을 읽어 출력해보자.

```
>>> f=open("C:\\python_work\\sample.txt", "r", encoding="utf-8")
>>> print(f.read())
Python Programming
Java Programming
```

```
R Programming
Web Programming
```

Tips

파이썬에서 파일의 경로를 디렉터리로 표시할 때 Windows OS 환경에서는 역슬래시(\)를 한 번 사용하며 Unix/Linux OS 계열에서는 슬래시(/)를 사용한다. 파이썬에서는 “C:\\python_work”과 같이 back 슬래시를 두 번 연속 사용한다.

파일 객체 닫기

파일 사용이 끝난 파일 객체는 반드시 닫아주도록 한다.

파일 객체.close()

```
>>> f.close()
```

open 함수를 사용하여 “C:\python_work\sample.txt”에 있는 파일을 읽기 모드로 열어서 파일 객체의 read(byte) 함수로 byte 수만큼 읽어오는지 알아보자.

```
>>> f=open("C:\\python_work\\sample.txt", "r", encoding="utf-8")
>>> print(f.read(18))
Python Programming
```

여기서 잠깐 read() 함수로 읽어서 반복문으로 출력하기

```
f=open("c:\\python_work\\sample.txt", "r", encoding="utf-8")
for i in f.read():
      print(i, end="")
```

[실행 결과]

```
Python Programming
Java Programming
R Programming
Web Programming
```

여기서 잠깐 절대경로와 상대경로 표시하기

- 현 디렉터리에 파일명만 사용하여 파일을 읽기 모드로 연다.

  파일 객체=open("phones.txt","r")

- 절대경로를 사용하여 파일을 열고자 할 때는 "C:\\python_work\\phones.txt"을 사용하여 파일을 읽기 모드로 연다.

  파일 객체 = open("C:\\python_work\\phones.txt","r")

readline()으로 파일 읽기

readline() 함수는 텍스트 파일을 한 줄 단위로 읽어서 데이터를 가져올 수 있다.

줄 단위로 읽어오게 되면 read() 함수를 사용하여 전체 내용을 한 번에 읽어오는 것보다 메모리를 효율적으로 사용할 수 있다. 더 이상 읽을 데이터가 없으면 빈 문자열을 반환한다.

readline() 함수를 이용하여 텍스트 파일을 줄 단위로 읽어오는지 알아보자.

```
>>> f=open("C:\\python_work\\sample.txt", "r", encoding="utf-8")
>>> f.readline()
'Python Programming\n'
>>> f.readline()
'Java Programming\n'
```

여기서 잠깐 readline() 함수로 읽어서 반복문으로 출력하기

반복문을 사용해서 readline()으로 한 줄씩 읽어 해당 파일 끝까지 내용을 출력할 수 있다.

```
f = open("C:\\python_work\\sample.txt", "r", encoding="utf-8")
contents=f.readline()

while contents !="" :
    print(contents, end="")  #줄 바꿈을 제거하고자 할 때는 contents.strip()도 가능
    contents=f.readline()

f.close()
```

[실행 결과]

```
Python Programming
Java Programming
R Programming
Web Programming.
```

readlines()로 파일 읽기

readlines() 함수는 readline()과 비슷하지만 파일로 읽어들인 각 줄을 항목으로 리스트(List)에 저장한 후 반환한다.

readlines() 함수를 이용하여 읽어들인 파일 내용이 리스트로 저장되어 반환되는지 알아보자.

```
>>> f=open("c:\\python_work\\sample.txt", "r", encoding="utf-8")
>>> f.readlines()
['Python Programming\n', 'Java Programming\n', 'R Programming\n', 'Web Programming']
```

여기서 잠깐 readlines() 함수로 읽어서 반복문으로 출력하기

반복문을 이용하여 readlines() 함수로 읽어들인 파일 내용을 리스트에 저장한 후 출력할 수 있다.

```
f=open("c:\\python_work\\sample.txt", "r", encoding="utf-8")
for i in f.readlines():
  print(i, end="")
f.close()
```

[실행 결과]

```
Python Programming
Java Programming
R Programming
Web Programming
```

파일 쓰기

지금까지 내용을 출력하기 위해서는 print() 함수를 이용하여 화면에 결과값을 출력하였다.

이번에는 파일 쓰기 모드를 이용하여 텍스트 파일이나 프로그램의 결과값을 파일에 저장한다. 또 파일에 적은 내용을 읽고, 새로운 내용을 추가하는 방법도 알아볼 것이다.

프로그램을 실행한 디렉터리에 새로운 파일이 하나 생성된 것을 확인할 수 있을 것이다. 파일을 생성하기 위해 파이썬 내장 함수 open을 사용했다. open 함수는 "파일 이름"과 "파일 열기 모드"를 입력값으로 받고 결과값으로 파일 객체를 리턴한다.

close()를 사용해서 열려 있는 파일을 직접 닫아주는 것이 좋다. 쓰기 모드로 열었던 파일을 닫지 않고 다시 사용하면 오류가 발생하기 때문이다.

파일 쓰기 객체

open() 함수를 이용하여 "C:\python_work\sosok.txt" 파일 객체를 "w" 모드로 연다.

파일 객체 = open("파일명", 'w', encoding="한글코드")

write로 파일 쓰기

생성된 객체는 write() 함수를 이용하여 파일로 생성할 수 있다.

이때 쓰기 모드로 열었던 파일을 닫지 않고 다시 사용하면 에러가 발생하므로 반드시 객체.close()를 사용해서 열려 있는 파일을 닫아주도록 한다.

파일 객체.write()

아래 내용을 입력하여 "C:\python_work\sosok.txt" 파일로 저장하는 실습을 해보자.

```
f = open("C:\\python_work\\sosok.txt", "w", encoding="utf-8")
f.write("송미자 산업정보시스템학과 010-1111-1234\n")
f.write("이명섭 스페인어과 010-2222-1234\n")
f.write("아이키 실용무용과  010-3333-1234\n")
f.write("박태호 영어영문학과 010-4444-1234\n")
f.write("아이유 실용음악과 010-555-1234\n")
f.close()
```

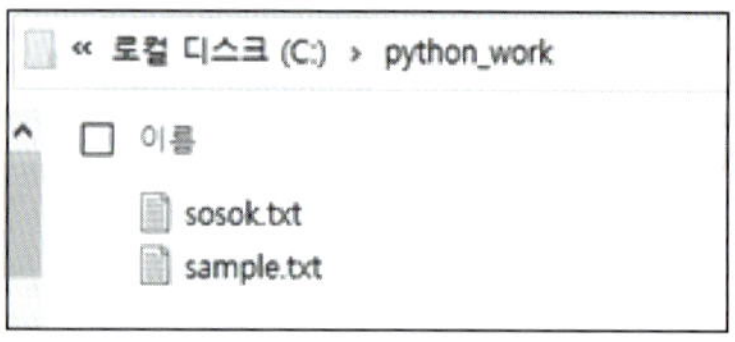

C:\python_work 폴더에 "sosok.txt" 파일이 생성된 것을 확인할 수 있다.

파일을 열어서 확인해보니 잘 저장되어 있다.

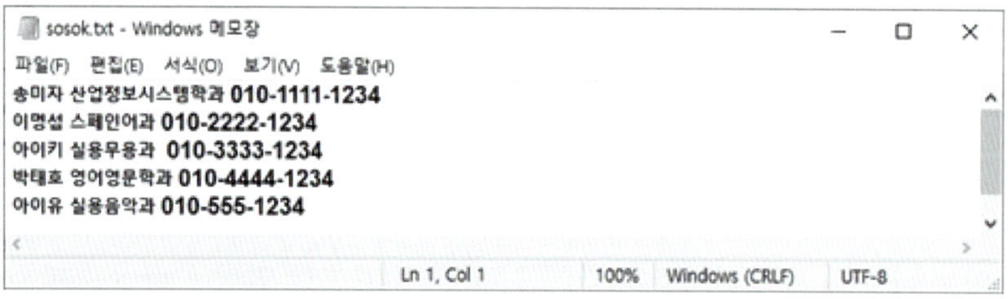

writelines로 한 줄에 쓰기

writelines() 함수는 리스트, 튜플 자료형의 항목을 한 줄씩 텍스트 파일로 저장할 수 있다.

아래 리스트 자료형 항목을 "C:\python_work\program.txt" 파일로 writelines() 함수를 이용하여 저장해보자.

```
f = open("C:\\python_work\\program.txt", "w", encoding="utf-8")
language = ["파이썬\n", "자바\n", "R\n", "C언어\n", "JSP\n"]
f.writelines(language)
f.close()
```

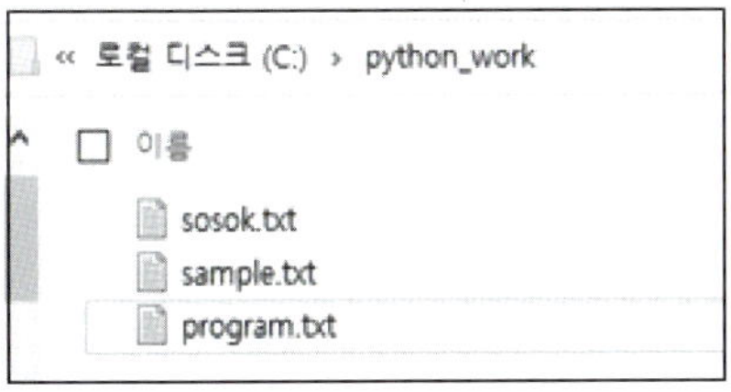

진단문제

사용자로부터 구구단을 입력받아 구구단 출력 내용을 "C:\python_work\gugudan.txt" 파일로 생성하시오.

[실행 결과]

```
원하는 구구단:5
```

▶ 작업폴더(python_work)에 생성된 파일 확인

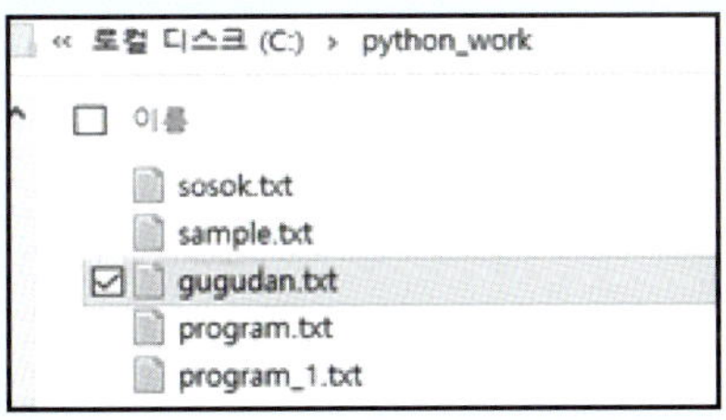

▶ 생성된 구구단 파일(gugudan.txt) 내용 확인

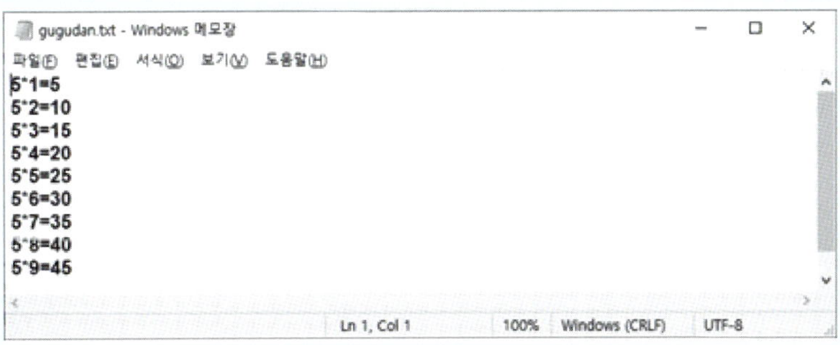

파일 내용 추가하기

append() 함수의 'a' 모드를 사용하여 기존 파일 내용 마지막에 내용을 추가할 수 있다.

"C:\python_work\gugudan.txt" 기존 구구단 파일에 새로운 구구단을 입력받아 'a' 모드로 구구단 파일(gugudan.txt) 내용 뒤에 추가하는 실습을 해보자.

```
f = open("C:\\python_work\\gugudan.txt", "a", encoding="utf-8")
gugu=int(input("원하는 구구단:"))
for i in range(1,10,1) :
      f.write(f"{gugu}*{i}={gugu*i}\n")

print("파일이 잘 추가되었습니다!")
f.close()
```

[실행 결과]

```
원하는 구구단:9
파일이 잘 추가되었습니다!
```

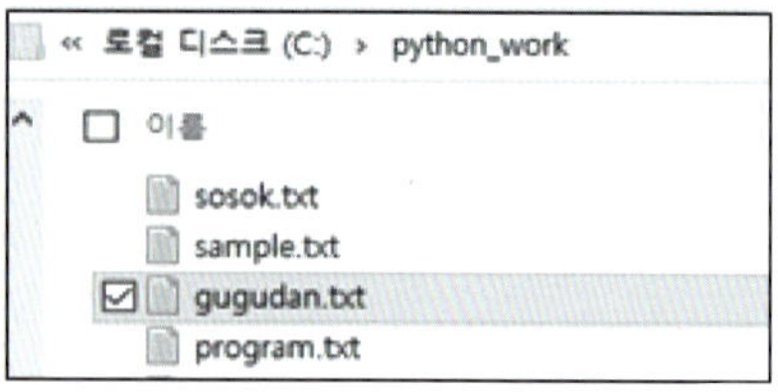

기존 파일에 업데이트되었으며 파일을 클릭하여 기존 구구단에 새로운 구구단이 잘 추가되었음을 확인할 수 있다.

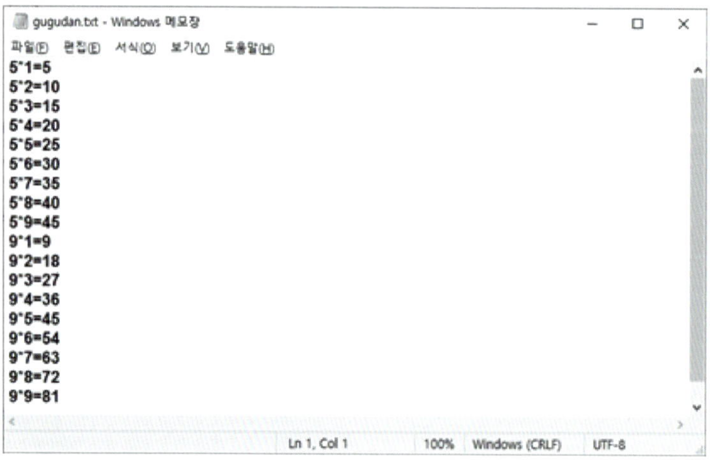

진단문제

예외 처리(try~except)와 파일 처리를 이용하여 사용자로부터 이름, 취미, 나이를 입력받아 "C:\python_work\whoami.txt" 파일을 생성하는 프로그램을 작성하시오.

[실행 결과]

```
이름 : 홍길동
취미 : 태권도
나이 : 20
```

▶ 작업폴더(python_work)에 생성된 파일 확인

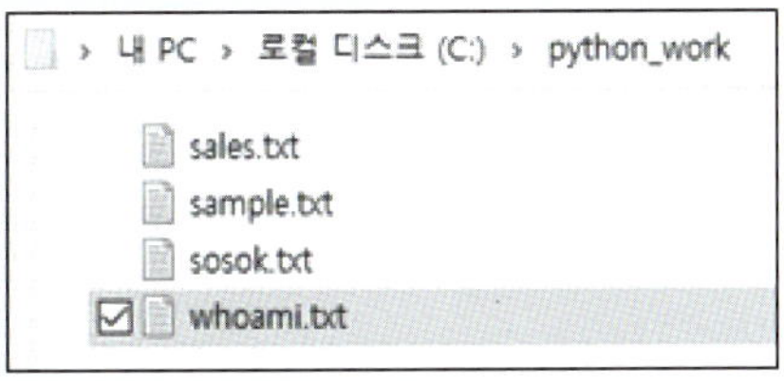

▶ 생성된 'whoami.txt' 내용 확인

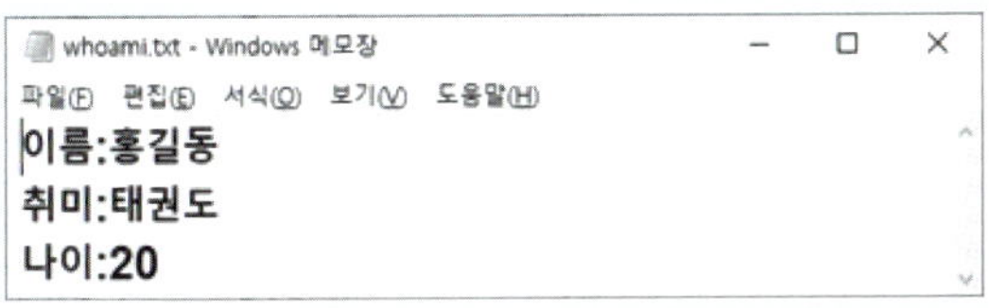

요점정리

1. 예외 처리(Exception Handling)는 프로그램 실행 도중 예기치 않은 오류 등의 예외 상황을 만났을 때 원활하게 처리하는 방법이다.

2. try ~ except ~ else ~ finally에서 try는 에러 발생 가능성이 있는 코드이다.

3. try ~ except ~ else ~ finally에서 except는 에러가 발생하면 동작하는 코드이다.

4. try ~ except ~ else ~ finally에서 else는 에러가 발생하지 않을 경우 실행되는 코드이다.

5. try ~ except ~ else ~ finally에서 finally는 에러 유무와 상관없이 무조건 실행되는 코드이다.

6. read() 함수는 텍스트 파일 내용 전체를 읽어들이거나 지정한 바이트 수만큼 읽어서 데이터를 가져올 수 있다.

7. readline() 함수는 텍스트 파일을 줄 단위로 읽어서 데이터를 가져올 수 있다.

8. readlines() 함수는 텍스트 파일을 줄 단위로 읽어서 리스트(List)에 저장하여 반환한다.

9. write() 함수는 파일로 생성하여 저장할 수 있다.

10. writelines() 함수는 리스트, 튜플 자료형의 항목을 한 줄씩 텍스트 파일로 저장할 수 있다.

11. 파일에서 'r' 모드는 읽기, 'w' 모드는 쓰기, 'a' 모드는 기존 파일 내용 마지막에 내용 추가 모드이다.

연습문제

1. 파일을 읽어서 리스트와 같은 자료형으로 저장하여 반환하는 함수는? ( )

   ① read() ② readline()

   ③ readlines() ④ readlist()

2. 파일 모드 연결이 옳지 않은 것은? ( )

   ① r : 읽기 모드 ② w : 쓰기 모드

   ③ a : 추가 모드 ④ v : 바이너리 모드

3. 파이썬 예외 처리 에러가 아닌 것은? ( )

   ① IndexError ② ValueError

   ③ ZeroDivisionError ④ IndexOutofBoundError

4. 윈도우 운영체제에서 사용하는 한글 인코딩 방식은? ( )

   ① CP949 ② UTF-8

   ③ KSC-5601 ④ KSSM

5. try~except~else~finally에서 에러 유무 상관없이 무조건 실행되는 처리문은? ( )

   ① try ② except

   ③ else ④ finally

6. 기존 파일 마지막에 내용을 추가할 때 사용하는 파일 모드는? ( )

   ① a ② e ③ r ④ w

7. 리스트 language = ["파이썬\n", "자바\n", "R\n", "C언어\n", "JSP\n"]를 "Program.txt" 파일로 저장할 때 밑줄 친 부분에 들어갈 올바른 코드는? (   )

```
f = open("C:\\python_work\\program.txt", "w", encoding="utf-8")
language = ["파이썬\n", "자바\n", "R\n", "C언어\n", "JSP\n"]
____________________________________________________
f.close()
```

[실행 결과]

```
파이썬
자바
R
C언어
JSP
```

① f.writeline(language) ② f.writelines(language)

③ f.print(language) ④ f.write(language)

1. 반복문을 사용하여 1-10까지 증가된 숫자를 "C:\python_work\number.txt" 파일로 저장하는 프로그램을 작성하시오.

```
1  2  3  4  5  6  7  8  9 10
```

2. "C:\python_work\score.txt" 텍스트 파일을 읽어서 [실행 결과]와 같이 합계, 평균을 구하는 프로그램을 작성하시오.

[score.txt]

```
80
70
90
100
85
```

[실행 결과]

```
80
70
90
100
85
합계: 425
평균: 85.0
```

3. 리스트 변수 smartphone=["아이폰","갤럭시","샤오미","화웨이","구글"]을 읽어서 "C:\python_work\cellphon.txt"로 출력하는 프로그램을 작성하시오.

[실행 결과]

```
아이폰
갤럭시
샤오미
화웨이
구글
```

4. "C:\python_work\tempreturetxt" 파일에는 지역명, 월 최저 기온, 월 최고 기온이 저장되어 있다. 해당 폴더의 파일을 읽어서 [실행 결과]와 같이 지역명 월 평균 기온을 출력하는 프로그램을 작성하시오.

[tempreture.txt]

```
서울 17.0 19.0
강릉 15.0 18.0
제주 20.0 25.0
대구 12.0 15.5
부산 23.0 25.4
광주 18.0 22.0
```

[실행 결과]

```
서울 평균 기온은 18.00도 이다.
강릉 평균 기온은 16.50도 이다.
제주 평균 기온은 22.50도 이다.
대구 평균 기온은 13.75도 이다.
부산 평균 기온은 24.20도 이다.
광주 평균 기온은 20.00도 이다.
```

5. 다중 리스트 변수 numList에 학번, 이름, 성적 항목이 저장되어 있다. [실행 결과]와 같이 "C:\python_work\python_grade.txt" 파일로 성적 내림차순 기준, 학번, 이름, 점수, 전체 총점, 전체 평균에 대한 출력 결과 파일을 생성하는 프로그램을 작성하시오. 단, 평균은 소수 둘째 자리까지 구하도록 한다.

```
numList=[
 ["20231234","홍길동",90],
 ["20231235","송중기",80],
 ["20231236","유아인",90],
 ["20231237","유혜진",100],
 ["20231238","김유정",95]
 ]
```

[실행 결과]

```
학 번          이 름     점수
20231237      유혜진     100
20231238      김유정      95
20231234      홍길동      90
20231236      유아인      90
20231235      송중기      80
=================================
전체 점수 총점=455
전체 점수 평균=91.00
```

Introduction to **Data analysis**

CHAPTER

06

정규 표현식과 아나콘다 플랫폼

학습목표

이번 장에서는 정규 표현식과 아나콘다 설치 방법을 학습한다.

정규 표현식은 규칙을 기반으로 메타문자와 search(), match(), findall(), group() 함수 등을 이용하여 다양한 정규 표현식 패턴을 표현하는 방법이고, 아나콘다는 오픈 기반의 플랫폼으로 파이썬 기반의 데이터 처리 및 분석에 사용되는 주피터 노트북 사용을 위한 플랫폼이다

학습 목차

6.1 정규 표현식(Regular Expression)

정규 표현식은 패턴 매칭 기반의 형식 언어로 텍스트에서 특정 문자열을 검색하거나 치환할 때 사용되는 문자열 패턴을 표현하여 구현하는 데 사용된다.

정규 표현식

정규 표현식은 특정 규칙을 가진 문자열의 집합을 표현하는 데 사용하는 형식 언어로 패턴을 하나의 문법으로 만들어 문법에 해당하는 대상을 검색하여 치환할 수 있다.

모듈 가져오기

파이썬에서 정규 표현식 문자열 패턴을 사용하기 위해 Regex를 위한 모듈인 re 모듈을 가져와서 사용한다.

```
>>> import re
```

정규 표현 모듈 함수

모듈 함수	설명
re.compile()	정규 표현식을 컴파일하는 함수이다.
re.search()	문자열 전체에 대해서 정규 표현식과 매칭되는지 검색한다.
re.match()	문자열의 처음이 정규 표현식과 매칭되는지 검색한다.
re.split()	정규 표현식을 기준으로 문자열을 분리하여 리스트로 리턴한다.
re.findall()	정규 표현식과 매칭되는 모든 경우의 문자열을 찾아서 리스트로 리턴한다. 매칭되는 문자열이 없다면 빈 리스트가 리턴된다.
re.finditer()	정규 표현식과 매칭되는 모든 경우의 문자열에 대한 이터레이터 객체를 리턴한다.
re.sub()	문자열에서 정규 표현식과 일치하는 부분을 다른 문자열로 대체한다.

split() 함수는 입력된 정규 표현식을 기준으로 문자열들을 분리하여 리스트로 리턴한다.

```
>>> import re
>>> text="파이썬 자바 R 안드로이드 SQL"
>>> re.split(" ",text)
['파이썬', '자바', 'R', '안드로이드', 'SQL']
```

sub() 함수는 정규 표현식 패턴과 일치하는 문자열을 찾아 다른 문자열로 대체할 수 있다. sub() 함수는 데이터 분석에서 전처리 정제 과정에 많이 사용된다.

text 문장에서 알파벳 외의 문자(특수 문자가 섞여 있는 경우)는 제거하여 공백으로 처리하는 실습을 진행해보자.

```
>>> text="Korea[1] : Republic of Korea or South Korea. Korea country is small but economic is very powerful! (The foreign countries called that miracle of Han river.)"
>>> re.sub("[^a-zA-Z]", " ", text)
'Korea Republic of Korea or South Korea Korea country is small but economic is very powerful The foreign countries called that miracle of Han river'
```

정규 표현 메타 문자

정규 표현식에는 다양한 문법과 기능들이 제공되고 있는데, 정규식 표현 중 다양한 문자열의 패턴을 표현할 수 있는 것이 메타 문자이다.

메타문자	설명
[]	문자 클래스 ex) [0-9] [a-z] [A-Z] [가-힣]
^	문자열 시작 패턴 ex) '^abc'
$	문자열 종료 패턴 ex) 'xyz$'
.	줄 바꿈을 제외한 모든 문자
|	두 패턴 중에 하나만 허용 ex) a | A
?	앞 문자가 없거나 하나 있는 문자 ex) a?
*	앞 문자 패턴이 0개 이상 있는 문자 ex) a*
+	앞 문자 패턴이 1개 이상 있는 문자 ex) a+
{n}	앞 문자 패턴이 n개 숫자만큼 반복
{n,m}	앞 문자 패턴이 n개 이상 m개 이하 숫자만큼 반복
{,}	앞 문자 패턴이 n개 이상 숫자만큼 반복
()	문자 패턴의 그룹화

^ 메타 문자

^는 시작되는 문자열을 패턴 문자열로 지정한다.

```
>>> import re
>>> ptn="^abc"
>>> regex_ptn=re.compile(ptn)
>>> regex_ptn.search('abcd')
<re.Match object; span=(0, 3), match='abc'>
```

```
>>> regex_ptn.search('bc')                #abc로 시작되지 않았으므로 매칭되지 않음
```

? 메타 문자

?는 ? 앞의 문자가 존재할 수도 있고 존재하지 않을 수도 있는 패턴 문자열을 지정한다.

정규 표현식이 ab?c라고 하면, 정규 표현식에서의 b는 있다고 취급할 수도 있고, 없다고 취급할 수도 있으므로 'abc'나 'ac'로 매칭된다.

```
>>> ptn="ab?c"
>>> regex_ptn=re.compile(ptn)
>>> regex_ptn.search('abcd')
<re.Match object; span=(0, 3), match='abc'>
>>> regex_ptn.search('ac')
<re.Match object; span=(0, 2), match='ac'>
```

* 메타 문자

*은 바로 앞의 문자가 0개 이상일 경우를 의미하며 'ab*c'일 경우, 'b' 앞의 문자는 존재하지 않을 수도 있고 'b'문자가 여러 개일 수도 있다.

```
>>> ptn='ab*c'
>>> regex_ptn=re.compile(ptn)
>>> regex_ptn.search('abc')
<re.Match object; span=(0, 3), match='abc'>
>>> regex_ptn.search('ac')
<re.Match object; span=(0, 2), match='ac'>
>>> regex_ptn.search('abbbcd')
<re.Match object; span=(0, 5), match='abbbc'>
```

+ 메타 문자

+는 바로 앞의 문자가 최소 1개 이상일 경우의 패턴을 지정한다. 만약 'ab+c'일 경우 'b'가 존재하지 않는다면 매칭되지 않는다.

```
>>> ptn="ab+c"
>>> regex_ptn=re.compile(ptn)
>>> regex_ptn.search('abc')
<re.Match object; span=(0, 3), match='abc'>
>>> regex_ptn.search('abbbc')
<re.Match object; span=(0, 5), match='abbbc'>
>>> regex_ptn.search('ac')              #매칭되지 않음
```

{n} 메타 문자

정규 표현식을 '문자열{n}'으로 표현하는데, 'ab{2}'일 경우 앞 'b' 문자를 2번 반복하는 패턴이다.

```
>>> ptn="ap{2}"
>>> regex_ptn=re.compile(ptn)
>>> regex_ptn.search('appple')
<re.Match object; span=(0, 3), match='app'>
```

{n,m} 메타 문자

정규 표현식을 '문자열{n,m}'으로 표현하는데, 'ab{2,3}일 경우, 'b' 문자가 2번 이상 3번 이하 반복하는 패턴이다.

```
>>> ptn="ab{2,3}c"
>>> regex_ptn=re.compile(ptn)
>>> regex_ptn.search('abbc')
<re.Match object; span=(0, 4), match='abbc'>
>>> regex_ptn.search('abbbc')
<re.Match object; span=(0, 5), match='abbbc'>
>>> regex_ptn.search('abbbbc')          # 'b'가 4개가 나와서 매칭되지 않음
```

진단문제

정규 표현식 중 두 개의 특정 문자열에서 지정한 문자열이 하나라도 포함되면 매칭되도록 밑줄 친 빈칸을 채워 완성하시오.

```
>>> ____________________
>>> regex_ptn=re.compile(ptn)
>>> regex_ptn.search("hello")
<re.Match object; span=(0, 5), match='hello'>
>>> regex_ptn.search("hi")
<re.Match object; span=(0, 2), match='hi'>
```

패턴 문자열

문자 클래스 []에 문자들을 넣어 패턴으로 만들고 그 문자들 중에서 하나라도 일치하는지 판단한다.

문자 클래스 []

우선 문자열 패턴을 []를 이용하여 만든 후, search() 함수를 사용하여 문자열을 검색해보자.

```
>>> import re
>>> ptn="[ea]"
>>> regex_ptn=re.compile(ptn)
>>> text="Korea is a great country."
>>> print(regex_ptn.search(text))
<re.Match object; span=(4, 5), match='a'>
```

re 모듈의 compile() 함수는 정규식 문자열 패턴을 받아들여 정규식 객체를 리턴한다. 이때 문자열을 검색하기 위해 search() 함수를 사용하는데 search() 함수는 문자열을 검색하여 처음 매칭되는 문자열만 리턴한다.

> **Tips**
>
> search() 함수는 검색 대상이 있으면 결과에 맞는 패턴 문자를 리턴하지만 찾고자 하는 해당 문자열이 없으면 None을 리턴한다.

match() 함수는 문자열의 첫 부분부터 정규 표현식과 매칭되는지를 확인한다. 문자열 중간에 찾을 패턴이 있더라도 match 함수는 문자열의 시작에서 패턴이 일치하지 않으면 찾지 않는다.

```
>>> import re
>>> ptn="[ea]"
>>> regex_ptn=re.compile(ptn)
>>> text="Korea is a great country."
>>> print(regex_ptn.match(text))
None
```

```
>>> ptn="[abc]"
>>> regex_ptn=re.compile(ptn)
>>> text="abc는 알파벳 시작 문자이다."
>>> print(regex_ptn.match(text))
<re.Match object; span=(0, 1), match='a'>
```

findall() 함수는 문자열을 검색하여 매칭되는 경우 문자열을 리스트로 리턴한다.

매칭되는 문자열이 없다면 빈 리스트를 리턴한다.

```
>>> ptn="[abc]"
>>> regex_ptn=re.compile(ptn)
>>> text="abc 초콜릿은 롯데제과 초코 쿠키 입니다."
>>> print(regex_ptn.findall(text))
['a', 'b', 'c']
```

문자 클래스 범위 '-'

클래스 내의 '-' 범위는 문자 클래스의 범위로 [0-9]를 패턴으로 사용할 경우 0부터 9 사이 숫자를 포함하고 있는지 조회하여 리스트로 출력한다.

```
>>> import re
>>> ptn="[0-9]"
>>> regex_ptn=re.compile(ptn)
>>> text="korea1234!@"
>>> print(regex_ptn.findall(text))
['1', '2', '3', '4']
```

특정 범위 제외 문자 '[^]'

문자 클래스 [] 안에 해당 문자 앞에 '^'를 붙이고 "^문자-문자"와 같이 문자 범위를 지정하면 범위에 포함된 문자가 제외된다.

```
>>> import re
>>> ptn="[^가-힣]"
>>> regex_ptn=re.compile(ptn)
>>> text="korea파이팅"
>>> print(regex_ptn.findall(text))
['k', 'o', 'r', 'e', 'a']
```

Tips

알파벳 영문자 "a-z"처럼 한글도 "가-힣"의 한글 조합 범위를 지정할 수 있다.

이스케이프 문자 규칙

정규 표현식에 "이스케이프 문자('\')+문자" 조합을 이용한 규칙들이 있는데 문자 클래스 범위 []를 사용하지 않고 이스케이프 특수 문자 조합을 이용하여 문자 규칙을 만들 수 있다.

문자 규칙	설명
\d	숫자 [0-9]와 같은 의미
\D	숫자가 아닌 [^0-9]와 같은 의미
\s	공백 문자 [\t\n\r\f\v]
\S	공백 문자가 아닌 것
\w	문자+숫자+_ 조합 [a-zA-Z0-9]
\W	문자+숫자+_가 아닌 조합 [^a-zA-Z0-9]
\Z	ab\Z

\s+는 공백을 찾아내는 정규표현식이고, '+'는 최소 1개 이상의 문자를 찾아내는 패턴이다.

즉, 1개 이상의 공백을 찾아내어 split() 함수에 의해 분리되어 리스트에 리턴한다.

```
>>> text = """20231234 홍길동  컴퓨터공학과
20231235 강감찬  IT융합학과
20231236 김수현  스마트기기학과"""
>>> re.split('\s+', text)
['20231234', '홍길동', '컴퓨터공학과', '20231235', '강감찬', 'IT융합학과', '20231236', '김수현', "스
마트기기학과'"]
```

\d는 숫자에 해당되는 정규 표현식으로, '+'를 붙이면 최소 1개 이상의 숫자에 해당하는 값을 찾아낸다.

```
>>> re.findall('\d+',text)
['20231234', '20231235', '20231236']
```

```
>>> re.findall('[가-힣]',text)
['홍', '길', '동', '컴', '퓨', '터', '공', '학', '과', '강', '감', '찬', '융', '합', '학', '과', '김', '수', '현', '스', '마', '트',
'기', '기', '학', '과']
```

진단문제

문자 클래스 내의 알파벳 'a'~'z'까지 문자가 범위에 포함되고 있는지를 조회하는 코드를 밑줄 친 빈칸을 채워 완성하시오.

```
>>> import re
>>> ____________________________
>>> regex_ptn=re.compile(ptn)
>>> text="korea1234!@"
>>> print(regex_ptn.findall(text))
['k', 'o', 'r', 'e', 'a']
```

그룹 메타 문자 '()'

특정 텍스트 문자열에서 특정 부분만 추출하고 싶다면 패턴을 만들어 () 메타 문자를 써서 그룹으로 묶으면 편리하다.

텍스트 문자열에서 '연도-월-일'만 추출하여 () 메타 문자를 써서 그룹으로 묶어보자.

```
>>> import re
>>> ptn='[0-9]{4}-[0-9]{2}-[0-9]{2}'
>>> text="이름:홍길동, 생년월일 : 2022-05-15, email :hong0515@naver.com"
>>> m=re.search(ptn, text)
>>> m.group()
'2022-05-15'
```

만약, '연도-월-일'을 각각 분리하여 묶고 싶다면 패턴 문자열에 ()를 '연도','월','일'로 나누어 묶어 주면 된다.

```
>>> ptn='([0-9]{4})-([0-9]{2})-([0-9]{2})'
>>> regex_ptn=re.compile(ptn)
>>> text="이름:홍길동, 생년월일 : 2022-05-15, email :hong0515@naver.com"
>>> m=re.search(ptn, text)
>>> print(m.group(0))
2022-05-15
>>> print(m.group(1))
2022
>>> print(m.group(2))
05
>>> print(m.group(3))
15
```

진단문제

정규 표현식은 전화번호 패턴 문자열 3자리-4자리-4자리로 구성되어 있다. text 변수에 저장된 "제 연락처는 010-1234-5678입니다."에서 전화번호만 추출하는 정규 표현식을 밑줄 친 빈칸을 채워 완성하시오.
Hint : 정규 표현식에서 숫자를 의미하는 기호는 \d이다.

```
>>> import re
>>> ptn='\d\d\d-\d\d\d\d-\d\d\d\d'
>>> text = "제 연락치는 010-1234-5678입니다."
>>> regex_ptn =re.compile(ptn)
>>> ______________________
>>> print(m.group())
010-1234-5678
```

6.2 아나콘다(Anaconda) 플랫폼

아나콘다는 파이썬 기반의 데이터 분석에 필요한 오픈소스를 모아놓은 개발 플랫폼이다.

파이썬의 효율성을 극대화하여 활용할 수 있으며 파이썬 프로그램 코드 개발 및 분석에 효율적으로 사용된다. 이번 절에서는 아나콘다를 설치하여 주피터 노트북(jupyter notebook)을 사용하는 방법을 학습한다.

아나콘다 플랫폼

아나콘다는 컨티늄(Continuum)사가 개발한 플랫폼으로 파이썬과 R 프로그램을 위한 오픈소스 기반이다. 아나콘다는 최근 데이터 과학, 기계 학습, 빅데이터 처리, 예측 분석 등을 위해 파이썬을 많이 사용하는데 이 분야에서 주로 사용되는 여러 패키지(SciPy, Numpy, Pandas, Matplotlib, Seaborn 등)를 추가 설치하여 사용할 수 있는 도구이다.

❶ 아나콘다 설치

크롬 브라우저를 이용하여 아나콘다 공식 홈페이지(http://anaconda.com)에 접속하여 본인 컴퓨터 시스템 운영체제(Operating System) 환경에 맞는 소프트웨어를 다운받아 설치한다. 설치를 위해 하단의 [Download] 버튼을 클릭한다.

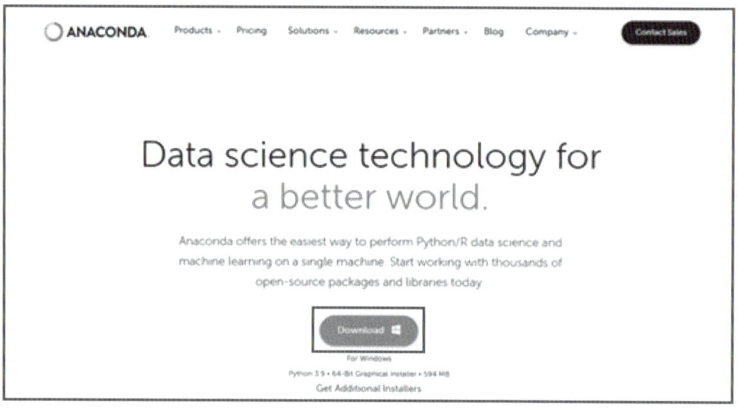

❷ 다운로드가 되면 설치를 시작한다. [Next] 버튼을 클릭한다.

❸ 라이선스 사용에 동의하기 위해 [I Agree] 버튼을 클릭한다.

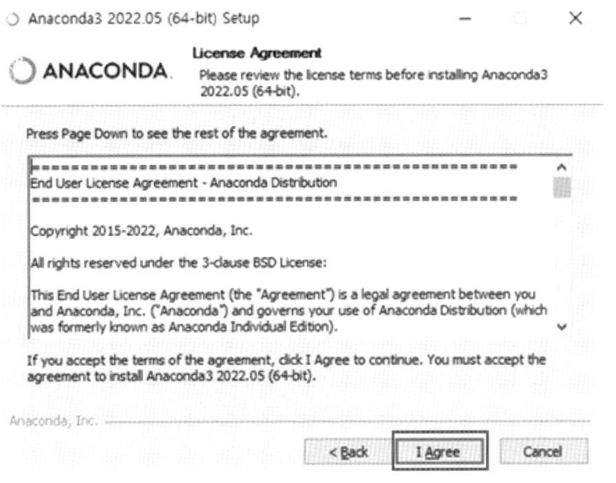

❹ 사용자 선택을 위해 [All Users(requires admin privileges)]를 선택하고 [Next]를 클릭한다.

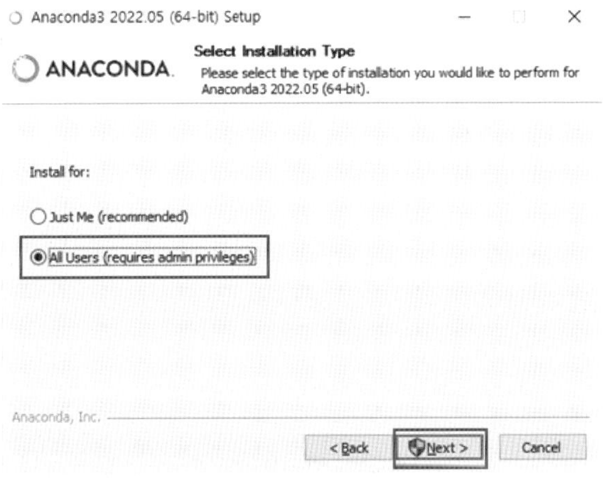

❺ 아나콘다 경로를 환경 변수의 path에 추가할지 설정하기

파이썬이 이미 설치되어 있다면 두 번째 항목 ☑ [Register Anaconda as the system Python 3.9…]를 체크한 후 [Install] 버튼을 클릭한다.

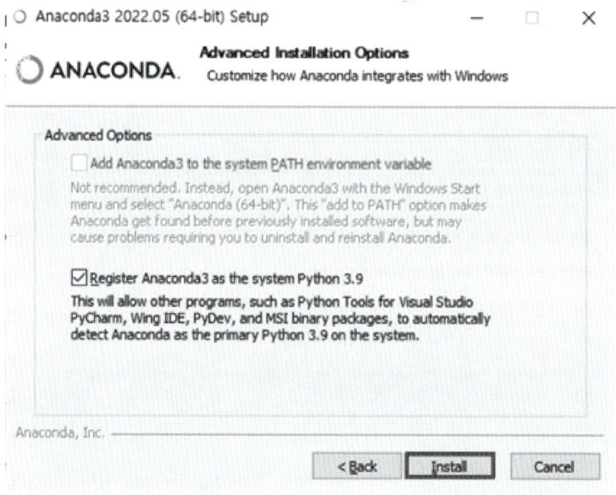

❻ 설치를 진행한다.

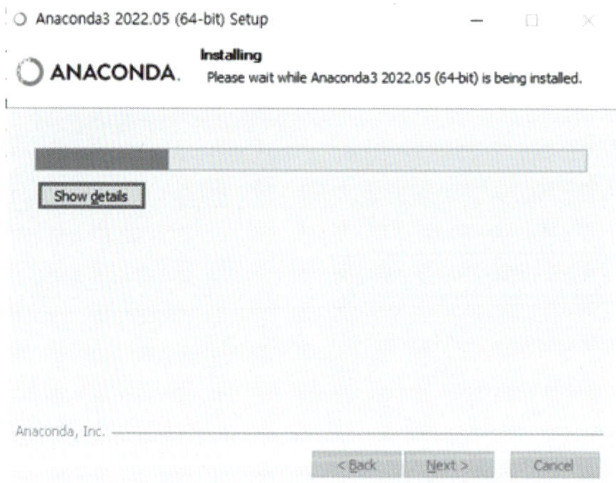

❼ 설치가 완료되면 [Finish]를 클릭하여 아나콘다 설치를 종료한다.

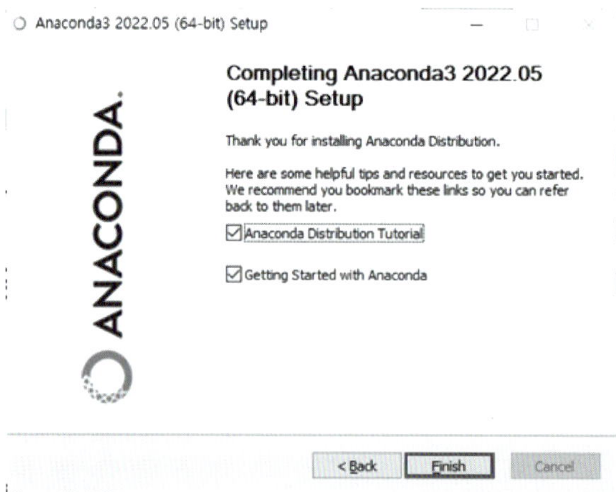

주피터 노트북

주피터 노트북은 아나콘다 플랫폼에 설치되어 있는 패키지들을 웹에서 손쉽게 사용할 수 있고, 파이썬 분석 및 시각화 작업에서도 효율적으로 이용된다.

아나콘다를 설치하는 주된 이유는 주피터 노트북을 사용하기 위해서이다.

주피터 노트북 작업 폴더 생성하기

주피터 노트북 설치가 끝났다면 작업할 코드를 저장하기 위해 C:드라이브에 작업 폴더를 생성한다.

[내PC] → 로컬 디스크(C:)를 선택한 후, 마우스 오른쪽 버튼을 클릭하고 [새로 만들기] → [폴더] → 'python_jupyter'를 생성한다.

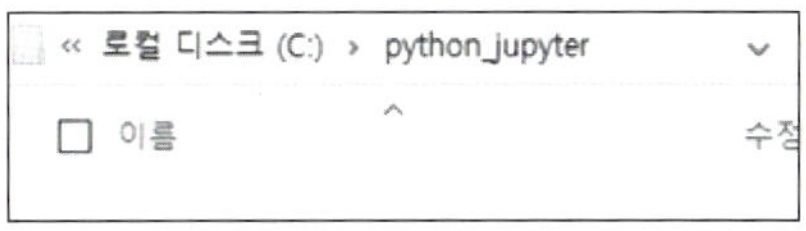

주피터 노트북 시작 폴더 지정하기

[윈도우 시작] → [Jupyter Notebook]을 선택하여 마우스 오른쪽 버튼을 클릭한 뒤 [자세히] → [파일 위치 열기]를 선택한다.

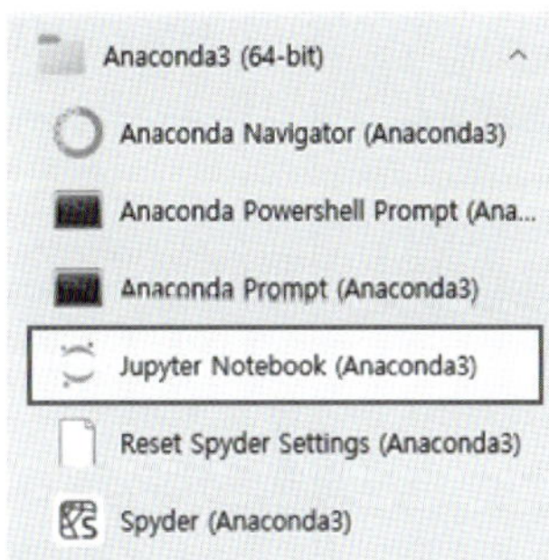

이때 Jupyter Notebook을 선택한 후 마우스 오른쪽 버튼을 클릭하여 [속성]을 선택한다.

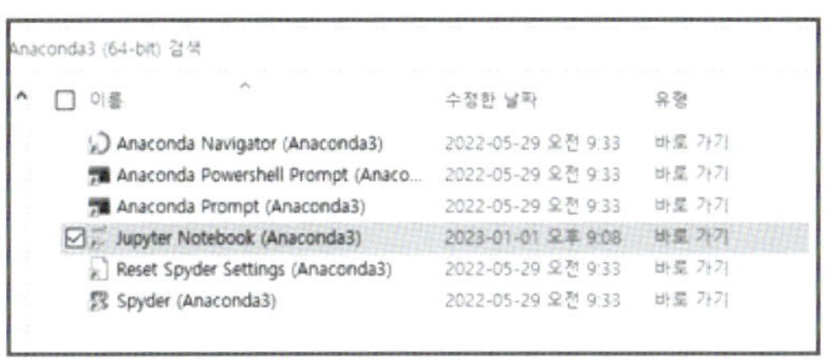

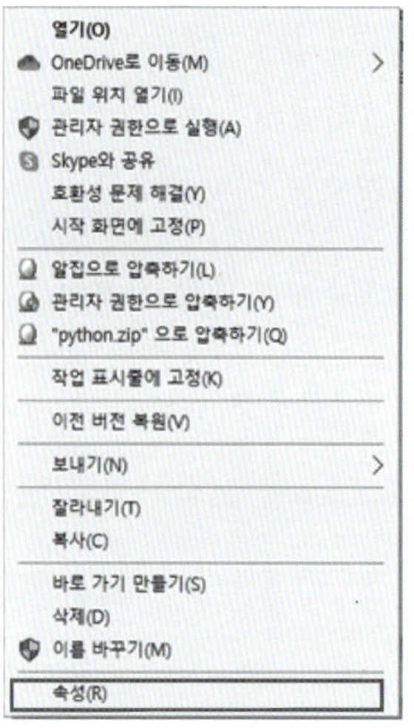

[대상(T)]의 맨 뒷부분 "%USERPROFILE%/"을 선택하여 이미 만들어 놓은 폴더 "C:\python_jupyter"의 위치를 변경한 후, [적용] → [확인]을 선택한다.

주피터 실행하기

아나콘다 설치 및 작업 폴더 지정을 마쳤다면 주피터 노트북 구동 준비가 모두 끝난 것이다. 주피터를 가동하여 실행해보자.

❶ [윈도우 시작] → [Anaconda] → [Jupyter Notebook]을 선택하여 실행한다.

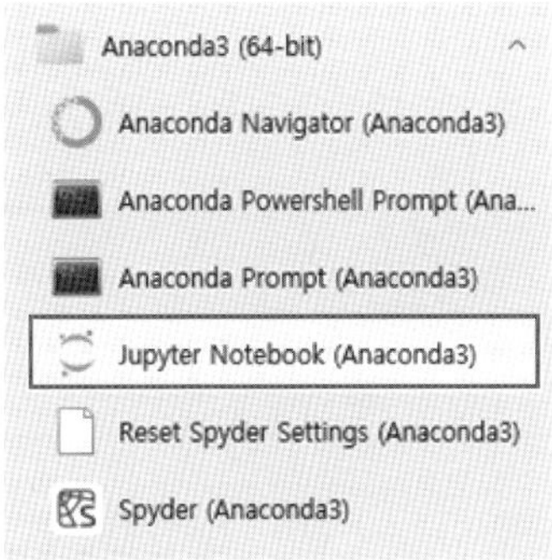

❷ 도스 모드에서도 실행할 수 있다. 윈도우 로고 + R을 누른 다음 [열기] → cmd를 누르고 도스 모드로 빠져나간다. 그다음 jupyter notebook을 입력하여 실행하면 된다.

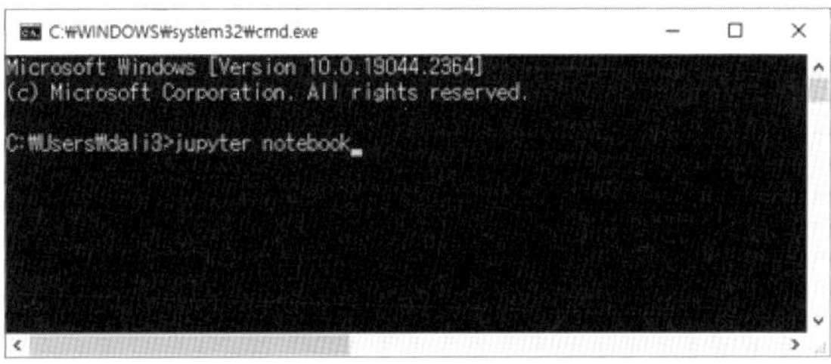

주피터 노트북이 실행되면 그림과 같이 jupyter 로고가 나오면서 웹브라우저에서 열리는 것을 확인할 수 있다.

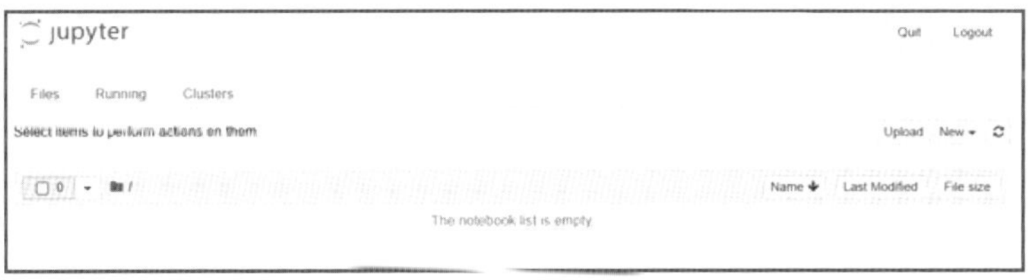

이때 웹브라우저 화면 우측의 [New] → [Python 3]을 선택한다.

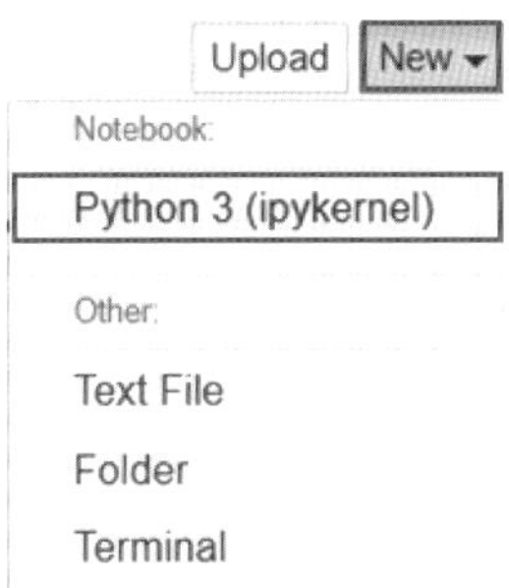

코드 입력하기

이제 새 노트북 화면이 나오고 코드를 작성할 수 있는 코드 입력창이 나타난다.

아래 빈 셀을 클릭하여 파이썬 코드를 다음과 같이 입력해보자.

```
print("Hello Python")
```

코드 실행하기

코드 실행을 위해 단축키 Shift + Enter를 누르면 실행 결과가 코드 셀 아래에 나타난다.

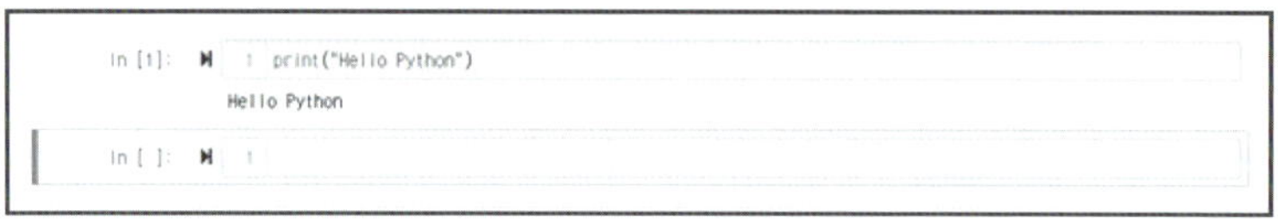

> **여기서 잠깐　코드 셀 순서 위치 바꾸기**
>
> 주피터 노트북의 각 코드 셀은 독립적으로 보이지만 모두 연결되어 있어 실행에 영향을 미친다. 코드 셀에서 생성된 변수는 해당 코드 셀에서도 사용되지만 다른 코드 셀에서도 사용할 수 있다. 그리고 메뉴에서 **↑↓**를 선택하여 셀의 위치를 바꿀 수 있다. 이때 코드 셀의 실행 순서는 In [ ]:에서 보이는 순서에 따라 실행된다.

코드 저장하기

저장을 위해 상단의 jupyter 로고 옆의 [Untitled]를 클릭한다.

파일 이름에 'Hello'를 입력한 후, [Rename]을 클릭한다.

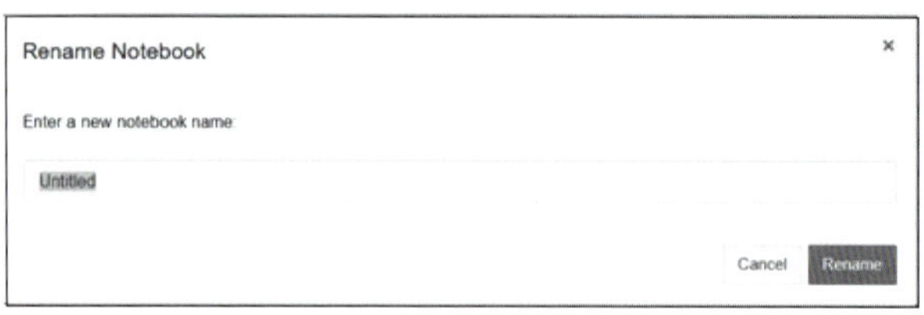

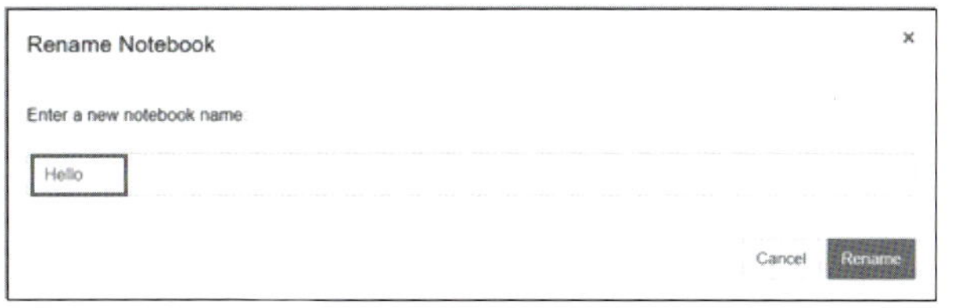

파일이 저장되면서 jupyter 로고 옆의 'Untitled'가 'Hello'로 변경되었다.

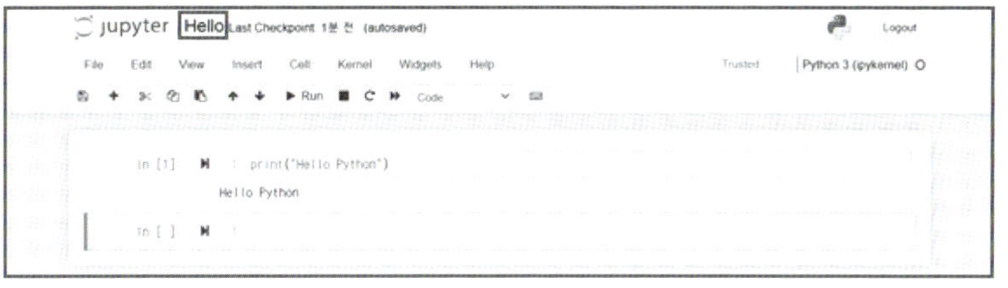

파일 열기

메뉴에서 [File]→[Open]을 선택하여 열고자 하는 파일을 선택한다.

단축키	설명
Enter↵	코드 line 번호 추가
Ctrl + Enter↵	해당 셀이 실행
Shift + Enter↵	선택한 셀이 실행되고 다음 셀 선택
Alt + Enter↵	셀이 실행되고 커서가 아래 셀 삽입
Insert Cell Above, A	해당 셀 위에 한 개 추가
Insert Cell Below, B	해당 셀 아래에 한 개 추가
D D	셀 삭제
C	셀 복사
X	셀 잘라내기
Shift + V	해당 셀 위에 붙여넣기
V	해당 셀 아래에 붙여넣기
Ctrl + S	다양한 주피터 노트북의 단축키를 확인
Ctrl + [	내어쓰기
Ctrl +]	들여쓰기
Ctrl + A	전체 선택

마우스 커서가 셀을 클릭하면 녹색으로 바뀌고 해당 셀 위쪽의 빈 영역을 클릭하면 파란색으로 바뀌어 단축키를 실행할 수 있게 된다.

요점정리

1. 정규 표현식은 특정 규칙을 가진 문자열의 집합을 표현하는 데 사용하는 형식 언어이다.

2. sub() 함수는 정규 표현식 패턴과 일치하는 문자열을 찾아 다른 문자열로 대체할 수 있다.

3. ^는 시작되는 문자열을 패턴 문자열로 지정한다.

4. +는 바로 앞의 문자가 최소 1개 이상일 경우의 패턴을 지정한다.

5. search() 함수는 검색 대상이 있으면 결과에 맞게 매칭되는지 확인한다.

6. match() 함수는 문자열의 첫 부분부터 정규 표현식과 매칭되는지 확인한다.

7. \s+는 공백을 찾아내는 정규 표현식이고, '+'는 최소 1개 이상의 문자를 찾아내는 패턴이다.

8. 아나콘다는 컨티늄(Continuum)사가 개발한 플랫폼으로 가격 확인 파이썬과 R 프로그램을 위한 오픈소스 기반이다. 최근 데이터 과학, 기계학습, 빅데이터 처리, 예측 분석 등에 많이 사용된다.

연습문제

1. 문자열의 처음부터 시작하여 패턴이 일치되는 것이 있는지를 확인하는 함수는? ( )
   ① search () ② match () ③ find () ④ sub ()

2. 패턴과 일치하는 문자열을 찾아 다른 문자열로 대체할 수 있는 함수는? ( )
   ① search () ② match () ③ find () ④ sub ()

3. 정규식과 매칭되는 모든 문자열(substring)을 찾아서 리스트로 반환하는 함수는? ( )
   ① search () ② match () ③ findall () ④ find ()

4. 숫자를 찾는 메타 문자는? ( )
   ① \d ② \n ③ \s ④ \9

5. 문자 클래스 [^0-9]가 담고 있는 정규 표현식의 옳은 표현은? ( )
   ① 숫자 0 또는 9로 시작하는 문자 ② 모든 숫자를 의미
   ③ 숫자 0으로 시작하는 모든 문자 ④ 숫자를 제외한 모든 문자

6. 정규 표현식에서 '\d+\s\w+x+' 패턴에 대한 설명으로 옳지 않은 것은? ( )
   ① d+는 1개 이상의 숫자 ② s는 공백 문자
   ③ w+는 1개 이상의 단어 ④ x+는 문자 존재를 의미

7. 주피터 노트북에서 사용하는 들여쓰기 단축키는? ( )
   ① Ctrl + [② Ctrl +] ③ Ctrl + I ④ Ctrl + U

8. 주피터 노트북에서 셀 코드를 실행하고 다음 셀을 선택하는 단축키는? ( )
   ① Enter↵ ② Shift + Enter↵
   ③ Ctrl + Enter↵ ④ Alt + Enter↵

Introduction to **Data analysis**

Introduction to **Data analysis**

CHAPTER

07

넘파이 라이브러리

학습목표

이번 장에서는 넘파이(numpy) 라이브러리에 대해 학습한다.

넘파이는 파이썬 프로그램에서 수치 연산에 특화되어 있는 라이브러리로 다차원 배열을 생성하여 대규모 연산을 매우 빠른 속도로 수행할 수 있다.

학습 목차

7.1 넘파이(NumPy) 라이브러리

넘파이는 대규모 다차원 배열을 쉽게 처리하도록 지원하는 파이썬의 라이브러리이다. 넘파이는 여러 차원의 배열 형태로 데이터를 가지고 있으며, 데이터 구조 외에도 수치 계산을 위해 효율적으로 구현된 기능을 제공한다.

넘파이 설치 및 호출

넘파이 설치

넘파이를 설치한 후, 필요할 때 import로 호출하여 사용한다. 만약 아나콘다 플랫폼을 설치하여 주피터 노트북을 사용한 경우라면 추가 설치 없이 바로 사용할 수 있다.

```
pip install numpy
```

넘파이 호출하기

넘파이를 사용하기 위해서는 가장 먼저 넘파이를 import한다.

```
import numpy as 별칭
```

Tips 넘파이의 별칭

import numpy as 뒤에 별칭은 numpy의 n과 p를 따서 np를 주로 사용하는데 사용자가 임의로 정할 수도 있다.

넘파이 배열 생성하기

넘파이를 이용하여 배열을 생성하는 방법은 매우 다양하다. 1차원 배열을 시작으로 다차원 배열(2차원 배열, 3차원 배열) 생성도 가능하다. 넘파이 배열의 각 차원은 axis(축)로 불리며, 일반적으로 array 또는 배열이라고 부른다.

1차원

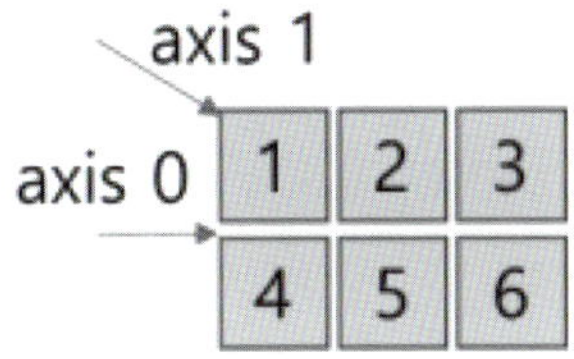

2차원

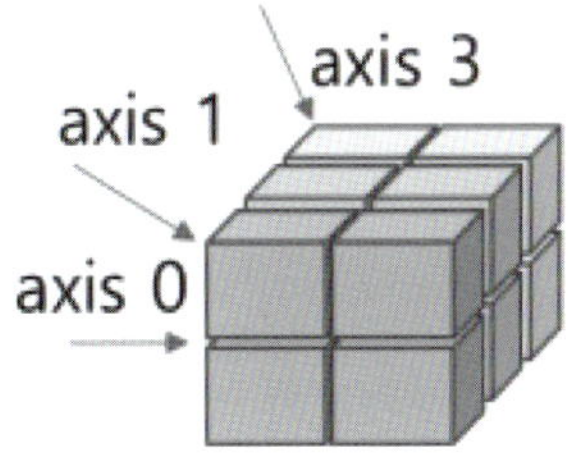

3차원

1차원 배열 생성하기

넘파이를 이용하여 배열을 선언하기 위해 np.array()를 사용한다.

np.array() 함수는 파이썬의 리스트를 인수로 받아 넘파이 라이브러리가 제공하는 ndarray 오브젝트를 생성한다.

np.array([1,2,3,4,5])

리스트 [1,2,3] 항목을 np.array() 함수를 사용하여 배열 형태로 변환해보자.

```
import numpy as np
arr1=np.array([1,2,3])
print(arr1)
```

[실행 결과]

```
[1 2 3]
```

Tips **변환된 배열 자료형 확인하기**

```
print(type(arr1))
```

[실행 결과]

```
<class 'numpy.ndarray'>
```

2차원 배열 생성하기

```
arr2=np.array([[1,2,3],[4,5,6]])
print(arr2)
print(arr2.shape)
```

[실행 결과]

```
[[1 2 3]
 [4 5 6]]
```

3차원 배열 생성하기

```
arr3=np.array([[[1,2,3],[4,5,6],[7,8,9]]])
print(arr3)
```

[실행 결과]

```
[[[1 2 3]
  [4 5 6]
  [7 8 9]]]
```

넘파이 배열 속성(type/shape/ndim/size)

넘파이 배열 속성을 이용하여 배열의 타입, 모양, 차원, 크기를 지정하거나 확인할 수 있다.

배열 속성	설명
ndim	배열 ndarray의 차원을 나타냄
shape	배열 각 차원의 크기를 튜플 형태로 나타냄
size	ndarray에 있는 항목의 총 개수
dtype	ndarray의 데이터 타입 확인 또는 배열 데이터 타입 지정
itemsize	ndarray의 원소 크기를 바이트 단위로 기술
nbytes	ndarray 전체 바이트

넘파이 배열 속성 조회

넘파이 배열 ndarray는 기본적으로 하나의 ndarray 오브젝트에 하나의 dtype이 설정되어 있어 모든 요소가 같은 데이터형을 갖게 된다.

<표 3> 자료형 종류

데이터 자료형	설 명	형 코드
int	부호가 있는 정수형 : int16, int32, int64	i2, i4, i8
	부호가 없는 정수형 : uint16, uint32, uint64	u2, u4, u8
float	실수형(float16, float32, float64, float128)	f2, f4, f8, f16
complex	복소수(complex64, complex128, complex256)	c8, c16, c32
boolean	부울형(True, False)	b
unicode	유니코드 문자열	U

object	파이썬 오브젝트형	O

Tips

- np.int64
- 문자열 ‘int64’
- 형 코드의 문자열 ‘i8’

배열에서는 데이터 타입을 지정할 수 있다. 정수형 데이터를 실수형으로 지정하여 배열을 생성해보자. 배열 자료형에 대한 데이터 확인은 dtype 속성을 이용하여 확인할 수 있다.

```
arr = np.array([1, 2, 3], float)
print(arr)
print(arr.dtype)        #자료형 데이터 확인
```

[실행 결과]

```
[1. 2. 3.]
float64
```

데이터형 dtype을 np.int64을 지정하여 데이터 타입을 정수형으로 변환해 배열을 생성해보자.

```
arr=np.array([1, “2”, 3.0], dtype=np.int64)
print(arr)
print(arr.dtype)
```

[실행 결과]

```
[1 2 3]
int64
```

여기서 잠깐　astype() 함수

이미 배열로 객체 처리된 데이터 자료형을 ‘astype()’ 함수를 이용하여 다른 자료형으로 변경할 수 있다.

```
arr1=np.array([1,2,3])
arr_float = arr1.astype(np.float32)     #정수형 데이터 자료형을 실수형으로 변환
print(arr_float)
```

[실행 결과]

```
[1. 2. 3.])
```

데이터형 dtype을 문자열형 코드 'i8'을 이용하여 지정해보자.

```
arr=np.array([1, 2, 3], dtype='i8')
print(arr.dtype)
```

[실행 결과]

```
int64
```

배열 차원 확인하기

배열 형태의 크기를 튜플 구조로 보여준다.

1차원 배열 형태로 변환된 1차원 배열 구조를 확인해보자.

```
arr = np.array([1, 2, 3])
arr.shape
```

[실행 결과]

```
(3,)          #1행 3개의 원소를 가지고 있는 1차원 배열
```

2차원 배열 형태로 변환된 2차원 배열 구조를 확인해보자.

```
arr = np.array([[1, 2, 3], [4, 5, 6], [7, 8, 9]])
arr.shape
```

[실행 결과]

```
(3,3)          #3행 3열 배열
```

여기서 잠깐　배열 차원 확인하기

배열은 1차원, 2차원, 3차원으로 구성되며 배열이 몇 차원의 크기를 갖고 있는지 '배열명.shape'으로 튜플 형태로 확인할 수 있다.

- 1차원 배열(m,) : 행
- 2차원 배열(m,n) : 열
- 3차원 배열(l, m, n) : 층, 행, 열

배열 차수

배열의 차원 즉 배열이 몇 차원 배열인지를 구할 때는 '객체.ndim'을 이용한다.

```
arr = np.array([1, 2, 3])
print(arr.ndim)
```

[실행 결과]

```
1          #1차원 배열
```

```
arr = np.array([[1, 2, 3], [4, 5, 6], [7, 8, 9]])
print(arr.ndim)
```

[실행 결과]

```
2          #2차원 배열
```

배열 최소 차원 지정

넘파이 배열에서는 ndmin을 이용해서 배열의 최소 차원을 지정할 수 있다.

2차원 배열 형태는 ([[1 2]])이고, 3차원 배열 형태는 ([[[1 2 3]]])이 된다.

❶ 2차원 배열 지정

```
arr = np.array([1, 2], ndmin=2)
print(arr)
```

[실행 결과]

```
[[1 2]]
```

❷ 3치원 배열 지정

```
arr = np.array([1, 2, 3], ndmin=3)
print(arr)
```

[실행 결과]

```
[[[1 2 3]]]
```

배열 항목의 총 개수

배열 각 차원의 총 원소의 개수를 알고자 할 때는 '배열명.size' 속성을 이용한다.

1치 원 배열의 총 원소의 개수를 알아보자.

```
arr = np.array([1, 2, 3])
print(arr.size)
```

[실행 결과]

```
3
```

2차원 배열의 총 원소의 개수를 알아보자.

```
arr=np.array([[1,2,3],[4,5,6]])
print(arr.size)
```

[실행 결과]

```
6
```

넘파이 배열 플레이스홀더(placeholder)

플레이스홀더를 이용해서 np.zeros(), np.ones(), np.empty()와 같은 다양한 함수를 제공하여 배열의 값을 초기화할 수 있다.

<표 4> 플레이스홀더 초기 함수

함수	설명
np.zeros()	zeros는 0으로 가득 찬 array를 생성
np.ones()	ones는 1로 가득 찬 array를 생성
np.empty()	empty는 초기화되지 않은 값으로 array 배열을 생성
np.full()	full은 모든 원소를 지정한 값으로 배열을 생성
np.eye()	대각선 원소를 모두 1로, 나머지 원소를 모두 0으로 채운 배열을 생성

10개의 원소를 모두 0으로 채워서 1차원 배열을 생성해보자.

```
a = np.zeros(10)
print(a)
```

[실행 결과]

```
[0. 0. 0. 0. 0. 0. 0. 0. 0. 0.]
```

9개의 원소를 모두 0으로 채워서 2차원 배열을 생성해보자.

```
b = np.zeros((3,3))
print(b)
```

[실행 결과]

```
[[0. 0. 0.]
 [0. 0. 0.]
 [0. 0. 0.]]
```

10개의 원소를 모두 1로 채워서 1차원 배열을 생성해보자.

```
a = np.ones(10)
print(a)
```

[실행 결과]

```
[1. 1. 1. 1. 1. 1. 1. 1. 1. 1.]
```

9개의 원소를 모두 1로 채워서 2차원 배열을 생성해보자.

```
b = np.ones((3,3))
print(b)
```

[실행 결과]

```
[[1. 1. 1.]
 [1. 1. 1.]
 [1. 1. 1.]]
```

2*3행렬의 원소를 모두 5로 채워서 2차원 배열을 생성해보자.

```
a=np.full((2,3), 5)
print(a)
```

[실행 결과]

```
[[5 5 5]
 [5 5 5]]
```

대각선 원소를 모두 1로, 나머지 원소를 모두 0으로 채워진 배열을 생성해 보자.

```
a=np.eye(3)
print(a)
```

[실행 결과]

```
[[1. 0. 0.]
 [0. 1. 0.]
```

```
[0. 0. 1.]]
```

진단문제

3행 3열이 모두 1.5의 실수형 값으로 채워진 배열을 생성하도록 밑줄 친 빈칸을 채워 완성하시오.

```
a= ____________________________
print(a)
```

[실행 결과]

```
[[1.5 1.5 1.5]
 [1.5 1.5 1.5]
 [1.5 1.5 1.5]]
```

넘파이 배열 arange()

넘파이 arange() 함수는 for 반복문 range 함수의 사용 방법과 비슷하다.

반복문의 range 함수는 정수 데이터만 사용할 수 있지만, np.arange는 실수 데이터 처리도 가능하다. 또한 range() 함수는 iterator 순서대로 처리하는 자료형을 반환하고, np.arange() 함수는 numpy array 자료형을 반환한다.

Tips

반복문을 활용해서 데이터를 순서대로 순회하면서 다음 값을 처리하는 것으로 리스트, 튜플, range, 문자열 등이 속한다. 하지만 딕셔너리와 set의 경우는 특별한 순서를 가지지 않는다.

np.arange(시작값, 종료값, step 증가/감소값)

정수 형태의 배열 생성

1부터 10까지 정수 형태로 배열을 생성해보자.

```
arr=np.arange(1,10)
print(arr)
```

[실행 결과]

```
[1 2 3 4 5 6 7 8 9]
```

실수 형태의 배열 생성

1부터 5.0까지 0.5씩 증가하는 실수 형태의 배열을 생성해보자.

```
arr=np.arange(1.0, 5.0, 0.5)
print(arr)
```

[실행 결과]

```
[1. 1.5 2. 2.5 3. 3.5 4. 4.5]
```

reshape() 함수

넘파이 배열에서 reshape() 함수는 현재 배열 차원을 다른 차원으로 변경할 수 있다.

np.reshape(arr, 차원)

reshape() 함수를 사용하여 1차원 배열을 2차원 배열 구조로 변경해보자.

```
import numpy as np
arr = np.arange(8).reshape((2, 4))
print(arr)
```

[실행 결과]

```
[[0 1 2 3]
 [4 5 6 7]]
```

진단문제

넘파이 배열에서 arrange(6) 힘수를 사용하여 [0,1,2,3,4,5] 배열 요소를 [실행 결과]와 같이 reshape() 함수를 이용하여 밑줄 친 빈칸을 채워 완성하시오.

```
arr1 = ______________________________
print(arr1)
```

[실행 결과]

```
[[0 1 2]
 [3 4 5]]
```

넘파이 배열 추가 / 삽입 / 삭제 / 중복 제거

넘파이 배열에서는 배열 요소 끝에 추가, 특정 위치에 삽입, 필요 없는 요소 삭제를 할 수 있다.

append()

배열 요소 끝에 배열 항목값을 추가하기 위해 append() 함수를 사용한다.

np.append(arr, values, axis=None)

❶ 1차원 배열

```
import numpy as np
arr1=np.array([1,2,3])
print(arr1)
```

[실행 결과]

```
[1 2 3]
```

arr1 1차원 배열에 항목 10을 추가해보자.

```
arr2=np.append(arr1, 10)                #배열 끝에 항목 10을 추가
print(arr2)
```

[실행 결과]

```
[1 2 3 10]
```

❷ 2차원 배열 : 행 끝에 추가

```
arr1 = np.array([[1,2,3],[4,5,6]])
print(arr1)
```

[실행 결과]

```
[[1 2 3]
 [4 5 6]]
```

arr1 2차원 배열에 항목 [7,8,9]를 추가해보자.

```
arr2=np.array([[7,8,9]])
print(np.append(arr1,arr2, axis=0))     #axis=0은 행을 기준으로 2차원 배열에 추가됨
```

[실행 결과]

```
[[1 2 3]
 [4 5 6]
 [7 8 9]]
```

Tips **append() 함수에 axis가 생략될 경우**

```
arr1 = np.array([[1,2,3],[4,5,6]])
arr2=np.array([[7,8,9]])                  #axis가 생략되면 1차원 배열로 간주되어 추가됨
print(np.append(arr1,arr2))
```

[실행 결과]

```
[1 2 3 4 5 6 7 8 9]
```

insert()

넘파이 배열에서는 배열 위치에 항목값을 삽입하기 위해 insert() 함수를 사용한다. 추가할 방향은 axis로 지정하며, axis를 지정하지 않으면 1차원 배열로 간주된다.

np.insert(arr, obj, values, axis=None)

❶ 1차원 배열

```
import numpy as np
arr1=np.array([1,2,3])
print(arr1)
```

[실행 결과]

```
[1 2 3]
```

arr1 1차원 배열 인덱스 0번째 위치에 항목 0을 삽입해보자.

```
arr2=np.insert(arr1,0,0)                  #인덱스 0번째 값 0을 삽입
print(arr2)
```

[실행 결과]

```
[0 1 2 3]
```

❷ 2차원 배열 : 행 기준 삽입

2차원 배열일 경우에는 axis를 지정해야 한다. 이때 axis=0이면 행, axis=1이면 열로 간주한다.

```
arr1 = np.array([[1,2,3],[4,5,6]])
print(arr1)
```

[실행 결과]

```
[[1 2 3]
 [4 5 6]]
```

arr1 2차원 배열 1행에 항목 10을 모두 삽입해보자.

```
arr2=np.insert(arr1, 1, 10, axis=0)          #행 기준으로  1행에 항목값 10을 삽입
print(arr2)
```

[실행 결과]

```
[[ 1  2  3]
 [10 10 10]
 [ 4  5  6]]
```

❸ 2차원 배열 : 열 기준 삽입

```
arr1 = np.array([[1,2,3],[4,5,6]])
print(arr1)
```

[실행 결과]

```
[[1 2 3]
 [4 5 6]]
```

arr1 2차원 배열 1열에 항목 10을 모두 삽입해보자.

```
arr2=np.insert(arr1, 1, 10, axis=1)          #열 기준으로 1열에 항목값 10을 삽입
print(arr2)
```

[실행 결과]

```
[[ 1 10  2  3]
 [ 4 10  5  6]]
```

delete()

배열 요소를 삭제하기 위해 delete() 함수를 사용한다. axis는 어느 축에서 삭제할 것인지를 지정한다.

np.delete(arr, obj, axis=None)

❶ 1차원 배열

```
import numpy as np
arr1=np.array([1,2,3])
print(arr1)
```

[실행 결과]

```
[1 2 3]
```

arr1 1차원 배열 0번째 인덱스 항목을 삭제해보자.

```
print(np.delete(arr1,0))                #인덱스 0번째 위치 항목값을 삭제
```

[실행 결과]

```
[2 3]
```

❷ 2차원 배열

axis=0이면 행을 제거하고, axis=1이면 열을 제거한다.

```
arr1 = np.array([[1,2,3],[4,5,6]])
print(arr1)
```

[실행 결과]

```
[[1 2 3]
 [4 5 6]]
```

arr1 2차원 배열 1번째 행 인덱스 축을 따라 항목을 모두 삭제해보자.

```
print(np.delete(arr1, 1, axis=0))     #1번째 행 인덱스 축을 따라 서브 배열 행 모두 삭제
```

[실행 결과]

```
[[1 2 3]]
```

arr1 2차원 배열 1번째 열 인덱스 축을 따라 항목을 모두 삭제해보자.

```
print(np.delete(arr1, 1, axis=1))     #1번째 열 인덱스 축을 따라 서브 배열 열 모두 삭제
```

[실행 결과]

```
[[1 3]
 [4 6]]
```

Tips

print(np.delete(arr1, 1, 0))은 print(np.delete(arr1, 1, axis=0))과 같은 의미로 1번째 인덱스 축을 따라 서브 배열 행이 모두 삭제되었다.

```
[1 2 3]                 [[1 2 3]]
[[4 5 6]]   → 삭제됨
```

print(np.delete(arr1, 1, 1))은 print(np.delete(arr1, 1, axis=1))과 같은 의미로 1번째 인덱스 축을 따라 서브 배열 열이 모두 삭제되었다.

```
[[1 2 3]                 [[1 3]
  [4 5 6]   → 삭제됨       4 6]]
```

unique

unique() 함수는 중복된 요소값들을 제거한 후, 오름차순으로 정렬하여 배열 요소를 리턴한다.

np.unique(arr, axis=None)

❶ 1차원 행렬

```
arr1=np.unique([2,1,1,2,2,3,3,1])
print(arr1)
```

[실행 결과]

```
[1 2 3]
```

❷ 2차원 행렬 : 중복된 원소 제거

```
arr1=np.array([[2,3,4],
               [5,4,7],
               [4,2,3]])
arr2=np.unique(arr1)          #axis가 생략되었으므로 1차원으로 간주됨
print(arr2)
```

[실행 결과]

```
[2 3 4 5 7]
```

❸ 2차원 행렬 : 중복된 행을 제거하고 오름차순 정렬하여 고유한 행만 반환

```
arr1=np.array([[2,3,2],
               [2,3,2],
               [3,3,3]])
arr2=np.unique(arr1, axis=0)          #axis=0이면 행의 중복된 배열 요소를 제거
print(arr2)
```

[실행 결과]

```
[[2 3 3]
 [2 3 5]
```

❹ 2차원 행렬 : 중복된 열을 제거하고 오름차순 정렬하여 고유한 열만 반환

```
arr1=np.array([[2,3,2],
               [2,3,2],
               [3,3,3]])
arr2=np.unique(arr1, axis=1)          #axis=1이면 열의 중복된 배열 요소를 제거
print(arr2)
```

[실행 결과]

```
[[2 3]
 [2 3]
 [3 3]]
```

진단문제

넘파이 배열에서 중복된 문자열 원소를 제거하고 고유한 원소만 정렬하여 출력되도록 밑줄 친 빈칸을 채워 완성하시오.

```
import numpy as np
arr1 = np.array([['a', 'c', 'c', 'b', 'a'],
                 ['b', 'b', 'c', 'a', 'c'],
                 ['b', 'a', 'a', 'a', 'c']])
arr2= ____________________________
print(arr2)
```

[실행 결과]

```
['a' 'b' 'c']
```

넘파이 배열 결합

넘파이 배열에서는 배열 원소를 concatenate(), hstack(), vstack() 등을 이용하여 결합할 수 있다.

concatenate()

배열 원소를 np.concatenate() 함수를 이용하여 결합할 수 있다.

np.concatenate((arr....), axis=None)

❶ 1차원 배열

```
import numpy as np
arr1 = np.array([1, 2, 3])
arr2 = np.array([4, 5, 6])
arr3 = np.array([7, 8, 9])
arr4= np.concatenate((arr1, arr2, arr3))
print(arr4)
```

[실행 결과]

```
[1 2 3 4 5 6 7 8 9]
```

❷ 2차원 배열 : 행 기준 결합

```
import numpy as np
arr1 = np.array([[1, 2], [3, 4]])
arr2 = np.array([[5, 6], [7, 8]])
arr3 = np.concatenate((arr1, arr2), axis=0)
print(arr3)
```

[실행 결과]

```
[[1 2]
 [3 4]
 [5 6]
 [7 8]]
```

❸ 2차원 배열 : 열 기준 결합

```
import numpy as np
arr1 = np.array([[1, 2], [3, 4]])
arr2 = np.array([[5, 6], [7, 8]])
arr3 = np.concatenate((arr1, arr2), axis=1)
print(arr3)
```

[실행 결과]

```
[[1 2 5 6]
 [3 4 7 8]]
```

vstatck()

vstatck() 함수는 배열을 열로 결합할 때 사용한다. 결합 시 배열 열의 개수가 일치해야 하며, 배열의 행은 일치하지 않아도 된다.

numpy.hstack(tup, *, dtype=None)

❶ 열 결합 : 2차원(2행 3열)

```
arr1=np.array([1, 2, 3])
arr2=np.array([4, 5, 6])
np.vstack((arr1, arr2))
```

[실행 결과]

```
array([[1, 2, 3],
   [4, 5, 6]])
```

❷ 열 결합 : 2차원(6행 1열)

```
arr1 = np.array([[1], [2], [3]])
arr2 = np.array([[4], [5], [6]])
np.vstack((arr1, arr2)
```

[실행 결과]

```
array([[1],
   [2],
   [3],
   [4],
   [5],
   [6]])
```

hstack()

hstatck() 함수는 배열을 행으로 결합할 때 사용한다. 결합 시 배열 행이 일치해야 하며, 요소 개수인 열은 일치하지 않아도 된다.

numpy.hstack(tup, *, dtype=None)

❶ 행 결합 : 1차원

```
arr1=np.array([1, 2, 3])
arr2=np.array([4, 5, 6])
np.hstack((arr1, arr2))
```

[실행 결과]

```
array([1, 2, 3, 4, 5, 6])
```

❷ 행 결합 : 2차원(3행 2열)

```
arr1 = np.array([[1], [2], [3]])
arr2 = np.array([[4], [5], [6]])
np.hstack((arr1, arr2)
```

[실행 결과]

```
array([[1, 4],
    [2, 5],
    [3, 6]])
```

넘파이 배열 분리

split(), hsplit(), vsplit() 함수 등을 사용하여 배열을 분리할 수 있다.

split()

넘파이 배열에서 배열 원소의 배열을 분리할 수 있는데, 이때 동일한 크기로 분리하지 않으면 오류(ValueError)가 발생한다.

▶ axis=0

np.split(arr, indices_or_sections, axis=0) #행 기준으로 분할

```
import numpy as np
arr=np.arange(18).reshape(6,3)
print(arr)
```

[실행 결과]

```
[[0 1 2]
 [3 4 5]
 [6 7 8]
 [9 10 11]
 [12 13 14]
 [15 16 17]]
```

배열을 행으로 분할하려면 6의 약수인 1, 2, 3, 6으로만 할 수 있다. 이때 1은 6의 약수이긴 하지만 1로 설정하면 분리되지 않고 원래 arr 배열 그대로 나오기 때문에 의미가 없다. 1을 제외하고 2, 3, 6으로 배열의 크기를 나누어보자.

❶ 행 기준으로 분리 : 2로 분리한 경우

```
np.split(arr,2, axis=0)
```

[실행 결과]

```
[array([[0,1,2],
   [3,4,5],
   [6,7,8]]),
 array([[ 9,10,11],
   [12,13,14],
   [15,16,17]])]
```

❷ 행 기준으로 분리 : 3으로 분리한 경우

```
np.split(arr,3, axis=0)
```

[실행 결과]

```
[array([[0,1,2],
   [3,4,5]]),
 array([[ 6, 7, 8],
   [ 9,10,11]]),
 array([[12,13,14],
   [15,16,17]])]
```

❸ 행 기준으로 분리 : 6으로 분리한 경우

```
np.split(arr,6, axis=0)
```

[실행 결과]

```
[array([[0,1,2]]),
 array([[3,4,5]]),
 array([[6,7,8]]),
 array([[ 9,10,11]]),
 array([[12,13,14]]),
 array([[15,16,17]])]
```

▶ axis=1

np.split(arr, indices_or_sections, axis=1) #열 기준으로 분할

```
import numpy as np
arr=np.arange(18).reshape(6,3)
print(arr)
```

[실행 결과]

```
[[0 1 2]
 [3 4 5]
 [6 7 8]
 [9 10 11]
 [12 13 14]
 [15 16 17]]
```

배열을 열로 분할하려면 1, 3으로만 할 수 있다. 앞서 언급했듯이 1로 분할하면 원래 arr 그대로 나오므로 1을 제외하고 3으로 배열의 크기를 나누어보자.

❶ 열 기준으로 분리 : 3으로 분리한 경우

```
np.split(arr,3,axis=1)
```

[실행 결과]

```
[array([[0, 1, 2],
        [3, 4, 5]]),
 array([[ 6, 7, 8],
        [ 9, 10, 11]]),
 array([[12, 13, 14],
        [15, 16, 17]])]
```

❷ 열 기준으로 분리 : [2]를 사용하여 다시 여러 수평선으로 분리한 경우

```
np.split(arr,[2], axis=1)
```

[실행 결과]

```
[array([[ 0, 1],
        [ 3, 4],
        [ 6, 7],
        [ 9, 10],
```

```
     [12,13],
     [15,16]]),
 array([[ 2],
     [ 5],
     [ 8],
     [11],
     [14],
     [17]])]
```

hsplit()

hsplit() 함수를 이용하여 배열 원소를 열로 분리할 수 있다.

np.split(arr, ndices or section)

```
import numpy as np
arr=np.arange(18).reshape(6,3)
print(arr)
```

[실행 결과]

```
[[0 1 2]
 [3 4 5]
 [6 7 8]
 [9 10 11]
 [12 13 14]
 [15 16 17]]
```

hsplit() 함수를 이용한 열 분리는 1, 3으로만 할 수 있다.

❶ 수직 열 3개로 분리

```
np.hsplit(arr,3)
```

[실행 결과]

```
[array([[ 0],
     [ 3],
     [ 6],
     [ 9],
     [12],
     [15]]),
 array([[ 1],
```

```
 [4],
 [7],
 [10],
 [13],
 [16]]),
array([[ 2],
 [ 5],
 [ 8],
 [11],
 [14],
 [17]])]
```

vsplit()

vsplit() 함수를 이용하여 배열 원소를 행으로 분리할 수 있다.

np.vsplit(arr, np.split(arr, ndices or section)

```
import numpy as np
arr=np.arange(18).reshape(6,3)
print(arr)
```

[실행 결과]

```
[[0 1 2]
 [3 4 5]
 [6 7 8]
 [9 10 11]
 [12 13 14]
 [15 16 17]]
```

❶ 행 기준으로 분리 : 2로 분리한 경우

```
np.vsplit(arr,2)
```

[실행 결과]

```
[array([[0., 1., 2., 3.],
 [4., 5., 6., 7.]]),
 array([[ 8., 9., 10., 11.],
 [12., 13., 14., 15.]])]
```

❷ 행 기준으로 분리 : 3으로 분리한 경우

```
np.vsplit(arr,3)
```

[실행 결과]

```
[array([[0,1,2],
    [3,4,5]]),
 array([[ 6, 7, 8],
    [ 9,10,11]]),
 array([[12,13,14],
    [15,16,17]])]
```

❸ 행 기준으로 분리 : 6으로 분리한 경우

```
np.vsplit(arr,6)
```

[실행 결과]

```
[array([[0,1,2]]),
 array([[3,4,5]]),
 array([[6,7,8]]),
 array([[ 9,10,11]]),
 array([[12,13,14]]),
 array([[15,16,17]])]
```

dsplit()

dsplit() 함수를 사용하여 깊이를 지정한 3차원 배열 분할이 가능하다. 3차원 이상에서만 사용할 수 있다.

np.array_split(array, indices or section, axis=2)

```
import numpy as np
arr=np.arange(16).reshape(2,2,4)
print(arr)
```

[실행 결과]

```
[[[0 1 2 3]
  [4 5 6 7]]

 [[ 8 9 10 11]
  [12 13 14 15]]]
```

arr 배열에 적용하려면 axis=2이어야 하므로 4의 약수인 1, 2, 4만 이용하여 깊이 분할이 가능하다.

```
np.dsplit(arr,2)
```

[실행 결과]

```
[array([[[ 0, 1],
    [ 4, 5]],

   [[ 8, 9],
    [12,13]]]),
 array([[[ 2, 3],
    [ 6, 7]],
   [[10,11],
    [14,15]]])]
```

진단문제

0~15까지 4행 4열의 2차원 배열을 생성한 후, [실행 결과]와 같이 배열 수직 분리를 위해 밑줄 친 빈칸을 채워 완성하시오.

```
arr = np.arange(16.0).reshape(4,4)
print(arr)
```

[실행 결과]

```
[[ 0. 1. 2. 3.]
 [ 4. 5. 6. 7.]
 [ 8. 9. 10. 11.]
 [12. 13. 14. 15.]]
```

▶ 배열 분리

____

[실행 결과]

```
[array([[ 0., 1.],
    [ 4., 5.],
    [ 8., 9.],
    [12., 13.]]),
 array([[ 2., 3.],
    [ 6., 7.],
    [10., 11.],
    [14., 15.]])]
```

넘파이 인덱싱 / 슬라이싱

넘파이 배열에서 파이썬 리스트 자료형을 인덱스하는 것처럼 넘파이 배열도 인덱싱이 가능하다. 이때 인덱싱은 항상 0으로 시작하고 1차원인 경우 행, 2차원인 경우 행렬에 대한 인덱스로 자료 접근을 할 수 있다.

배열 객체[인덱스]　　　　　#1차원 배열
배열 객체[인덱스][인덱스]　　#2차원 배열

넘파이 인덱싱

```
import numpy as np
arr= np.array( [1, 2, 3] )
arr[0]                          #0번째 인덱스
```

[실행 결과]

```
1
```

```
arr[0:2]                        #0번째 인덱스 위치부터  2번째 요소까지의 배열
```

[실행 결과]

```
array([1, 2])
```

```
arr[: 3]                        #처음 인덱스 위치부터  3번째 요소까지의 배열
```

[실행 결과]

```
array([1, 2, 3])
```

```
arr[1: ]                        #1번째 인덱스 위치부터 끝 요소까지의 배열
```

[실행 결과]

```
array([2, 3])
```

```
arr[-2: ]                       #-2번째 인덱스 위치부터 끝 요소까지의 배열
```

[실행 결과]

```
array([2, 3])
```

```
arr=np.array([[1,2,3], [4,5,6], [7,8,9]])
print(arr[0][1])            #0행 1열 위치의 배열
```

[실행 결과]

```
2
```

```
print(arr[2][2])            #2행 2열 위치의 배열
```

[실행 결과]

```
9
```

진단문제

생성된 넘파이 배열을 처음부터 끝까지 [실행 결과]와 같이 출력하는 인덱싱을 밑줄 친 빈칸을 채워 완성하시오..

```
import numpy as np
arr=np.array([1,2,3])
______________________
```

[실행 결과]

```
array([1, 2, 3])
```

넘파이 슬라이싱

넘파이 배열에서 파이썬 리스트 자료형을 슬라이싱하는 것처럼 슬라이싱은 리스트의 인덱스 번호를 이용해서 배열 요소 일부분 또는 전체를 추출할 수 있다.

배열 객체[시작 인덱스: 종료 인덱스]

배열에서 0행부터 3행까지만 인덱스를 지정하여 슬라이싱을 진행해보자.

```
import numpy as np
arr=np.array([[1,2,3], [4,5,6], [7,8,9]])
print(arr[0:3])                   #0행부터 3행까지
```

[실행 결과]

```
[[1 2 3]
 [4 5 6]
 [7 8 9]]
```

Tips

배열 슬라이싱할 때, index는 0부터 전체 길이-1까지로 표현한다.
만약 아무것도 입력하지 않고 :(콜론)만 사용할 경우, 모든 행 또는 모든 열을 의미한다.

배열에서 0행부터 2행까지만 인덱스를 지정하여 슬라이싱을 진행해보자.

```
arr=np.array([[1,2,3], [4,5,6], [7,8,9]])
print(arr[0:2])                         #0행부터 2행까지
```

[실행 결과]

```
[[1 2 3]
 [4 5 6]]
```

배열에서 처음부터 2행 2열까지만 배열 인덱스를 지정하여 슬라이싱을 진행해보자.

```
arr=np.array([[1,2,3], [4,5,6], [7,8,9]])
print(arr[:2, :2])                      #처음부터 2행 2열까지
```

[실행 결과]

```
[[1 2]
 [4 5]]
```

배열에서 1행 이후, 1열부터 끝까지 인덱스를 지정하여 슬라이싱을 진행해보자.

```
arr=np.array([[1,2,3], [4,5,6], [7,8,9]])
print(arr[1:, 1:])                      #1행 이후, 1열부터 끝까지
```

[실행 결과]

```
[[5 6]
 [8 9]]
```

배열에서 2행 이후, 열 인덱스 1번째에서 3번째 요소까지를 지정하여 슬라이싱을 진행해보자.

```
arr=np.array([[1,2,3], [4,5,6], [7,8,9]])
print(arr[2:, 1:3])                     #2행 이후, 열 인덱스 1번째에서 3번째 요소까지
```

[실행 결과]

```
[[8 9]]
```

배열에서 세로 1열만 인덱스로 지정하여 슬라이싱을 진행해보자.

```
arr=np.array([[1,2,3], [4,5,6], [7,8,9]])
print(arr[ :, 1])            # 세로 1열
```

[실행 결과]

```
[2 5 8]
```

넘파이 배열 연산

넘파이 배열에서 생성된 배열 객체끼리 +, -, *, / 사칙 연산자를 사용한 사칙 연산이 가능하고, add(), subtract(), multiply(), divide() 함수를 사용한 사칙 연산도 가능하다.

넘파이 덧셈

연산자 '+'를 이용하는 방법과 add() 함수를 이용하는 두 가지 방법이 있다.

❶ 덧셈 '+' 연산

```
import numpy as np
num1 = np.array([1,2,3])
num2 = np.array([4,5,6])
num3=num1+num2
print(num3)
```

[실행 결과]

```
[5 7 9]
```

❷ add() 함수

```
num3=np.add(num1, num2)
print(num3)
```

[실행 결과]

```
[5 7 9]
```

넘파이 뺄셈

연산자 '-'를 이용하는 방법과 subtract() 함수를 이용하는 두 가지 방법이 있다.

❶ 뺄셈 '-' 연산

```
num1 = np.array([1,2,3])
```

```
num2 = np.array([4,5,6])
num3=num2-num1
print(num3)
```

[실행 결과]

```
[3 3 3]
```

❷ subtract() 함수

```
num3=np.subtract(num2,num1)
print(num3)
```

[실행 결과]

```
[3 3 3]
```

넘파이 곱셈

연산자 '*'를 이용하는 방법과 multiply() 함수를 이용하는 두 가지 방법이 있다.

❶곱셈 '*' 연산

```
num1 = np.array([1,2,3])
num2 = np.array([4,5,6])
num3=num1*num2
print(num3)
```

[실행 결과]

```
[ 4 10 18]
```

❷ multiply() 함수

```
num3=np.multiply(num1, num2)
print(num3)
```

[실행 결과]

```
[ 4 10 18]
```

넘파이 나눗셈

연산자 '/'를 이용하는 방법과 divide() 함수를 이용하는 두 가지 방법이 있다

❶ 나눗셈 '/' 연산

```
num1 = np.array([1,2,3])
num2 = np.array([4,5,6])
num3=num1/num2
print(num3)
```

[실행 결과]

```
[0.25 0.4 0.5 ]
```

❷ divide() 함수

```
num3=np.divide(num1, num2)
print(num3)
```

[실행 결과]

```
[0.25 0.4 0.5 ]
```

넘파이 행렬의 곱

dot() 함수를 이용하여 행렬의 곱 연산이 가능하다.

```
import numpy as np
num1 = [[1,2], [3,4]]
num2 = [[5,6], [7,8]]
arr1 = np.array(num1)
arr2 = np.array(num2)
arr3= np.dot(arr1, arr2)
print(arr3)
```

[실행 결과]

```
[[19 22]
 [43 50]]
```

넘파이 배열 원소의 합계

sum() 함수를 이용하여 모든 원소의 합계 연산이 가능하다.

```
import numpy as np
num1 = [[1,2], [3,4]]
s=np.sum(num1)
print("합=",s)
```

[실행 결과]

```
합= 10
```

행별 연산은 sum() 옵션으로 axis=0을 표기하여 구분한다.

```
import numpy as np
num1 = np.array([[1,2], [3,4]])
print("행별 연산 합=",num1.sum(axis=0))
```

[실행 결과]

```
행별 연산 합= [4 6]
```

열별 연산은 sum() 옵션으로 axis=1을 표기하여 구분한다.

```
import numpy as np
num1 = np.array([[1,2], [3,4]])
print("열별 연산 합=",num1.sum(axis=1))
```

[실행 결과]

```
열 합= [3 7]
```

넘파이 배열 평균

mean() 함수를 이용하여 평균 연산이 가능하다.

```
num1=np.array([1,2,3])
print("평균=",num1.mean())
```

[실행 결과]

```
평균= 2.0
```

넘파이 배열 최댓값

max() 함수를 이용하여 배열 원소의 최댓값을 구할 수 있다.

```
import numpy as np
arr=np.array([90,80,100,70,65])
print("최댓값:",np.max(arr))
```

[실행 결과]

```
최댓값: 100
```

넘파이 배열 최솟값

min() 함수를 이용하여 배열 원소의 최솟값을 구할 수 있다.

```
import numpy as np
arr=np.array([90,80,100,70,65])
print("최솟값:",np.min(arr))
```

[실행 결과]

```
최솟값: 65
```

넘파이 배열 최댓값/최솟값 인덱스

배열 요소의 최댓값/최솟값이 속한 인덱스 위치값을 색인하여 출력할 수 있다. 최댓값 인덱스는 argmax() 함수를 사용하고 최솟값 인덱스는 argmin() 함수를 이용한다.

```
import numpy as np
arr=np.array([90,80,100,70,65])
print("최댓값 인덱스", np.argmax(arr))
print("최솟값 인덱스", np.argmin(arr))
```

[실행 결과]

```
최댓값 인덱스 2
최솟값 인덱스 4
```

넘파이 배열 누적 합

cumsum() 함수를 이용하여 배열 요소의 누적 합을 계산할 수 있다.

```
import numpy as np
arr= np.array([[1, 2, 3], [4, 5, 6]])
print(np.cumsum(arr))
```

[실행 결과]

```
[1 3 6 10 15 21]
```

넘파이 배열 표준편차

std() 함수를 이용하여 표준편차 연산이 가능하다.

```
import numpy as np
num1 = np.array([[1,2], [3,4]])
print("표준편차=",num1.std())
```

[실행 결과]

```
표준편차= 1.118033988749895
```

넘파이 배열 분산

var() 함수를 이용하여 분산 연산이 가능하다.

```
import numpy as np
num1 = np.array([[1,2], [3,4]])
print("분산=",num1.var())
```

[실행 결과]

```
분산= 1.25
```

넘파이 제곱근

리스트 변수 원소를 sqrt() 함수를 이용하여 제곱근 연산 변환할 수 있다.

```
import numpy as np
num1=np.sqrt([1,2,4,9,16])
print("제곱근=",num1)
```

[실행 결과]

```
제곱근= [1.         1.41421356 2.         3.         4.        ]
```

넘파이 배열 제곱하기

리스트 변수 원소를 square() 함수를 이용하여 제곱 연산할 수 있다.

```
import numpy as np
num1=np.square([1,2,4,9,6])
print("제곱=",num1)
```

[실행 결과]

```
제곱= [ 1  4 16 81 36]
```

넘파이 배열 행/열 전환

transpose() 함수를 이용하여 행을 열로, 열을 행으로 변환할 수 있다.

```
num1 = np.array([[1,2,3],[4,5,6]])
print(num1)
```

[실행 결과]

```
[[1 2 3]
 [4 5 6]]
```

↓

```
num1 = np.array([[1,2,3],[4,5,6]])
print(num1.transpose())
```

[실행 결과]

```
[[1 4]
 [2 5]
 [3 6]]
```

진단문제

넘파이 배열 함수를 이용하여 [실행 결과]와 같이 분산 연산이 가능하도록 밑줄 친 빈칸을 채워 완성하시오.

```
num1=np.array([1,2,3])
        ______________________
```

[실행 결과]

```
분산= 0.6666666666666666
```

넘파이 수학함수

소수점 자리의 처리를 위해 round(), ceil(), floor(), trunc(), abs() 함수를 사용하고 부호 및 난수를 처리하기 위해 sign(), random() 함수를 이용한다.

넘파이 반올림

round() 함수는 소수점 자리의 숫자를 반올림한다.

```
import numpy as np
print(np.round(525.5326))
```

[실행 결과]

```
526.0
```

넘파이 올림

ceil() 함수는 소수점 자리의 숫자를 무조건 올림한다.

```
print(np.ceil(525.5326))
```

[실행 결과]

```
526.0
```

넘파이 내림

floor() 함수는 소수점 자리의 숫자를 무조건 내림한다.

```
print(np.floor(525.5326))
```

[실행 결과]

```
525.0
```

넘파이 버림

trunc() 함수는 소수점 자리의 숫자를 무조건 버린다.

```
print(np.trunc(525.5326))
```

[실행 결과]

```
525.0
```

넘파이 절대값

abs() 함수는 숫자가 음수인 경우 양수로, 양수인 경우에는 양수를 그대로 출력한다

```
print(np.abs(-525.5326))
```

[실행 결과]

```
525.5326
```

넘파이 부호

sign() 함수는 숫자의 부호를 반환할 때 음수인 경우에는 -1을, 양수인 경우에는 1을, 0인 경우에는 0을 출력한다.

```
print(np.sign(525))
```

[실행 결과]

```
1
```

```
print(np.sign(0))
```

[실행 결과]

```
0
```

```
print(np.sign(-525))
```

[실행 결과]

```
-1
```

넘파이 난수

넘파이 라이브러리에서는 랜덤 모듈의 다양한 함수를 사용해서 특정 범위, 개수 형태를 갖는 난수를 생성할 수 있다.

❶ random.rand()

random.rand() 함수는 주어진 형태의 난수를 생성한다.

a. 5개의 난수 발생

```
import numpy as np

a = np.random.rand(5)
print(a)
```

[실행 결과]

```
[0.0398365 0.66166388 0.91021227 0.22951819 0.36837649]
```

b. 2행 3열 난수 발생

```
b = np.random.rand(2, 3)
print(b)
[[0.76480611 0.29926692 0.78955152]
```

[실행 결과]

```
[0.26388808 0.37051377 0.3186363 ]]
```

❷ random.randint()

random.randint() 함수는 (최솟값, 최댓값)의 범위 사이에서 난수 정수를 만든다.

a. 특정 범위 2와 4 사이에서 5개의 난수 정수 발생

```
import numpy as np
a = np.random.randint(2, 4, size=5)
print(a)
```

[실행 결과]

```
[2 3 2 3 2]
```

b. 특정 범위 5와 10 사이의 2행 3열 난수 정수 발생

```
import numpy as np
b = np.random.randint(5,10, size=(2, 3))
print(b)
```

[실행 결과]

```
[[9 8 8]
 [8 6 9]]
```

진단문제

넘파이 수학함수를 이용하여 결과값이 올바르게 출력되도록 밑줄 친 빈칸을 채워 완성하시오.

```
print(np._______(-3.22))
```

[실행 결과]

```
3
```

```
print(np._______(5.6))
```

[실행 결과]

```
6
```

```
print(np._______(3.6))
```

[실행 결과]

```
3
```

넘파이 배열 정렬

넘파이 배열 요소를 오름차순/내림차순을 지정하여 정렬할 수 있다.

배열 오름차순 정렬

sort() 함수는 배열 원소를 오름차순 기준으로 정렬한다.

np.sort(arr, axis=None)

❶ 1차원 배열

```
arr1=np.array([4, 2, 6, 5, 1, 3, 0])
arr2=np.sort(arr1)
print(arr2)
```

[실행 결과]

```
[0 1 2 3 4 5 6]
```

❷ 2차원 배열 : 행 기준으로 정렬

```
arr1=np.array([[2,1,6],
               [0,7,4],
               [5,3,2]])
arr2=np.sort(arr1, axis=0)
print(arr2)
```

[실행 결과]

```
[[0 1 2]
 [2 3 4]
 [5 7 6]]
```

❸ 2차원 배열 : 열 기준으로 정렬

```
arr1=np.array([[2,1,6],
               [0,7,4],
               [5,3,2]])
arr2=np.sort(arr1, axis=1)
  print(arr2)
```

[실행 결과]

```
[[1 2 6]
```

```
[0 4 7]
[2 3 5]]
```

배열 내림차순 정렬

배열 원소를 다음과 같이 2가지 방법으로 내림차순 정렬할 수 있다.

> ❶ np.sort(arr)[::-1]
> ❷ arr[np.argsort(-arr)]

❶ 1차원 배열

```
arr1=np.array([4, 2, 6, 5, 1, 3, 0])
arr2=np.sort(arr1)[::-1]
print(arr2)
```

[실행 결과]

```
[6 5 4 3 2 1 0]
```

여기서 잠깐　np.argsort() 함수

또 다른 방법으로 np.argsort()를 이용할 수 있다. 저장된 객체를 인덱스로 전달받아 정렬하는 방법이다. 이때 변수 앞에 - 의미는 내림차순이고 -를 생략하면 오름차순으로 정렬된다.

```
arr1=np.array([4, 2, 6, 5, 1, 3, 0])
arr2=arr1[np.argsort(-arr1)]
print(arr2)
```

[실행 결과]

```
[6 5 4 3 2 1 0]
```

❷ 2차원 배열 : 행 기준으로 정렬

```
arr1=np.array([[2,1,6],
               [0,7,4],
               [5,3,2]])
arr2=np.sort(arr1, axis=0)[::-1]
print(arr2)
```

[실행 결과]

```
[[5 7 6]
 [2 3 4]
 [0 1 2]]
```

❸ 2차원 배열 : 열 기준으로 정렬

```
arr1=np.array([[2,1,6],
               [0,7,4],
               [5,3,2]])
arr2=np.sort(arr1, axis=1)[::-1]
print(arr2)
```

[실행 결과]

```
[[2 3 5]
 [0 4 7]
 [1 2 6]]
```

진단문제

넘파이 배열 요소가 내림차순으로 정렬되어 출력되도록 밑줄 친 빈칸을 채워 완성하시오.

```
arr1 = np.array(['e','k','r','o','a'])
arr2 = ________________________
print(arr2)
```

[실행 결과]

```
['r' 'o' 'k' 'e' 'a']
```

요점정리

1. 넘파이 배열에서 축 기준이 axis=0이면 행, axis=1이면 열을 나타낸다.

2. 리스트 [1,2,3] 항목을 넘파이 배열 객체로 변환하기 위해 np.array() 함수를 사용한다.

3. 넘파이 배열 생성 시 dtype을 이용하여 옵션값을 np.int64로 지정하여 데이터 타입을 정수형으로 변환해 배열을 생성할 수 있다.

4. 넘파이 배열에서 astype() 함수는 이미 배열로 객체 처리된 데이터 자료형을 다른 자료형으로 변경할 수 있다.

5. 배열이 몇 차원 배열인지 알기 위해서는 '객체.ndim' 속성을 이용한다.

6. 배열의 총 원소의 개수를 알기 위해서는 '배열명.size' 속성을 이용한다.

7. 넘파이 배열에서 플레이스홀더(placeholder)는 배열 생성 시 초기값으로 배열을 생성할 수 있다.

함수	설명
np.zeros()	zeros는 0으로 가득 찬 array를 생성
np.ones()	ones는 1로 가득 찬 array를 생성
np.empty()	empty는 초기화되지 않은 값으로 array 배열을 생성
np.full()	full은 모든 원소를 지정한 값으로 배열을 생성
np.eye()	대각선 원소는 모두 1로, 나머지 원소는 모두 0으로 채워진 배열을 생성

8. 넘파이 배열에서 reshape() 함수는 현재 배열의 차원을 다른 차원으로 변경할 수 있다.

9. 넘파이 배열에서는 배열 요소 끝에 배열 항목값을 추가하기 위해 append() 함수를 사용한다.

10. 넘파이 배열에서는 배열 위치에 값을 삽입하기 위해 insert() 함수를 사용한다.

11. 넘파이 배열에서는 배열 요소를 삭제하기 위해 delete() 함수를 사용한다.

12. unique() 함수는 중복된 요소값들을 제거한 후, 오름차순으로 정렬하여 배열 요소를 리턴한다.

13. 넘파이 배열에서는 배열 원소를 concatenate(), hstack(), vstack() 등을 이용하여 결합할 수 있다.

14. 넘파이 배열에서는 split(), hsplit(), vsplit() 함수 등을 사용하여 배열을 분리할 수 있다.

15. 넘파이 배열에서 파이썬 리스트 자료형을 슬라이싱하는 것처럼 슬라이싱은 리스트의 인덱스 번호를 이용해서 배열 요소 일부분 또는 전체를 추출할 수 있다.

16. 넘파이 배열에서는 add(), subtract(), multiply(), divide() 함수를 사용한 사칙 연산도 가능하다.

17. 넘파이 배열은 var() 함수를 이용하여 분산 연산이 가능하다.

18. 넘파이 배열은 std() 함수를 이용하여 표준편차 연산이 가능하다.

19. 넘파이 배열은 sqrt() 함수를 이용하여 제곱근 연산이 가능하다.

20. 넘파이 배열은 mean() 함수를 이용하여 평균 연산이 가능하다.

21. 넘파이 배열에서 sort()는 배열 원소를 오름차순/내림차순 기준으로 정렬할 수 있다. 내림차순 정렬은 뒤에 [::-1]을 추가하면 된다.

연습문제

1. 파이썬에서 고성능의 수치 계산 및 다차원 배열을 쉽게 처리할 수 있도록 사용되는 라이브러리는? ( )

   ① pandas ② matplotlib ③ numpy ④ seaborn

2. 넘파이 사칙연산을 구하는 함수가 아닌 것은? ( )

   ① add() ② subtract() ③ suqare() ④ divide()

3. 넘파이에서 현재 배열의 차원을 다른 차원으로 변경하는 함수는? ( )

   ① reshape() ② arange() ③ array() ④ dtype()

4. 넘파이 배열에서 분리를 위해 사용되는 함수가 아닌 것은? ( )

   ① strip() ② split() ③ hsplit() ④ vsplit()

5. 넘파이 배열에서 결합을 위해 사용되는 함수가 아닌 것은? ( )

   ① concatenate() ② hstack() ③ concat ④ vstack()

6. 넘파이 배열에서 중복된 요소값들을 제거한 후 오름차순으로 정렬하여 배열 요소를 리턴하는 함수는? ( )

   ① distinct() ② unique() ③ remove() ④ extend()

7. 넘파이 배열 분산을 구하는 함수는? ( )

   ① var() ② std() ③ mean() ④ mode()

8. 넘파이 표준편차를 구하는 함수는? ( )

   ① var() ② std() ③ mean() ④ mode()

9. 배열 생성 시 대각선 원소는 모두 1로, 나머지 원소는 모두 0으로 채워서 배열을 생성하는 함수는? ( )

   ① full() ② ones() ③ zeros() ④ eye()

10. 배열이 몇 차원 배열인지 알기 위해 사용하는 속성은? ( )

① ndim ② size ③ shape ④ array

11. 넘파이 수학함수에서 소수점 값을 버리는 함수는? ( )

① round() ② ceil() ③ trunc() ④ rounddown()

12. 넘파이 배열 요소의 누적 합계를 구하는 함수는? ( )

① accsum() ② cumsum() ③ productsum() ④ addsum()

1. 리스트 변수 grade의 숫자 항목을 가지고 [실행 결과]와 같이 넘파이 배열의 총점과 평균을 구하는 프로그램을 작성하시오.

```
grade=[90,80,100,70,65]
```

[실행 결과]

```
총점: 405
평균: 81.0
```

2. 아래 생성된 배열을 이용하여 중복된 배열 요소를 제거한 후, [실행 결과]와 같이 OTT 서비스 업체를 출력하고 중복을 제외한 업체의 개수도 출력되도록 프로그램을 완성하시오.

```
arr=np.array(["애플TV","디즈니플러스","넷플릿스","아마존프라임","아마존프라임","애플TV","HBO"])
```

[실행 결과]

```
HBO
넷플릿스
디즈니플러스
아마존프라임
애플TV
인기 OTT 서비스=5개
```

3. arr 배열에서 중복된 숫자를 제외한 배열 요소를 [실행 결과]와 같이 출력하는 프로그램을 작성하시오.

```
arr=np.array([0, 100, 100, 80, 70, 80, 20, 10, 100, 100, 80, 70, 10, 30, 40])
```

[실행 결과]

```
중복 제외된 요소:0 10 20 30 40 70 80 100
```

4. arr 배열에서 숫자 항목을 내림차순 정렬하여 [실행 결과]와 같이 출력하는 프로그램을 작성하시오.

```
arr=np.array([80, 90, 80, 100, 60])
```

[실행 결과]

```
100
90
80
80
60
```

5. sales 배열에서 2주 동안의 커피 판매량 항목을 [실행 결과]와 같이 일별 판매량과 누적 판매량을 동시에 구하여 출력하는 프로그램을 작성하시오.

Hint : 누적 함수 cumsum()

```
sales=np.array([5,7,3,6,2,4,8,7,5,4,3,12,4,2])
```

[실행 결과]

```
1 일 판매량:5    누적 판매:5
2 일 판매량:7    누적 판매:12
3 일 판매량:3    누적 판매:15
4 일 판매량:6    누적 판매:21
5 일 판매량:2    누적 판매:23
6 일 판매량:4    누적 판매:27
7 일 판매량:8    누적 판매:35
8 일 판매량:7    누적 판매:42
9 일 판매량:5    누적 판매:47
10일 판매량:4    누적 판매:51
11일 판매량:3    누적 판매:54
12일 판매량:12   누적 판매:66
13일 판매량:4    누적 판매:70
14일 판매량:2    누적 판매:72
```

Introduction to **Data analysis**

CHAPTER

08

판다스(pandas) 라이브러리

학습목표

이번 학습 단원에서는 현업에서 많이 사용하는 판다스(pandas) 라이브러리를 학습한다.

판다스는 파이썬 데이터 처리를 위한 라이브러리로 실용적인 실제 데이터 분석을 수행하기 위해 설계되어 다루기가 쉽다. 또한 다양한 응용 명령으로 활용도 관련 함수 표현이 풍부한 데이터 구조를 제공하는 파이썬 패키지이다.

학습 목차

8.1 판다스(pandas) 라이브러리

판다스는 파이썬에서 실용적인 실제 데이터 분석을 수행하기 위해 설계되었으므로 다루기가 쉽고 다양한 응용 명령으로 유연하며 표현이 풍부한 데이터 구조를 제공한다. 데이터 구조가 엑셀과 같은 표의 형태로 구성되어 있어 이해하기 쉬운 분석 도구이며 수치를 통한 기초통계 및 계산 기능을 지원하는 라이브러리이다.

판다스

판다스는 엑셀 스프레드시트의 행과 열 구조와 비슷하게 구성되어 있으며, 빅데이터와 같이 데이터 양이 많을 때 사용한다. 판다스 라이브러리와 csv 파일을 잘 활용하면 데이터 분석을 효율적으로 다룰 수 있다.

판다스 설치

pip를 이용하여 간편하게 이용할 수 있는 판다스를 설치해보자.

아나콘다 플랫폼이 설치된 환경이라면 판다스 설치를 생략해도 좋다.

❶ 키보드 윈도우 키+ Ⓡ을 눌러 [cmd]를 입력하고 도스 창으로 빠져나간다.

```
C:\Users\dali3>
```

❷ 도스 모드에서 pip install pandas를 입력한다.

```
C:\Users\dali3>pip install pandas
```

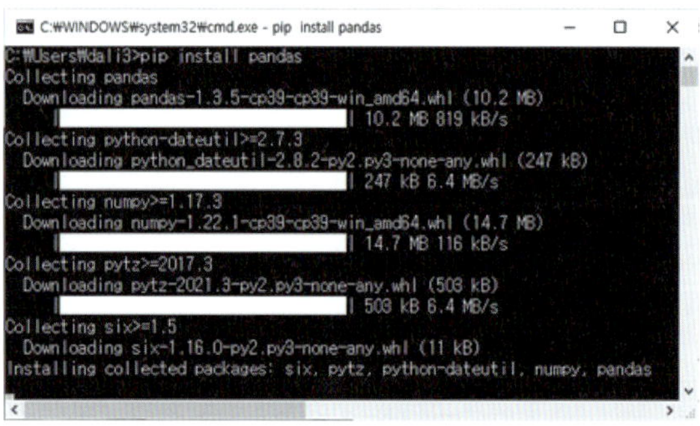

판다스 시리즈

최근 인공지능 및 빅데이터 관련된 곳에서는 파이썬 판다스를 많이 사용한다. 판다스의 데이터 처리는 대부분 시리즈와 데이터프레임으로 이루어지기 때문에 데이터 분석을 위해서는 매우 중요하다.

판다스 가져오기

판다스 라이브러리를 사용하기 위해 'import pandas as pd'를 입력한다.

시리즈 생성하기

시리즈는 앞서 학습한 딕셔너리 자료형 구조와 거의 비슷하다.

key	value
name	hong kil dong
hakbun	20230001
mobile	010-1234-5678

딕셔너리와 차이가 있다면 딕셔너리는 키(key)와 값(value) 한 쌍으로 이루어진 자료형이지만, 시리즈는 딕셔너리(dictionary)의 값(value) 한쪽만 해당되는 1차원 Column(열) 구조로만 이루어져 있다. 반면에 다음 절에 학습할 데이터프레임은 2차원 구조이므로 완벽한 테이블 형태의 구조를 가진 행, 열 구조로 구성되어 있다.

Series

Column1

DataFrame

Column1	Column2	Column3	Column4	Column5

❶ 딕셔너리를 이용하여 시리즈 생성

파이썬 딕셔너리 자료형을 사용하여 시리즈를 생성해보자.

```
import pandas as pd
score= {'kor': 90, 'eng': 80, 'math':100}
print(pd.Series(score))
```

[실행 결과]

```
kor   90
eng   80
math  100
dtype: int64
```

❷ 리스트를 이용하여 시리즈 생성

리스트를 이용하여 시리즈 생성이 가능하다. 이때 좌측의 행 인덱스가 0부터 자동으로 부여된다.

```
score=pd.Series([100, 50, 70, 90])
print(score)
0     100
1      50
2      70
3      90
dtype: int64
```

인덱스(index)

❸ arange를 이용하여 시리즈 생성

숫자 요소를 생성하기 위해 arange() 함수를 이용하려면 numpy 라이브러리를 가져와서 배열을 생성한다. 그런 다음 배열의 요소를 시리즈 값으로 사용할 수 있다. 이때에도 자동으로 행 인덱스에 번호가 부여된다.

```
import numpy as np
arr=np.arange(10,50,10)
num=pd.Series(arr)
print(num)
```

[실행 결과]

```
0 10
1 20
2 30
3 40
dtype: int32
```

행 인덱스 지정하기

1차원 객체인 시리즈에 대해서는 행 인덱스가 숫자 정수로 자동 부여되는데, 사용자는 부여된 행 인덱스를 임의로 변경할 수 있다.

Series([값], index=[지정할 인덱스])

❶ 함수 옵션으로 인덱스 직접 지정하기

시리즈 객체를 만들 때 왼쪽에 기본적으로 정수로 숫자가 생성되어 보이는 것을 확인할 수 있다. 이것이 시리즈 행에 해당되는 인덱스이다. 인덱스가 자동으로 생성되면서 시리즈는 드디어 인덱스와 값으로 구성된 모양을 갖추게 되는 것이다.

이제 행 인덱스(과목명)를 지정하고 값(성적 데이터)을 부여하여 시리즈를 생성해보자.

```
score = pd.Series([90, 80, 100], index=["kor", "eng", "math"])
print(score)
```

[실행 결과]

```
인덱스(index) →  kor    90  ← 값(values)
                 eng    80
                 math  100
                 dtype: int64
```

여기서 잠깐 　행 인덱스와 값을 분리하여 출력

시리즈에서는 행 인덱스(index)와 값(values)을 분리하여 출력할 수 있다.

```
print('시리즈 값(점수) : {}'.format(score.values))
print('시리즈 인덱스(과목명) : {}'.format(score.index))
```

[실행 결과]

```
시리즈 값(점수) : [90 80 100]
시리즈 인덱스(과목명) : Index(['kor', 'eng', 'math'], dtype='object')
```

❷ 매개변수로 지정

시리즈가 생성되면서 자동으로 행 인덱스가 숫자 정수로 부여되는데, 사용자가 부여된 행 인덱스를 'index=매개변수'를 이용하여 지정된 행 인덱스로 변경할 수도 있다.

```
score= [90,80,100]                              #시리즈 값
subject_index=["kor","eng","math"]              #인덱스 지정
print(pd.Series(score, index=subject_index))
```

[실행 결과]

```
        kor    90
인덱스  eng    80
        math  100
        dtype: int64
```

진단문제

인덱스(index)를 지정하고 값(values)을 부여하여 밑줄 친 빈칸을 채워 [실행 결과]와 같이 시리즈를 완성하시오.

```
stationery = _______________________________
print(stationery)
```

[실행 결과]

```
볼펜    1500
딱풀    600
지우개  300
dtype: int64
```

시리즈 활용하기

시리즈 데이터 생성하기

딕셔너리 자료형을 활용하여 아래 코드를 입력해 시리즈 데이터를 생성해보자.

이때 딕셔너리 키(key) 'sci'와 시리즈 인덱스 'soc'가 언매핑된 것을 확인할 수 있다.

즉, 시리즈를 생성했을 때 데이터 값 'sci'가 인덱스 'soc'와 언매핑(unmapped)되어서 가져올 값이 없으므로 행 인덱스 soc 값에는 NaN(Not a Number)으로 표시된 것이다.

```
dic_data = {'kor': 90, 'eng': 80, 'math': 100, 'sci': 90}
subject_index = ['kor', 'eng', 'math', 'soc']

grade = pd.Series(dic_data, index=subject_index)
print(grade)
```

[실행 결과]

```
kor     90.0
eng     80.0
math    100.0
soc     NaN
dtype: float64
```

결측치 제거하기

결측치(missing value)란 데이터에서 값이 비어 있는 값으로 판다스에서는 결측값을 NaN(Not a Number)의 표시 여부로 찾을 수 있다.

isnull() 함수와 notnull() 함수를 사용하여 누락된 데이터를 찾을 수 있는데 자세한 실습은 데이터 프레임에서 다룰 것이다.

❶ 우선 isnull() 함수를 이용하여 각 원소에 누락된 데이터가 있는지 검사해보자.

데이터가 없는 결측치 값은 True로 표시된다.

```
pd.isnull(grade)        #누락된 데이터가 있는지 검사
```

[실행 결과]

```
kor     False
eng     False
math    False
soc     True
dtype: bool
```

❷ 반대로 누락된 데이터가 없는지 검사하기 위해 notnull() 함수를 이용해보자.

결측치 값이 있다면 False로 표시된다.

```
pd.notnull(grade)
```

[실행 결과]

```
kor     True
eng     True
math    True
soc     False
dtype: bool
```

잘못된 데이터 삭제하기

오류로 인한 데이터가 발견되면 찾아서 수정할 수도 있고 필요없는 데이터라면 삭제할 수도 있다. 우리는 잘못된 데이터로 간주하고 삭제해보기로 하자.

삭제하기 위해 del을 사용하여 결측치가 발견된 인덱스를 대괄호 [ ]로 표시해준다.

del 시리즈 객체['인덱스']

'soc' 인덱스를 삭제해보자.

```
del grade['soc']
```

삭제된 것을 확인할 수 있다.

```
print(grade)
```

[실행 결과]

```
kor     90.0
eng     80.0
math   100.0
dtype: float64
```

조건을 사용하여 데이터 값 조회

❶ 조건만 주어 조회할 경우는 행 인덱스의 값으로 보이는 것이 아니라 True/False로 리턴된다.

```
[grade >=90]
```

[실행 결과]

```
[kor      True
eng     False
math     True
dtype: bool]
```

❷ True/False가 아닌 데이터 값으로 리턴받기 위해 조건부 앞에 'grade' 시리즈 객체명을 한 번 더 입력하여 표시해주면 행 인덱스에 대해 값으로 리턴받을 수 있다.

```
grade[grade >=90]
```

[실행 결과]

```
kor     90.0
math   100.0
dtype: float64
```

새로운 데이터 추가

시리즈에 새로운 데이터를 추가할 수 있는데 시리즈 객체에 추가할 인덱스와 데이터 값을 동시에 제공하면 된다.

시리즈 객체['인덱스']=값

기존 데이터에 2개의 데이터(sci=90점, soc=80점)를 grade 시리즈 객체에 추가해보자.

```
grade['sci']=90
grade['soc']=80
grade
```

[실행 결과]

```
kor      90.0
eng      80.0
math    100.0
sci      90.0
soc      80.0
dtype: float64
```

데이터 수정하기

기존 데이터를 변경하는 것도 가능하다. 앞서 학습한 새로운 데이터 추가 방법과 동일하게 적용시키면 쉽게 값을 변경할 수 있다.

eng 점수를 80점에서 70점으로 수정해보자.

```
grade['eng']=70
grade
```

[실행 결과]

```
kor      90.0
eng      70.0
math    100.0
sci      90.0
soc      80.0
dtype: float64
```

통계함수 사용하기

완성된 시리즈에서는 통계함수를 사용하여 연산을 수행할 수 있다.

```
print("합계:",grade.sum())
print("평균:",grade.mean())
print("개수:",grade.count())
```

[실행 결과]

```
합계: 430.0
평균: 86.0
개수: 5
```

시리즈 인덱싱/슬라이싱

판다스 시리즈에서는 iloc() 함수와 loc() 함수를 이용하여 데이터 인덱싱/슬라이싱으로 데이터 접근이 가능하다.

실습을 위해 딕셔너리 자료형을 이용하여 시리즈 데이터를 생성해보자.

```
import numpy as np
import pandas as pd
dic_data= {'홍길동': 20, '김유신': 22, '강감찬': 21, '라이온': 19, '유관순':24}
profile = pd.Series(dic_data)
print(profile)
```

[실행 결과]

```
홍길동  20
김유신  22
강감찬  21
라이온  19
유관순  24
dtype: int64
```

❶ iloc()

시리즈 객체.iloc 속성은 정수 숫자로 데이터를 인덱싱하여 해당 인덱스와 연결된 값을 선택할 수 있다.

iloc[int]

```
print(profile.iloc[0])                    #0번째 행 인덱스와 연결된 값
```

[실행 결과]

```
20
```

여기서 잠깐　iloc는 생략할 수 있어요!

iloc는 integer location의 약어로, 데이터 프레임의 행(row) 또는 열(column)의 순서를 숫자 인덱스로 데이터에 접근하는 방식이다.

iloc는 생략이 가능하므로 바로 시리즈 객체[인덱스]만 사용해도 동일한 결과를 얻을 수 있다.

```
profile[0]                    #0번째 행 인덱스
```

[실행 결과]

```
20
```

```
print(profile.iloc[0:5])          #0:5행까지 범위 슬라이싱
```

[실행 결과]

```
홍길동   20
김유신   22
강감찬   21
라이온   19
유관순   24
dtype: int64
```

Tips

행 위치로 슬라이싱 범위를 지정할 때 :(콜론)을 사용하면 마지막 끝 값은 포함되지 않는다.

```
print(profile.iloc[[2,4]])          #2번째 행 인덱스, 4번째 행 인덱스
```

[실행 결과]

```
강감찬   21
유관순   24
dtype: int64
```

Tips

2번째, 4번째 원소와 같이 2개 이상의 떨어진 행 인덱스로 접근할 때는 ,(콤마)를 이용하여 이중 대괄호 [[,]]를 사용한다.

여기서 잠깐　[[,]]와 [:]의 차이

행 인덱스를 이용하여 데이터 값에 접근하고자 할 때, 독립된 인덱스 선택은 이중 대괄호[[,]], 슬라이싱 범위(:)로 선택은 대괄호 한 개 []를 사용해야만 한다.

❷ 시리즈 객체.loc 속성은 라벨 형태의 문자열로 데이터를 인덱싱하여 해당 인덱스와 연결된 값을 찾을 수 있다.

loc[String]

```
profile.loc['김유신']                    #'김유신' 행 인덱스
```

[실행 결과]

```
22
```

Tips **loc는 생략할 수 있어요!**

loc는 location의 약어로 데이터 프레임의 행(row) 또는 열(column)을 우리가 식별하기 쉽게 라벨(label)값을 통해 데이터에 접근한다.

loc는 생략이 가능하므로 바로 시리즈 객체[인덱스]만 사용해도 동일한 결과를 얻을 수 있다.

```
profile.loc['홍길동':'유관순']           #'홍길동':'유관순' 행 인덱스까지 범위 슬라이싱
```

[실행 결과]

```
홍길동   20
김유신   22
강감찬   21
라이온   19
유관순   24
dtype: int64
```

```
print(profile.loc[['김유신','라이온']])     #'김유신' 행 인덱스, '라이온' 행 인덱스
```

[실행 결과]

```
김유신   22
라이온   19
dtype: int64
```

진단문제

프로필 시리즈 객체 변수 나이에 대한 데이터가 20세 이상 24세 미만 결과를 반환하도록 밑줄 친 빈칸을 채워 완성하시오.

Hint : 두 개의 조건을 사용할 경우 각 조건을 ( )로 묶은 후 & 연산자를 이용하여 연결

```
name=['홍길동','김유신','강감찬','라이온','유관순']
age=[20,22,21,19,24]
profile=pd.Series(age, index=name)
________________________________________
```

[실행 결과]

```
홍길동  20
김유신  22
강감찬  21
dtype: int64
```

데이터프레임(DataFrame)

데이터 분석을 위한 수집, 전처리 등의 과정은 대부분 데이터프레임의 형태로 이루어지며 테이블 구조와 같은 2차원 행, 열로 이루어진 구조이다.

앞서 학습한 시리즈는 데이터프레임의 하위 자료형 구조로 1개의 열로만 이루어져 있었다. 즉, 열로만 이루어진 시리즈가 여러 개 모이면 테이블 형태와 같은 데이터프레임 구조가 만들어지는 것이다.

데이터프레임 생성하기

데이터프레임은 시리즈(Series), 리스트(List), 딕셔너리(Dictionary), 외부 데이터(csv) 파일을 읽어서 생성할 수 있다.

❶ 딕셔너리를 이용하여 데이터프레임 생성

파이썬 딕셔너리 자료형을 사용하여 데이터프레임을 생성해보자.

```
import pandas as pd
ipsa = {
    '순번' : ['2301', '2302', '2303', '2304', '2305'],
    '이름' : [ '차은우', '송혜교', '지창욱', '박서준', '아이유' ],
    '성적': [95,96,92,87,93]
    }
df=pd.DataFrame(ipsa)
print(df)
```

[실행 결과]

```
   순번   이름   성적
0 2301  차은우  95
1 2302  송혜교  96
2 2303  지창욱  92
3 2304  박서준  87
4 2305  아이유  93
```

❷ 리스트를 이용하여 데이터프레임 생성

리스트로 데이터프레임을 생성하기 위한 구조에서 index는 행을 의미하고, columns는 열을 의미한다. 그리고 데이터프레임에 리스트 []를 하나씩 추가하면 데이터프레임 행(row)도 하나씩 늘어난다.

```
import numpy as np
import pandas as pd
df = pd.DataFrame([[90,80,70],[100,90,95],[80,80,80],[90,95,90],[85,85,80]],
                  index = ['20231231','20231232','20231233','20231234','20231235'],
                  columns = ['kor','eng','math'])
print(df)
```

[실행 결과]

```
          kor  eng  math
20231231  90   80   70
20231232 100   90   95
20231233  80   80   80
20231234  90   95   90
20231235  85   85   80
```

열/행 추가하기

데이터프레임의 열/행에 데이터를 추가할 수 있다.

열에 추가할 경우 기존에 이미 같은 열 이름이 존재하면 기존 값은 사라지고 새로운 값으로 바뀌게 된다.

❶ 열 추가하기

df['column'] = [값1,값2,값3...]으로 열에 값을 추가할 수 있다.
리스트를 사용하지 않고 df=['column']=값처럼 단일 값으로 데이터를 추가할 경우, 모두 같은 값으로 각 인덱스에 할당되어 추가된다는 것에 주의하도록 한다.

df['column'] = [값1,값2,값3...]

열에 'sci'를 추가한 후, 각 인덱스의 값도 함께 추가해보자.

```
df['sci']=[90,100,85,90,80]
print(df)
```

[실행 결과]

```
         kor eng math sci
20231231  90  80   70  90
20231232 100  90   95 100
20231233  80  80   80  85
20231234  90  95   90  90
20231235  85  85   80  80
```

열에 'sum'을 0으로 초기화해서 각 인덱스도 함께 추가해보자.

```
df['sum']=0
print(df)
```

[실행 결과]

```
         kor eng math sci sum
20231231  90  80   70  90   0
20231232 100  90   95 100   0
20231233  80  80   80  85   0
20231234  90  95   90  90   0
20231235  85  85   80  80   0
```

❷ 행 추가하기

df.loc['index'] = [값1,값2,값3...]

인덱스를 추가할 때는 column 개수에 맞게 원소를 추가해야 한다. 만약 df.loc['index']=값처럼 단일 값으로 추가할 경우 모두 같은 값으로 각 column 값에 할당되어 추가된다는 것에 주의하도록 한다.

6번째 행에 인덱스를 추가해서 column 개수에 맞게 값도 추가해보자.

```
df.loc['20231236']=[90,90,85,90,0]
print(df)
```

[실행 결과]

```
         kor eng math sci sum
20231231  90  80   70  90   0
20231232 100  90   95 100   0
20231233  80  80   80  85   0
20231234  90  95   90  90   0
20231235  85  85   80  80   0
```

```
20231236 90  90   85  90   0
```

7번째 행에 인덱스에 '20231237'을 추가하고 각 column을 모두 0으로 초기화해서 추가해보자.

```
df.loc['20231237']=0
print(df)
```

[실행 결과]

```
          kor  eng  math  sci  sum
20231231  90   80   70    90   0
20231232  100  90   95    100  0
20231233  80   80   80    85   0
20231234  90   95   90    90   0
20231235  85   85   80    80   0
20231236  90   90   85    90   0
20231237  0    0    0     0    0
```

열/행 삭제하기

데이터프레임에 필요하지 않은 열과 행의 데이터를 삭제할 수 있다.

삭제하려면 행에 대해서는 axis=0, 열에 대해서는 axis=1로 축에 옵션을 지정해주어야 한다.

❶ 열 삭제

열 'sum'을 삭제해보자.

df.drop('column', axis=1, inplace=True)

```
df.drop('sum', axis=1, inplace=True)
print(df)
```

[실행 결과]

```
          kor  eng  math  sci
20231231  90   80   70    90
20231232  100  90   95    100
20231233  80   80   80    85
20231234  90   95   90    90
20231235  85   85   80    80
20231236  90   90   85    90
20231237  0    0    0     0
```

Tips **inplace=True 옵션**

drop() 함수를 이용해서 열을 삭제할 경우, inplace=True로 옵션을 지정하면, 삭제된 결과값이 바로 적용되어 데이터프레임으로 반환된다. 실수를 줄이기 위해 inplace=False를 사용한다.

여기서 잠깐 **column 동시 삭제도 가능할까요?**

동시에 2개의 열을 삭제할 때는 [열1, 열2]를 ,(콤마) 기준으로 동시에 2개의 열을 삭제할 수 있다.

```
df.drop(['kor','sum'], axis=1, inplace=True)
print(df)
```

[실행 결과]

[수정 전]

```
         kor eng math sci sum
20231231  90  80  70   90  0
20231232 100  90  95  100  0
20231233  80  80  80   85  0
20231234  90  95  90   90  0
20231235  85  85  80   80  0
20231236  90  90  85   90  0
20231237   0   0   0    0  0
```

[수정 후]

```
         eng math sci
20231231  80  70   90
20231232  90  95  100
20231233  80  80   85
20231234  95  90   90
20231235  85  80   80
20231236  90  85   90
20231237   0   0    0
```

❷ 행 삭제

index '20231237' 행을 삭제해보자.

행을 삭제할 경우 axis=0 축 옵션을 지정한다.

df.drop('index', axis=0, inplace=True)

```
df.drop('20231237', axis=0, inplace=True)
print(df)
```

[실행 결과]

```
         kor eng math sci
20231231  90  80  70   90
20231232 100  90  95  100
20231233  80  80  80   85
```

```
20231234 90   95   90   90
20231235 85   85   80   80
20231236 90   90   85   90
```

열/행 삽입하기

구축된 데이터프레임의 특정 위치에 열/행을 삽입할 수 있다.

옵션	설명
loc	삽입할 열의 위치
column	삽입할 열의 이름
value	삽입할 열의 값

❶ 열 삽입하기

데이터프레임에 이미 해당 열이 존재할 경우 allow_duplicates=True가 아니면 Value Error를 발생시키게 된다. 즉, 중복 열을 허용할 경우 allow_duplicates=True를 준다.

df.insert(loc, column, value, allow_duplicates=False)

열 0번째 'kor' 앞에 열 'name'을 데이터와 함께 삽입해보자.

```
df.insert(0,'name',['홍길동','김유신','강감찬','유관순','정약용','이순신'])
print(df)
```

[실행 결과]

```
         name  kor eng math sci
20231231 홍길동 90  80   70   90
20231232 김유신 100 90   95   100
20231233 강감찬 80  80   80   85
20231234 유관순 90  95   90   90
20231235 정약용 85  85   80   80
20231236 이순신 90  90   85   90
```

❷ 행 삽입하기

이번에는 '홍길동' 앞에 새로운 행 '이정재' 인덱스를 삽입해보자. 우선 행 추가와 비슷하게 인덱스 번호를 이용하여 삽입한 후에 나중에 .sort_index() 함수를 이용하여 인덱스를 정렬하면 원하는 위치로 삽입할 수 있다.

```
df.loc['삽입할 행'] = ['값1','값2','값3',...]
df = df.sort_index(ascending=True/False)
```

```
df.loc['20231230']=['이정재',97,95,90,88]
df=df.sort_index(ascending=True)
print(df)
```

[실행 결과]

```
         name kor eng math sci
20231230 이정재 97  95   90  88
20231231 홍길동 90  80   70  90
20231232 김유신 100 90   95  100
20231233 강감찬 80  80   80  85
20231234 유관순 90  95   90  90
20231235 정약용 85  85   80  80
20231236 이순신 90  90   85  90
```

Tips

행 인덱스를 내림차순으로 정렬할 때는 .sort_index(ascending=False) 옵션을 변경해주면 된다.

열/행 이름 변경

구축된 데이터프레임의 column 이름과 인덱스 이름을 df.rename(columns={'변경 전 열이름' , '변경될 열이름'}, inplace=True)을 사용하여 바로 변경할 수 있다.

```
df.rename(columns={'old column name':'new column name'}, inplace=True)
```

영어로 설정된 과목명을 모두 한글로 변경해보자.

```
df.rename(columns={'name':'이름', 'kor':'국어', 'eng':'영어','math':'수학', 'sci':'과학'},
inplace=True)
print(df)
```

[실행 결과]

```
          이름  국어 영어 수학 과학
20231230 이정재 97   95   90   88
20231231 홍길동 90   80   70   90
20231232 김유신 100  90   95   100
20231233 강감찬 80   80   80   85
```

```
20231234 유관순 90   95   90   90
20231235 정약용 85   85   80   80
20231236 이순신 90   90   85   90
```

❶ 행 이름 변경

df.rename(index={'old index name':'new index name'}, inplace=True)

인덱스 이름을 변경할 때는 columns 대신 인덱스로 변경하면 된다.

```
df=df.rename(index={'20231230':'20231220'})
print(df)
```

[실행 결과]

```
         이름  국어 영어 수학 과학
20231230 이정재 97   95   90   88
20231231 홍길동 90   80   70   90
20231232 김유신 100  90   95   100
20231233 강감찬 80   80   80   85
20231234 유관순 90   95   90   90
20231235 정약용 85   85   80   80
20231236 이순신 90   90   85   90
```

Tips

inplace=True 옵션 대신 df=df.rename(index={'20231230':'20231220'})과 같이 변경할 사항을 df에 할당하여 적용해도 된다.

데이터프레임 열 조회

데이터프레임에 조회하고 싶은 열 이름을 지정해주면 쉽게 조회할 수 있다.

df['열 이름']

```
df['이름']
```

[실행 결과]

```
20231220  이정재
20231231  홍길동
```

```
20231232  김유신
20231233  강감찬
20231234  유관순
20231235  정약용
20231236  이순신
Name: 이름, dtype: object
```

> **Tips** **df['이름'] or df.이름**
>
> 조회하고자 하는 열 이름이 하나일 경우는 **df.['열이름']**을 사용하지 않고 **df.**열 이름만으로 조회가 가능하다.

```
df.이름
```

[실행 결과]

```
20231220  이정재
20231231  홍길동
20231232  김유신
20231233  강감찬
20231234  유관순
20231235  정약용
20231236  이순신
Name: 이름, dtype: object
```

열 '이름'과 '영어'를 동시에 2개 조회해보자.

```
df[['이름','영어']]
```

[실행 결과]

	이름	영어
20231220	이정재	95
20231231	홍길동	80
20231232	김유신	90
20231233	강감찬	80
20231234	유관순	95
20231235	정약용	85
20231236	이순신	90

Tips

열 이름을 동시에 2개 조회하고 싶은 경우는 df[['이름','영어']] 이중 대괄호를 사용한다.

데이터프레임 조회하기

앞부분, 뒷부분에서 원하는 구간을 head(), tail() 함수를 사용하여 조회할 수 있다.

명령	설명
df.head(n)	앞부분을 n개만 보기
df.tail(n)	뒷부분을 n개만 보기

❶ 앞부분을 3개만 보기

```
print(df.head(3))
```

[실행 결과]

```
         name kor eng math sci
20231230 이정재 97  95  90   88
20231231 홍길동 90  80  70   90
20231232 김유신 100 90  95   100
```

❷ 뒷부분을 3개만 보기

```
print(df.tail(3))
```

[실행 결과]

```
         name kor eng math sci
20231234 유관순 90  95  90   90
20231235 정약용 85  85  80   80
20231236 이순신 90  90  85   90
```

행/열 전환하기

데이터프레임의 행과 열을 바꾸기 위해 df.transpose() 함수를 이용한다.

행/열 전환이 되면 기존의 column이 인덱스가 되고, 인덱스가 column으로 전환된다.

```
df=df.transpose()
print(df)
```

[실행 결과]

	20231220	20231231	20231232	20231233	20231234	20231235	20231236
이름	이정재	홍길동	김유신	강감찬	유관순	정약용	이순신
국어	97	90	100	80	90	85	90
영어	95	80	90	80	95	85	90
수학	90	70	95	80	90	80	85
과학	88	90	100	85	90	80	90

Tips

데이터프레임 행/열 전환을 위해 **df.transpose()** 함수 대신 간단히 **df.T**만 사용해도 된다.

진단문제

데이터프레임을 딕셔너리 자료형을 이용하여 밑줄 친 부분을 채워 [실행 결과]와 같이 생성하시오.

❶ 데이터프레임 생성하기

```
import pandas as pd
________
    ________________________________________________
    _____________________________________________________
    __________________________________________
    ________
df=pd.DataFrame(product)
print(df)
```

[실행 결과]

	code	제품명	가격
0	IT323	태블릿	900000
1	IT306	BL헤드폰	120000
2	IT455	무선마우스	89000
3	IT470	무선스피커	130000
4	IT502	충전기	43000

❷ 열 추가하기

열 '수량'을 밑줄 친 부분을 채워 [실행 결과]와 같이 추가하시오.

```
______________________________
print(df)
```

[실행 결과]

```
   code   제품명      가격     수량
0 IT323  태블릿     900000    5
1 IT306  BL헤드폰   120000    3
2 IT455  무선마우스  89000     2
3 IT470  무선스피커  130000    7
4 IT502  충전기      43000    4
```

❸ 열 이름 바꾸기

'열' 이름 '가격'을 '단가'로 밑줄 친 부분을 채워 [실행 결과]와 같이 변경하시오.

```
____________________________________________________
print(df)
```

[실행 결과]

```
   code   제품명      단가     수량
0 IT323  태블릿     900000    5
1 IT306  BL헤드폰   120000    3
2 IT455  무선마우스  89000     2
3 IT470  무선스피커  130000    7
4 IT502  충전기      43000    4
```

❹ 행 삭제

인덱스 번호가 2인 데이터를 밑줄 친 빈칸을 채워 [실행 결과]와 같이 삭제하시오.

```
____________________________________________________
```

[실행 결과]

```
   code   제품명      단가     수량
0 IT323  태블릿     900000    5
1 IT306  BL헤드폰   120000    3
3 IT470  무선스피커  130000    7
4 IT502  충전기      43000    4
```

외부 데이터 가져오기

실무에서 파이썬 통계 분석이나 데이터 분석 등을 위해 엑셀 스프레드시트에서 작업한 엑셀 파일과 'csv' 데이터 파일을 가져와서 활용하고 있다.

판다스는 다양한 데이터 파일을 쉽게 불러오고 저장할 수 있는 편리한 기능을 제공하고 있다.

여기서 잠깐 csv 파일이란?

CSV(comma-separated values) 파일은 데이터 값을 쉼표(,)로 구분하는 텍스트 파일이다. 기본적으로 쉼표(,)로 열을 구분하고 줄 바꿈으로 행을 구분한다. 파일을 읽어들이기 위해서는 판다스 read_csv() 함수에 다음과 같이 파일 경로와 '파일.csv' 을 입력하여 CSV 파일을 읽어와서 데이터프레임으로 변환한다.

- df=pd.read_csv("C:\\python_work\\파일.csv")

여기서 잠깐 엑셀 파일을 csv로 어떻게 변환하나요?

엑셀 워크시트에서 작업한 문서 파일을 csv로 변환하기 위해서는 메뉴 [파일]-[다른 이름으로 저장]-파일 형식을 [CSV UTF-8(쉼표로 분리)(*. CSV)]를 선택한 후, 원하는 폴더를 경로로 선택하고 파일 이름을 입력하면 된다.

csv 파일 가져오기

제공한 job.csv를 작업 디렉터리 C:\python_work에 복사한 후, 판다스 외부 파일을 읽어서 'job.csv' 파일 가져오기를 진행해보자.

df=pd.read_csv("C:\\디렉터리명\\파일명.csv")

```
df = pd.read_csv("C:\\python_work\\job.csv")            #job.csv 가져오기
import pandas as pd
df = pd.read_csv("C:\\python_work\\job.csv")
print(df)
```

[실행 결과]

```
  name  from  age  job
0 나은미 경기   23   학생
1 정다혜 서울   35   교사
2 이은형 충남   29   공무원
3 김은미 강원   31   회사원
4 최성주 제주   35   매니저
5 오달수 강원   55   배우
```

,(쉼표)로 구분된 csv 파일 가져오기

제공한 job_쉼표.csv를 작업 디렉터리 C:\python_work에 복사한 후, 판다스 외부 파일을 읽어서 'job_쉼표.csv' 파일 가져오기를 진행해보자.

```
import pandas as pd
df = pd.read_csv("C:\\python_work\\job_쉼표.csv")
print(df)
```

[실행 결과]

```
  name  from  age  job
0 나은미  경기   23  학생
1 정다혜  서울   35  교사
2 이은형  충남   29  공무원
3 김은미  강원   31  회사원
4 최성주  제주   35  매니저
5 오달수  강원   55  배우
```

\t(탭)으로 구분된 csv 파일 가져오기

제공한 job_tab.txt를 작업 디렉터리 C:\python_work에 복사한 후, 판다스 외부 파일을 읽어서 'job_tab.txt' 파일 가져오기를 진행해보자. 탭(\t)으로 구분된 외부 파일을 가져올 때는 tab을 기준으로 분리되었기 때문에 sep='\t' 옵션을 추가하면 된다.

```
import pandas as pd
df=pd.read_csv("c:\\python_work\\job_tab.txt", sep='\t')
print(df)
```

[실행 결과]

```
  name  from  age  job
0 나은미  경기   23  학생
1 정다혜  서울   35  교사
2 이은형  충남   29  공무원
3 김은미  강원   31  회사원
4 최성주  제주   35  매니저
5 오달수  강원   55  배우
```

데이터프레임 형식 확인하기

파이썬 판다스에서 외부 파일을 데이터프레임 형식으로 가져온 다음 자료형 형식을 type() 함수를 이용하여 확인할 수 있다.

```
type(df)
```

[실행 결과]

```
pandas.core.frame.DataFrame
```

데이터프레임 자료형 속성 확인하기

파이썬 판다스에서 데이터프레임 안에 존재하는 column의 속성을 dtypes 명령을 이용하여 확인할 수 있다.

```
df.dtypes
```

[실행 결과]

```
name  object
from  object
age   int64
job   object
dtype:         object
```

데이터프레임 행, 열 개수 확인하기

데이터프레임의 행, 열 개수를 shape 속성을 이용하여 확인할 수 있다.

```
df.shape
```

[실행 결과]

```
(6, 4)        #데이터프레임은 6행 4열 크기를 가지고 있다.
```

데이터프레임 인덱스 구성 확인하기

데이터프레임에 어떤 인덱스가 있는지 index 속성을 이용하여 확인할 수 있다.

```
df.index
```

[실행 결과]

```
RangeIndex(start=0, stop=6, step=1)    #0부터 6까지 행의 개수를 보여줌
```

데이터프레임 column 구성 확인하기

데이터프레임에 어떤 컬럼이 있는지 columns 속성을 이용하여 확인할 수 있다.

```
df.columns
```

[실행 결과]

```
Index(['name', 'from', 'age', 'job'], dtype='object')
```

데이터프레임 column 정보 확인하기

데이터프레임 각 컬럼에 대한 데이터 수 및 데이터 타입을 한 번에 확인하기 위해 info() 함수를 이용한다.

```
df.info()
```

[실행 결과]

```
<class 'pandas.core.frame.DataFrame'>
RangeIndex: 6 entries, 0 to 5
Data columns (total 4 columns):
 #   Column   Non-Null Count   Dtype
---  ------   --------------   ---------
 0   name     6 non-null       object
 1   from     6 non-null       object
 2   age      6 non-null       int64
 3   job      6 non-null       object
dtypes: int64(1), object(3)
memory usage: 320.0+ bytes
```

데이터프레임 column 요약 통계 확인하기

데이터프레임의 숫자 컬럼에 대한 통계 요약은 describe() 함수를 이용하여 확인할 수 있다.

```
df.describe()
```

[실행 결과]

```
             age
count   6.000000
mean   34.666667
std    10.911767
min    23.000000
25%    29.500000
50%    33.000000
75%    35.000000
max    55.000000
```

데이터프레임을 배열 기반으로 보기

데이터프레임을 numpy array 기반으로 각 인덱스를 배열 튜플 단위로 묶어서 values 속성을 이용하여 확인할 수 있다.

```
df.values
```

[실행 결과]

```
array([['나은미', '경기', 23, '학생'],
    ['정다혜', '서울', 35, '교사'],
    ['이은형', '충남', 29, '공무원'],
    ['김은미', '강원', 31, '회사원'],
    ['최성주', '제주', 35, '매니저'],
    ['오달수', '강원', 55, '배우']], dtype=object)
```

진단문제

제공된 'grade.csv'를 "C:\python_work" 디렉터리에 복사한 후, 밑줄 친 빈칸을 채워 [실행 결과]와 같이 파이썬으로 외부 파일 가져오기를 진행하시오.

```
______________________________________
print(df)
```

[실행 결과]

```
        id      name  eng  math  com
0 20223275  이만기  100   90    90
1 20223276  김상철   90   90    80
2 20223277  오대운   80   80    70
3 20223278  강상임   70   70    85
4 20223279  황수경   85   90    90
5 20223280  이나리   90   80    70
6 20223281  임영란   80   70    90
7 20223282  하정숙   90   85    80
8 20223283  우석춘   80   90    70
9 20223284  박명욱   90   80    85
```

그룹화하기

파이썬 판다스 라이브러리는 다양한 형식의 외부 파일을 가져와서 데이터프레임에 저장하고 활용할 수 있다.

csv 파일 가져오기

판다스 데이터프레임에 csv 파일을 가져오기 위해서는 read_csv() 함수를 이용한다.

pd.read_csv(파일명)

제공된 sales_1.csv, sales_2.csv를 read_csv() 함수를 이용하여 외부 파일을 가져온 후, 데이터프레임 형식으로 전환해보자.

```
import pandas as pd
df1=pd.read_csv("c:\\python_work\\sales_1.csv")
print(df1)
```

[실행 결과]

```
  판매일자      제품명        판매수량  판매단가
0 2023.5.15   액세스          15     225000
1 2023.5.15   컴퓨터활용      32     416000
2 2023.5.15   전산개론        15     217500
3 2023.5.15   멀티미디어개론  80     1120000
4 2023.5.15   C언어 입문      12     216000
5 2023.5.15   자바입문        25     400000
```

```
df2=pd.read_csv("c:\\python_work\\sales_2.csv")
print(df2)
```

[실행 결과]

```
  판매일자      제품명         판매수량    판매단가
0 2023.5.18   Visual Basic     8        136000
1 2023.5.18   컴퓨터활용       12        156000
2 2023.5.18   전산개론          8        116000
3 2023.5.18   자료구조         12        300000
4 2023.5.18   C언어 입문       15        270000
5 2023.5.18   자바입문         12        192000
```

파일 병합하기 : concat() 함수

concat() 함수는 데이터프레임의 데이터를 행 방향으로 병합하는 함수이다.

sales_1.csv, sales_2.csv를 데이터프레임 날짜 기준으로 병합해보자.

```
df=pd.concat([df1, df2])
print(df)
```

[실행 결과]

```
     판매일자      제품명          판매수량      판매단가
0 2023.5.15    액세스              15        225000
1 2023.5.15    컴퓨터활용           32        416000
2 2023.5.15    전산개론             15        217500
3 2023.5.15    멀티미디어개론        80        1120000
4 2023.5.15    C언어 입문           12        216000
5 2023.5.15    자바입문             25        400000
0 2023.5.18    Visual Basic        8        136000
1 2023.5.18    컴퓨터활용           12        156000
2 2023.5.18    전산개론             8         116000
3 2023.5.18    자료구조             12        300000
4 2023.5.18    C언어 입문           15        270000
5 2023.5.18    자바입문             12        192000
```

데이터프레임 인덱스 번호 새로 설정하기

데이터프레임이 병합되면서 원래 존재하던 인덱스 번호가 중복되어 보이고 있다.

reset_index() 함수를 이용하여 인덱스 번호를 모두 초기화한 뒤, 전체적인 인덱스 번호를 0부터 새로 부여하도록 하자.

```
df.reset_index(drop=True, inplace=True)
print(df)
```

[실행 결과]

```
     판매일자      제품명          판매수량    판매단가
0   2023.5.15    액세스            15       225000
1   2023.5.15    컴퓨터활용         32       416000
2   2023.5.15    전산개론           15       217500
3   2023.5.15    멀티미디어개론      80       1120000
4   2023.5.15    C언어 입문         12       216000
5   2023.5.15    자바입문           25       400000
6   2023.5.18    Visual Basic      8        136000
7   2023.5.18    컴퓨터활용         12       156000
8   2023.5.18    전산개론           8        116000
9   2023.5.18    자료구조           12       300000
```

10	2023.5.18	C언어 입문	15	270000
11	2023.5.18	자바입문	12	192000

열 '판매금액' 추가하기

열 '판매금액'을 추가한 후, 숫자 0으로 초기화하여 할당해보자.

```
df["판매금액"]=0
print(df)
```

[실행 결과]

	판매일자	제품명	판매수량	판매단가	판매금액
0	2023.5.15	액세스	15	225000	0
1	2023.5.15	컴퓨터활용	32	416000	0
2	2023.5.15	전산개론	15	217500	0
3	2023.5.15	멀티미디어개론	80	1120000	0
4	2023.5.15	C언어 입문	12	216000	0
5	2023.5.15	자바입문	25	400000	0
6	2023.5.18	Visual Basic	8	136000	0
7	2023.5.18	컴퓨터활용	12	156000	0
8	2023.5.18	전산개론	8	116000	0
9	2023.5.18	자료구조	12	300000	0
10	2023.5.18	C언어 입문	15	270000	0
11	2023.5.18	자바입문	12	192000	0

판매금액 구하기

판매금액 = 판매수량 * 판매단가로 연산을 수행하여 계산 값을 입력해보자.

```
df["판매금액"] = df["판매수량"] * df["판매단가"]
print(df)
```

[실행 결과]

	판매일자	제품명	판매수량	판매단가	판매금액
0	2023.5.15	액세스	15	225000	3375000
1	2023.5.15	컴퓨터활용	32	416000	13312000
2	2023.5.15	전산개론	15	217500	3262500
3	2023.5.15	멀티미디어개론	80	1120000	89600000
4	2023.5.15	C언어 입문	12	216000	2592000
5	2023.5.15	자바입문	25	400000	10000000
6	2023.5.18	Visual Basic	8	136000	1088000

```
7  2023.5.18  컴퓨터활용       12     156000     1872000
8  2023.5.18  전산개론         8      116000     928000
9  2023.5.18  자료구조         12     300000     3600000
10 2023.5.18  C언어 입문       15     270000     4050000
11 2023.5.18  자바입문         12     192000     2304000
```

상위/하위 데이터 가져오기

앞서 학습한 head() 함수를 이용하여 상위 데이터 5개를 가져와보자.

```
df.head(5)
```

[실행 결과]

	판매일자	제품명	판매수량	판매단가	판매금액
0	2023.5.15	액세스	15	225000	3375000
1	2023.5.15	컴퓨터활용	32	416000	13312000
2	2023.5.15	전산개론	15	217500	3262500
3	2023.5.15	멀티미디어개론	80	1120000	89600000
4	2023.5.15	C언어 입문	12	216000	2592000

tail() 함수를 이용하여 하위 데이터 5개를 가져와보자.

```
df.tail(5)
```

[실행 결과]

	판매일자	제품명	판매수량	판매단가	판매금액
7	2023.5.18	컴퓨터활용	12	156000	1872000
8	2023.5.18	전산개론	8	116000	928000
9	2023.5.18	자료구조	12	300000	3600000
10	2023.5.18	C언어 입문	15	270000	4050000
11	2023.5.18	자바입문	12	192000	2304000

numpy array로 변환하여 출력하기

데이터프레임은 넘파이 다차원 배열로 쉽게 전환 처리하여 데이터를 효율적으로 사용할 수 있도록 지원한다.

데이터프레임을 넘파이를 이용해 배열 구조로 변환한 후, 반복문과 함께 판매합계 총 금액도 출력해보자.

```
import numpy as np
arr = df.to_numpy()                #넘파이 다차원 배열로 변환
tot=0
print("판매일자      제품명\t\t    판매수량    판매단가      판매금액")
for i,j,k,l,m in arr:
        print("{:<12}{:<20}\t{:>2}{:>12}{:>12}".format(i,j,k,l,m))
        tot+=m                     #판매금액 총 누적 구하기
print("\t     판매합계 총 금액{:>38,d}".format(tot))
```

[실행 결과]

```
2023.5.15    액세스          15    225000     3375000
2023.5.15    컴퓨터활용      32    416000     13312000
2023.5.15    전산개론        15    217500     3262500
2023.5.15    멀티미디어개론  80    1120000    89600000
2023.5.15    C언어 입문      12    216000     2592000
2023.5.15    자바입문        25    400000     10000000
2023.5.18    Visual Basic    8     136000     1088000
2023.5.18    컴퓨터활용      12    156000     1872000
2023.5.18    전산개론        8     116000     928000
2023.5.18    자료구조        12    300000     3600000
2023.5.18    자료구조        12    300000     3600000
2023.5.18    C언어 입문      15    270000     4050000
                             판매합계 총 금액  135,983,500
```

그룹화하기

판다스 groupby() 함수는 데이터를 그룹별로 분할하여 독립된 그룹에 별도로 데이터 처리를 하거나 그룹별 통계량을 표시할 때 사용한다.

df.groupby('열').함수()

날짜별로 판매일자, 제품명으로 그룹핑을 진행해보자.

```
grpDate= df.groupby(['판매일자', '제품명']).sum()
print(grpDate)
```

[실행 결과]

```
판매일자      제품명          판매수량    판매단가    판매금액
2023.5.15.
              C언어 입문      12          216000      2592000
              멀티미디어개론  80          1120000     89600000
```

```
             액세스        15     225000     3375000
             자바입문      25     400000     10000000
             전산개론      15     217500     3262500
             컴퓨터활용    32     416000     13312000
2023.5.18.
             C언어 입문    15     270000     4050000
             Visual Basic  8      136000     1088000
             자료구조      12     300000     3600000
             자바입문      12     192000     2304000
             전산개론      8      116000     928000
             컴퓨터활용    12     156000     187200
```

날짜별로 판매수량, 판매단가, 판매금액의 합계를 구해보자.

```
df.groupby(["판매일자"], as_index=False).sum()
```

[실행 결과]

```
   판매일자    판매수량   판매단가    판매금액
0  2023.5.15   179       2594500    122141500
1  2023.5.18   67        1170000    3842000
```

날짜별로 판매수량, 판매단가, 판매금액의 평균을 구해보자.

```
df.groupby(["판매일자"], as_index=False).mean()
```

[실행 결과]

```
   판매일자    판매수량    판매단가         판매금액
0  2023.5.15   29.833333   432416.666667   2.035692e+07
1  2023.5.18   11.166667   195000.000000   2.307000e+06
```

여기서 잠깐　데이터프레임 그룹 통계 함수

데이터프레임 그룹 함수는 넘파이 배열 통계 함수와 동일하다.

함수	설명
describe()	데이터에 대한 통계값 요약
count()	열 개수 구하기
sum()	합계 구하기
mean()	평균 구하기

var()	분산값 구하기
median()	중간값(중위수) 구하기
mode()	최빈수 구하기
std()	표준편차 구하기
max()	최댓값 구하기
min()	최솟값 구하기
unique()	고유한 값 구하기
prod()	원소의 곱 구하기
cumsum()	원소의 누적값 구하기

데이터프레임을 csv 파일로 보내기

파이썬에서는 판다스 데이터프레임을 csv 파일로 저장하는 기능을 제공하고 있다.

df.to_csv(파일명)

데이터프레임 df를 ("C:\\python_work\\sales통합.csv") 파일로 저장해보자.

```
df.to_csv("c:\\python_work\\sales통합.csv")
```

엑셀에서 csv 파일 가져오기

파이썬에서 저장한 엑셀 csv 파일이 Excel 프로그램에서 가동되는지 확인해보자.

❶ Excel 프로그램을 실행한다.

❷ [파일]-[새로만들기]를 선택하여 빈 화면을 연다.

❸ [데이터] → [데이터 가져오기] → [파일에서] → [텍스트/CSV에서]를 선택한다.

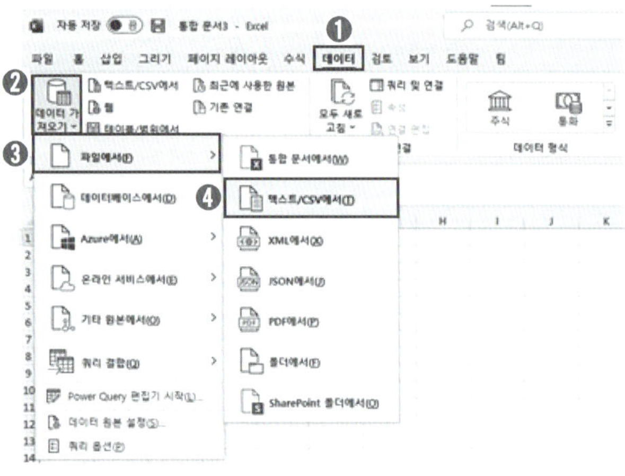

❹ 아래와 같이 한글 인코딩 방식이 65001:유니코드(UTF-8)로 되어 있는지 확인하고, 안 되어 있으면 선택하여 변경한다. 구분기호는 쉼표를 선택하고 [로드]를 클릭한다.

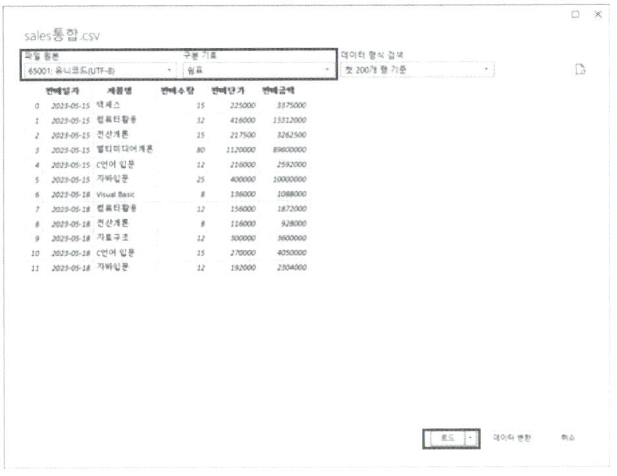

❺ 아래와 같이 한글이 깨지지 않고 불러와진 것을 확인할 수 있다.

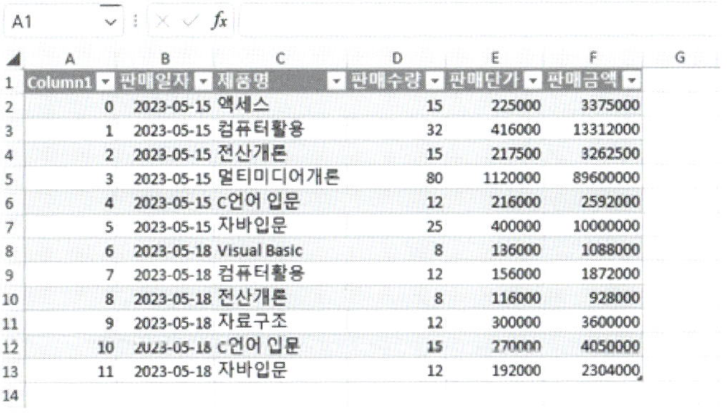

	A	B	C	D	E	F
1	Column1	판매일자	제품명	판매수량	판매단가	판매금액
2	0	2023-05-15	액세스	15	225000	3375000
3	1	2023-05-15	컴퓨터활용	32	416000	13312000
4	2	2023-05-15	전산개론	15	217500	3262500
5	3	2023-05-15	멀티미디어개론	80	1120000	89600000
6	4	2023-05-15	C언어 입문	12	216000	2592000
7	5	2023-05-15	자바입문	25	400000	10000000
8	6	2023-05-18	Visual Basic	8	136000	1088000
9	7	2023-05-18	컴퓨터활용	12	156000	1872000
10	8	2023-05-18	전산개론	8	116000	928000
11	9	2023-05-18	자료구조	12	300000	3600000
12	10	2023-05-18	C언어 입문	15	270000	4050000
13	11	2023-05-18	자바입문	12	192000	2304000

❻ 최종 저장을 위해 [파일]→[다른 이름으로 저장]→[CSV UTF-8(쉼표로 분리)]를 선택하여 새로운 파일 이름 [sales.xlsx]로 입력하여 저장한다.

진단문제

❶ 제공한 'convience_쉼표.csv' 파일을 'C:\\python_work' 폴더에 복사한 후, read_csv() 함수를 이용하여 외부 파일을 가져와서 데이터프레임 형식으로 전환하도록 밑줄 친 빈칸을 채워 완성하시오.

```
import pandas as pd
df= ______________________________
print(df)
```

[실행 결과]

```
  사원코드   판매사원  근무시간   시급   시간수당
0 F324      이동수      5      8250   41250
1 F324      이동수      7      8250   57750
2 K324      강석현      3     11000   33000
3 K324      강석현      6     11000   66000
4 M524      김진호      5      8250   41250
5 M524      김진호      5      8250   41250
6 M524      김진호      5      8250   41250
7 T411      오영진      8      9500   76000
8 T411      오영진      3      9500   28500
```

❷ 사원코드, 판매사원 열 기준으로 그룹핑하시오.

```
df=________________________________________
print(df)
```

[실행 결과]

```
  사원코드   판매사원    근무시간   시급    시간수당
  F324        이동수      12     16500    99000
  K324        강석현      9      22000    99000
  M524        김진호      15     24750   123750
  T411        오영진      11     19000    10450
```

데이터 병합하기 : merge() 함수

merge() 함수는 키값을 이용해서 데이터프레임의 데이터를 합치는 함수이다.

아래 'branch_inventory.csv'와 'brance_code.csv' 두 개의 파일을 지점코드 키값을 이용해서 병합해보자.

[파일명 : branch_inventory.csv]

지점코드	세탁기	에어컨	냉장고
K303	8	23	11
K303	41	13	22
N101	2	12	11
N101	7	8	23
W203	8	28	7
W203	5	15	12
S301	3	31	13

S301	6	15	14
E425	8	42	32
E425	1	23	11

[파일명 : brance_code.csv]

지점코드	지점명
K303	강서점
N101	남부점
W203	서부점
S301	서울점
E425	동서점

옵션	설명
inner	키값이 일치하는 값만 병합
left	왼쪽 데이터프레임을 기준으로 병합, 만약 값이 없으면 NA 표시
right	오른쪽 데이터프레임을 기준으로 병합, 만약 값이 없으면 NA 표시

pd.merge(df_left/df_right, on=None, how='inner')

❶ branch_inventory.csv 가져오기

```
import pandas as pd
df1=pd.read_csv("c:\\python_work\\branch_inventory.csv")
df1
```

	지점코드	세탁기	에어컨	냉장고
0	K303	8	23	11
1	K303	41	13	22
2	N101	2	12	11
3	N101	7	8	23
4	W203	8	28	7
5	W203	5	15	12
6	S301	3	31	13
7	S301	6	15	14
8	E425	8	42	32
9	E425	1	23	11

❷ branch_code.csv 가져오기

```
df2=pd.read_csv("c:\\python_work\\branch_code.csv")
```

	지점코드	지점명
0	K303	강서점
1	N101	남부점
2	W203	서부점
3	S301	서울점
4	E425	동서점

❸ 데이터 병합하기

```
df=pd.merge(df1, df2, on='지점코드', how='inner')
print(df)
```

	지점코드	세탁기	에어컨	냉장고	지점명
0	K303	8	23	11	강서점
1	K303	41	13	22	강서점
2	N101	2	12	11	남부점
3	N101	7	8	23	남부점
4	W203	8	28	7	서부점
5	W203	5	15	12	서부점
6	S301	3	31	13	서울점
7	S301	6	15	14	서울점
8	E425	8	42	32	동서점
9	E425	1	23	11	동서점

❹ 지점코드를 그룹화하여 숫자 컬럼에 대한 집계도 함께 표시해보자.

```
df.groupby(df['지점코드']).sum()
```

	세탁기	에어컨	냉장고
지점코드			
E425	9	65	43
K303	49	36	33
N101	9	20	34
S301	9	46	27
W203	13	43	19

엑셀 파일 가져오기

판다스 데이터프레임에 엑셀 스프레드시트 데이터 파일을 가져올 때 read_excel() 함수를 이용한다.

pd.read_excel('파일명', sheet_name='시트명')

```
import pandas as pd
df=pd.read_excel("c:\\python_work\\water_fare.xlsx", sheet_name="수도요금")
df
```

	고객번호	업종	관할사업소	사용량	검침일	사용기간	전월사용금액	물이용부담금	사용금액	청구방법	납부방법
0	1-300-198	공업용	동부	230	2023-03-05	02/06~03/05	289000	14450	244450	E-mail	자동이체
1	1-100-210	가정용	남부	82	2023-03-20	02/21~03/20	15700	785	99185	지로	지로
2	1-300-120	공업용	서부	350	2023-03-05	02/06~03/05	257000	12850	362850	핸드폰	가상계좌
3	1-100-321	가정용	동부	121	2023-03-20	02/21~03/20	192000	9600	166900	지로	지로
4	1-400-125	욕탕용	동부	240	2023-03-15	02/16~03/15	198000	9900	345900	E-mail	자동이체
5	1-300-328	공업용	남부	195	2023-03-05	02/06~03/05	175200	8760	174510	지로	자동이체
6	1-200-241	상업용	중부	158	2023-03-10	02/11~03/10	165000	8250	166250	지로	가상계좌
7	1-100-109	가정용	서부	98	2023-03-20	02/21~03/20	159700	7985	125585	핸드폰	자동이체
8	1-300-139	공업용	동부	357	2023-03-05	02/06~03/05	365000	18250	375250	지로	지로
9	1-100-523	가정용	남부	135	2023-03-20	02/21~03/20	25700	1285	176785	E-mail	자동이체
10	1-100-359	가정용	서부	87	2023-03-20	02/21~03/20	135100	6755	111155	지로	자동이체
11	1-200-213	상업용	서부	265	2023-03-10	02/11~03/10	359000	17950	335950	지로	가상계좌
12	1-400-253	욕탕용	중부	421	2023-03-15	02/16~03/15	498500	24925	614325	지로	지로
13	1-300-207	상업용	남부	124	2023-03-10	02/11~03/10	251000	12550	136550	핸드폰	자동이체
14	1-200-122	상업용	중부	225	2023-03-10	02/11~03/10	329000	16450	286450	E-mail	자동이체
15	1-100-326	가정용	중부	71	2023-03-20	02/21~03/20	102700	5135	90335	E-mail	자동이체
16	1-200-154	상업용	서부	310	2023-03-10	02/11~03/10	365000	18250	390250	지로	가상계좌
17	1-400-111	흑탕용	남부	395	2023-03-15	02/16~03/15	523100	26155	579155	핸드폰	자동이체
18	1-200-227	상업용	동부	125	2023-03-10	02/11~03/10	205000	10250	135250	E-mail	자동이체
19	1-100-174	가정용	중부	97	2023-03-20	02/21~03/20	152300	7615	124015	지로	지로

특정 조건에 맞는 데이터 추출하기

데이터프레임에서는 column에 대한 조건을 부여하여 필요한 데이터를 추출할 수 있다.

df[df['열이름'] 조건식]

❶ 전원금액이 300000원 이상인 데이터를 추출해보자.

```
df[df['사용금액']>=300000]
```

	고객번호	업종	관할사업소	사용량	검침일	사용기간	전월사용금액	물이용부담금	사용금액	청구방법	납부방법
2	1-300-120	공업용	서부	350	2023-03-05	02/06~03/05	257000	12850	362850	핸드폰	가상계좌
4	1-400-125	욕탕용	서부	240	2023-03-15	02/16~03/15	198000	9900	345900	E-mail	자동이체
8	1-300-139	공업용	서부	357	2023-03-05	02/06~03/05	365000	18250	375250	지로	지로
11	1-200-213	상업용	서부	265	2023-03-10	02/11~03/10	359000	17950	335950	지로	가상계좌
12	1-400-253	욕탕용	서부	421	2023-03-15	02/16~03/15	498500	24925	614325	지로	지로
16	1-200-154	상업용	서부	310	2023-03-10	02/11~03/10	365000	18250	390250	지로	가상계좌
17	1-400-111	욕탕용	서부	395	2023-03-15	02/16~03/15	523100	26155	579155	핸드폰	자동이체

❷ 업종이 '가정용'인 데이터를 추출해보자.

```
df[df['업종']=='가정용']
```

	고객번호	업종	관할사업소	사용량	검침일	사용기간	전월사용금액	물이용부담금	사용금액	청구방법	납부방법
1	1-100-210	가정용	서부	82	2023-03-20	02/21~03/20	15700	785	99185	지로	지로
3	1-100-321	가정용	서부	121	2023-03-20	02/21~03/20	192000	9600	166900	지로	지로
7	1-100-109	가정용	서부	98	2023-03-20	02/21~03/20	159700	7985	125585	핸드폰	자동이체
9	1-100-523	가정용	서부	135	2023-03-20	02/21~03/20	25700	1285	176785	E-mail	자동이체
10	1-100-359	가정용	서부	87	2023-03-20	02/21~03/20	135100	6755	111155	지로	자동이체
15	1-100-326	가정용	서부	71	2023-03-20	02/21~03/20	102700	5135	90335	E-mail	자동이체
19	1-100-174	가정용	서부	97	2023-03-20	02/21~03/20	152300	7615	124015	지로	지로

❸ 업종이 '공업용'이거나 '상업용'인 데이터를 추출해보자.

```
df[(df['업종']=='공업용') | (df['업종']=='상업용')]
```

	고객번호	업종	관할사업소	사용량	검침일	사용기간	전월사용금액	물이용부담금	사용금액	청구방법	납부방법
0	1-300-198	공업용	서부	230	2023-03-05	02/06~03/05	289000	14450	244450	E-mail	자동이체
2	1-300-120	공업용	서부	350	2023-03-05	02/06~03/05	257000	12850	362850	핸드폰	가상계좌
5	1-300-328	공업용	서부	195	2023-03-05	02/06~03/05	175200	8760	174510	지로	자동이체
6	1-200-241	상업용	서부	158	2023-03-10	02/11~03/10	165000	8250	166250	지로	가상계좌
8	1-300-139	공업용	서부	357	2023-03-05	02/06~03/05	365000	18250	375250	지로	지로
11	1-200-213	상업용	서부	265	2023-03-10	02/11~03/10	359000	17950	335950	지로	가상계좌
13	1-300-207	상업용	서부	124	2023-03-10	02/11~03/10	251000	12550	136550	핸드폰	자동이체
14	1-200-122	상업용	서부	225	2023-03-10	02/11~03/10	329000	16450	286450	E-mail	자동이체
16	1-200-154	상업용	서부	310	2023-03-10	02/11~03/10	365000	18250	390250	지로	가상계좌
18	1-200-227	상업용	서부	125	2023-03-10	02/11~03/10	205000	10250	135250	E-mail	자동이체

Tips 데이터프레임 복수 연산자

조건	연산자
and	&
or	|
not	~

or 연산은 2가지 조건 중 하나라도 만족할 때 사용하는 연산으로 '|'를 사용한다.

```
df[(조건1) | (조건2)]
```

❹ 업종이 '공업용' 과 '상업용'이 아니면서 사용금액이 400000원 이상인 데이터를 추출해보자.

```
df[(df['업종']!='공업용') & (df['업종']!='상업용') & (df['사용금액']>=400000)]
```

	고객번호	업종	관할사업소	사용량	검침일	사용기간	전월사용금액	물이용부담금	사용금액	청구방법	납부방법
12	1-400-253	욕탕용	서부	421	2023-03-15	02/16~03/15	498500	24925	614325	지로	지로
17	1-400-111	욕탕용	서부	395	2023-03-15	02/16~03/15	523100	26155	579155	핸드폰	자동이체

Tips

and 연산은 2가지 조건을 모두 만족할 때 사용하는 연산으로 '&'를 사용한다.

```
df[(조건1) & (조건2)]
```

진단문제

'상업용', '공업용', '가정용'이 아닌 업종을 모두 추출하도록 밑줄 친 빈칸을 채워 완성하시오.
Hint : 여러 항목의 조건에 포함되는 데이터를 추출하고 싶다면 isin() 함수를 사용하여 인자로 ['상업용','공업용','가정용']을 사용한다. 이때 인자가 포함된 경우라면 True를 반환하고 그렇지 않으면 False를 반환한다.

```
1 ______________________________
```

[실행 결과]

	고객번호	업종	관할사업소	사용량	검침일	사용기간	전월사용금액	물이용부담금	사용금액	청구방법	납부방법
4	1-400-125	욕탕용	서부	240	2023-03-15	02/16~03/15	198000	9900	345900	E-mail	자동이체
12	1-400-253	욕탕용	서부	421	2023-03-15	02/16~03/15	498500	24925	614325	지로	지로
17	1-400-111	욕탕용	서부	395	2023-03-15	02/16~03/15	523100	26155	579155	핸드폰	자동이체

요점정리

1. 시리즈(Series)는 딕셔너리(dictionary)의 값(value)에 해당되며 1차원 Column(열) 구조로만 이루어져 있다.

2. 데이터프레임은 테이블 구조와 같은 2차원 행, 열로 이루어진 구조이다.

3. iloc 속성은 정수 숫자로 데이터를 인덱싱하여 해당 인덱스와 연결된 값을 선택할 수 있다.

4. loc 속성은 문자열로 데이터를 인덱싱하여 해당 인덱스와 연결된 값을 찾을 수 있다.

5. 데이터프레임에서 인덱스는 행을 의미하고 columns는 열을 의미한다.

6. 열에 값을 추가하기 위해서는 df['column'] = [값1,값2,값3...]을 사용한다.

7. df.drop() 함수를 이용해서 열을 삭제할 때 inplace=True로 옵션을 지정하면 삭제된 결과값이 바로 적용되어 데이터프레임으로 반환된다.

8. 데이터프레임의 column 이름을 변경하기 위해서는 df.rename(columns={'변경전 열이름' , '변경될 열이름'}, inplace=True)를 사용한다.

9. 데이터프레임의 열을 조회하려면 df['열이름']을 사용한다.

10. CSV(comma-separated values) 파일은 데이터 값을 쉼표(,)로 구분하는 텍스트 파일이다.

11. 데이터프레임 자료형 형식을 확인할 때는 type() 함수를 이용한다.

12. 데이터프레임 안에 존재하는 column의 속성을 확인할 때는 dtypes 명령을 이용한다.

13. 데이터프레임 숫자 컬럼의 통계 요약을 확인할 때는 describe() 함수를 이용한다.

14. concat() 함수는 데이터프레임의 데이터를 행 방향으로 병합하는 함수이다.

15. merge() 함수는 키값을 이용해서 데이터프레임의 데이터를 합치는 함수이다.

16. 열에 대한 df[df['열이름'] 조건식]을 부여하여 필요한 데이터를 추출할 수 있다.

17. 판다스 데이터프레임 그룹 통계함수

함수	설명
describe()	데이터에 대한 통계값 요약
count()	열 개수 구하기
sum()	합계 구하기
mean()	평균 구하기
var()	분산값 구하기
median()	중간값(중위수) 구하기
mode()	최빈수 구하기
std()	표준편차 구하기
max()	최댓값 구하기
min()	최솟값 구하기
prod()	원소의 곱 구하기

연습문제

1. 데이터프레임 통계함수 중 분산값을 구하는 함수는? ( )
   ① var() ② std() ③ median() ④ mode()

2. 판다스 데이터프레임 행, 열 구조로 이루어진 형태는? ( )
   ① 시리즈 ② 데이터프레임 ③ 테이블 ④ 배열

3. 데이터프레임에서 ( )는 행을 의미하고, ( )은 열을 의미한다. ( )
   ① cell, table ② row, column ③ index, column ④ index, row

4. 데이터프레임 자료형 형식을 확인하기 위해 사용하는 함수는? ( )
   ① info() ② describe() ③ class() ④ type()

5. 정수 숫자로 데이터를 인덱싱하여 해당 인덱스와 연결된 값을 찾을 수 있는 속성은? ( )
   ① iloc ② loc ③ number ④ index

6. 열 삭제 시 삭제된 결과값이 바로 적용되어 데이터프레임으로 반환하는 옵션은? ( )
   ① drop=on ② remove=True ③ inplace=True ④ inplace=False

7. 데이터프레임의 열을 조회하는 명령은? ( )
   ① df[‘열이름’] ② df[‘열]=열 ③ df[column==’열‘] ④ df[column(’열이름‘)]

8. 데이터 값을 쉼표(,)로 구분하는 텍스트 파일은? ( )
   ① csv ② txt ③ xlsx ④ doc

9. 데이터프레임 숫자 컬럼의 통계 요약을 확인하는 함수는? ( )
   ① info() ② describe() ③ class() ④ type()

10. 데이터프레임 데이터를 행 방향으로 병합하는 함수는? ( )
    ① concat() ② merge() ③ combine() ④ add()

11. 키값을 이용해서 데이터프레임 데이터를 합치는 함수는? ( )
    ① concat() ② merge() ③ combine() ④ add()

1. 제공한 "liquid.xlsx" 파일을 C:\\python_work 폴더에 복사한 후, 외부 엑셀 파일을 가져와서 데이터프레임 형식으로 전환하고 다음 문제를 진행하시오.

	제품번호	제품명	제조사	분류	가격	상반기매출	하반기매출	합계
0	SL1-01	본세탁세제	미래건강	세탁	28500	875700	918000	1793700
1	FC1-01	주택세정제	보리수	청소	8900	184000	212000	396000
2	FK1-01	식기세정제	해피그린	주방	9500	223500	289600	513100
3	FK1-02	울샴푸	해피그린	세탁	18000	427600	384700	812300
4	SL1-02	과일세정제	미래건강	주방	11000	505000	528900	1033900
5	SL1-03	살균세정제	미래건강	청소	21500	315800	346000	661800
6	FK1-03	욕실세정제	해피그린	청소	8000	198400	256700	455100
7	FC1-02	섬유유연제	보리수	세탁	14700	389600	356000	745600
8	FC1-03	기타세정제	보리수	주방	13500	558700	574200	1132900
9	FK1-04	보조세제	해피그린	세탁	12000	145000	223400	368400

❶ 열 '합계'가 1000000 이상인 데이터를 추출하시오.

	제품번호	제품명	제조사	분류	가격	상반기매출	하반기매출	합계
0	SL1-01	본세탁세제	미래건강	세탁	28500	875700	918000	1793700
4	SL1-02	과일세정제	미래건강	주방	11000	505000	528900	1033900
8	FC1-03	기타세정제	보리수	주방	13500	558700	574200	1132900

❷ 열 '분류'가 ['주방','세탁'] 항목이 아닌 데이터를 추출하시오.

	제품번호	제품명	제조사	분류	가격	상반기매출	하반기매출	합계
1	FC1-01	주택세정제	보리수	청소	8900	184000	212000	396000
5	SL1-03	살균세정제	미래건강	청소	21500	315800	346000	661800
6	FK1-03	욕실세정제	해피그린	청소	8000	198400	256700	455100

❸ 열 '제품명', '제조사', '가격' 데이터만 추출하시오.

	제품명	제조사	가격
0	본세탁세제	미래건강	28500
1	주택세정제	보리수	8900
2	식기세정제	해피그린	9500
3	울샴푸	해피그린	18000
4	과일세정제	미래건강	11000
5	살균세정제	미래건강	21500
6	욕실세정제	해피그린	8000
7	섬유유연제	보리수	14700
8	기타세정제	보리수	13500
9	보조세제	해피그린	12000

❹ 열 '합계'가 1000000 이상 1500000 이하인 데이터만 추출하시오.

	제품번호	제품명	제조사	분류	가격	상반기매출	하반기매출	합계
4	SL1-02	과일세정제	미래건강	주방	11000	505000	528900	1033900
8	FC1-03	기타세정제	보리수	주방	13500	558700	574200	1132900

2. 제공한 "member_1.csv, member_2.csv" 파일을 C:\\python_work 폴더에 복사한 후, member_1.csv, member_2.csv를 가져와서 데이터프레임 형식으로 전환하고 다음 문제를 진행하시오.

[파일명 : member_1.csv]

	id	name
0	20213025	선우민
1	20222550	오미현
2	20211230	김하나
3	20223028	최현숙
4	20223552	한아름
5	20224130	박가연
6	20223031	이하나

[파일명 : member_2.csv]

	id	dept	phone	age
0	20213025	경영학과	010-3333-4123	21
1	20222550	컴퓨터공학과	010-3535-3560	20
2	20211230	영문학과	010-3250-4567	21
3	20223028	국문학과	010-3404-5112	22
4	20223552	미디어학과	010-3373-1234	22
5	20224130	회계학과	010-3758-9854	20
6	20223031	경영학과	010-3958-2478	20

❶ id를 키값으로 하여 키값이 같은 두 데이터프레임을 합병하시오.

	제품번호	제품명	제조사	분류	가격	상반기매출	하반기매출	합계
4	SL1-02	과일세정제	미래건강	주방	11000	505000	528900	1033900
8	FC1-03	기타세정제	보리수	주방	13500	558700	574200	1132900

❷ 열 'age'가 20세인 데이터만 추출하시오.

	id	name	dept	phone	age
1	20222550	오미현	컴퓨터공학과	010-3535-3560	20
5	20224130	박가연	회계학과	010-3758-9854	20
6	20223031	이하나	경영학과	010-3958-2478	20

❸ 열 'name' 기준으로 오름차순 정렬하여 데이터를 표시하시오.

Hint : df.sort_values(by='열이름', ascending=True)

	id	name	dept	phone	age
2	20211230	김하나	영문학과	010-3250-4567	21
5	20224130	박가연	회계학과	010-3758-9854	20
0	20213025	선우민	경영학과	010-3333-4123	21
1	20222550	오미현	컴퓨터공학과	010-3535-3560	20
6	20223031	이하나	경영학과	010-3958-2478	20
3	20223028	최현숙	국문학과	010-3404-5112	22
4	20223552	한아름	미디어학과	010-3373-1234	22

❹ 열 'age' 기준으로 나이가 많은 상위 3개의 데이터를 내림차순으로 표시하시오.

	id	name	dept	phone	age
3	20223028	최현숙	국문학과	010-3404-5112	22
4	20223552	한아름	미디어학과	010-3373-1234	22
0	20213025	선우민	경영학과	010-3333-4123	21

Introduction to **Data analysis**

CHAPTER

09

데이터 시각화

학습목표

이번 장에서는 지금까지 데이터를 분석한 처리 결과를 다양한 그래프 형태로 표시하여 도출된 결과를 한 눈에 파악하고 효과적인 이사결정을 내리는 데 결정적인 역할을 하는 Matplotlib, Seaborn 시각화에 대해 학습한다.

학습 목차

9.1 데이터 시각화

최근 데이터 분석 처리의 활용성과 중요성이 높아지면서 파이썬을 활용해 데이터 분석 처리를 하는 사례가 늘어나고 있다. 데이터 분석에서 시각화란 데이터 분석 결과를 다양한 그래프 형태로 표현하여 데이터 분석 결과를 시각적으로 효과성 있고 빠르게 전달하는 것이다.

파이썬 시각화를 이용하기 위해 그래프 관련 다양한 라이브러리를 이용할 수 있는데 이 책에서는 matplotlib, seaborn과 같은 인기 라이브러리 등을 추가적으로 설치하여 학습하도록 한다.

Matplotlib 라이브러리

Matplotlib 라이브러리는 파이썬 내에서 시각화를 생성하는 오픈소스 플로팅 라이브러리이다. 데이터 시각화를 위한 접근성과 인식성이 용이해 인기가 매우 높다. 파이썬 언어 및 넘파이 라이브러리 기반을 수학적으로 활용하는 플로팅 라이브러리이다.

Matplotlib 설치하기

아나콘다 플랫폼이 설치되어 있고 주피터 노트북을 이용하여 시각화를 이용한다면 Matplotlib 설치를 생략해도 된다.

파이썬 IDLE 환경에서 Matplotlib을 설치하기 위해 도스 모드에서 pip 명령어를 이용해보자.

우선 '윈도우 로고 + R'을 눌러 실행 → [열기]에서 [cmd]를 입력하여 도스 모드로 빠져나간 후, pip install matplotlib을 입력하여 설치를 진행한다.

C:\User\dali3> pip install matplotlib

matplotlib 그래프 종류

matplotlib 라이브러리는 파이썬에서 작업한 수치적 데이터를 기반으로 Line Plot, Pi Plot, Histogram Plot, Box Plot, Scatter Plot 등 다양한 그래프를 작성할 수 있다.

시각화 준비 단계

시각화를 위한 기본 준비 과정은 다음과 같다.

❶ 어떤 종류의 그래프로 데이터를 분포하여 시각화할지를 결정한다.

❷ 시각화에 필요한 라이브러리를 가져온다.

❸ 분석 처리에 필요한 데이터 파일을 가져온다.

❹ 그래프 영역 크기 설정을 한다. : figure.figsize

❺ 행과 열의 수를 전달한다. : add_subplot()

❻ 각종 그래프 작성 옵션(축 제목, 범례, 그래프 제목)을 설정한다. : label, legend, title

❼ 그래프를 화면에 표시한다. : plt.show()

❽ 그래프를 저장한다. : plt.savefig()

여기서 잠깐 '%' 매직 명령(magic command)

주피터 노트북에서 '%'로 시작하는 명령이 있는데, 파이썬 코드에서는 사용할 수 없고 주피터 특정 명령에 사용된다.

- % : 1개의 라인에만 영향을 미치는 라인 명령

  ex) %ls, %cd, %mkdir, %pwd, %load, %run 등

- %% : 셀 전체에 영향을 미치는 셀 매직 명령

Tips %matplotlib inline이란?

주피터 노트북에서 '%matplotlib inline'을 프로그램 서두에 넣어 사용할 수 있다.

%matplotlib inline을 사용하면 코드를 입력한 셀 밑에 Shift + Enter를 사용하지 않고도 그래프를 바로 출력할 수 있다.

Matplotlib 라이브러리 가져오기

먼저 matplotlib을 import한다.

그다음 넘파이와 판다스처럼 Matplotlib alias의 별칭을 plt로 지정한다.

그리고 뒤에 나오는 .pyplot은 Matplotlib의 서브패키지인데, 주로 수치 해석을 다루는 매트랩(matlab) 환경의 시각화 명령을 사용하도록 도와주는 서브 패키지이다.

```
import matplotlib.pyplot as plt
```

matplotlib 그래프 구조 용어

matplotlib 라이브러리를 활용하기 전에 matplotlib의 구조 및 용어에 대해 먼저 알아보자.

❶ plt.figure()

plt.figure() 함수는 새로운 figure를 생성할 때 사용하며, figure 지정을 통해 그래프 전체의 영역을 확보한다.

a. figure에서는 figsize()로 크기(width, height)를 지정할 수 있다.

figsize=(10, 5)

b. figure에서는 facecolor="색상"을 지정할 수 있다.

facecolor="blue"

c. figsize와 색상 동시 지정하기

plt.figure(figsize=(10,5), facecolor='blue'))

이때 facecolor : 배경색, edgecolor : 테두리 선 색을 지정한다.

색상 문자	색상
'b'	blue (파란색)
'g'	green(초록색)
'r'	red(빨간색)
'm'	magenta(마젠타색)
'y'	yellow(노란색)
'k'	black(검은색)
'w'	white(흰색)

❷ fig.add_subplot()

subplot() 함수는 여러 개의 그래프를 하나의 그림에 나타낼 수 있다.

plt.figure() 함수로 그래프를 그리기 위해서는 subplot() 함수를 추가할 필요가 있는데 add_subplot() 함수를 사용하여 이미지 영역을 추가할 수 있다.

a. plt.subplot()

plt.subplot() 함수는 인수에 행, 열의 개수 및 순서 등을 지정할 수 있는데, add_subplot과의 다른 점은 현재의 이미지 영역(fig=figure())에 추가하는 부분이다.

```
fig = plt.figure(figsize=(12, 8))
ax = fig.add_subplot(1, 1, 1)

plt.subplot(3,3,1)
plt.subplot(3,3,3)    # 3 × 3 행렬의 세 번째(왼쪽 위)
plt.subplot(3,3,5)    # 3 × 3 행렬의 다섯 번째(오른쪽 위)
plt.subplot(3,3,9)    # 3 × 3 행렬의 아홉 번째(중간의 아랫부분)
```

b. plt.subplot() 함수는 subplot() 이전에 그려진 figure와 겹치는 경우, 이전의 figure를 지우는 성질을 가지고 있다.

```
plt.plot([1,2,3])
plt.subplot(2.1,1)             #plt.plot([1,2,3])는 삭제됨
plt.plot(range(1,2))
plt.subplot(2,1,2)
```

❸ axes

figure 내에서 축과 관련된 4개의 인자를 지정하여 그래프를 배치할 때 axes() 함수를 사용하여 축의 범위를 전달한다.

- axis[xmin, xmax, ymin, ymax] : 인자로 축의 범위를 지정
- axes.twinx() : 두 개의 y축을 갖는 그래프를 생성하여 axes 객체를 x축에 겹처서 설정할 수도 있다.

❹ plt.xlabel(), plt.ylabel(), plt.title()

label() 함수는 그래프 x, y축에 레이블을 붙일 때 사용하고, title() 함수는 그래프에 제목을 붙일 때 사용한다.

set_xlabel() : x축 축 이름 설정
set_ylabel() : y축 축 이름 설정
set_title() : 제목 설정(정확한 위치 loc={'center', 'left', 'right'} 지정도 가능)
set_xticks() : x축 눈금 위치 설정
set_yticks() : y축 눈금 위치 설정
set_xticklabels() : x축 눈금 이름 설정
set_yticklabels() : y축 눈금 이름 설정
plt.xlabel() : x축 레이블에 제목을 붙일 때 사용

plt.ylabel() : y축 레이블에 제목을 붙일 때 사용
plt.title() : 그래프 제목 입력
plt.grid() : 그래프에 격자 모양 표시
plt.xticks() : x축에 간격을 구분하기 위해 눈금 표시
plt.yticks() : y축에 간격을 구분하기 위해 눈금 표시
plt.tight_layout() : 여백 조정을 위해 사용

❺ plt.legend()

데이터의 종류를 구분하여 범례로 표시할 때 사용한다.

❻ plt.gcf()

plt.gcf 함수는 get current figure의 약어로 현재 figure에 대한 출력 결과를 확인할 때 사용한다.

❼ plt.gca()

plt.gca() 함수는 get current axes의 약어로 gcf() 함수와 비슷한 개념이며 axes 객체를 반환한다.

```
plt.subplot(1,1,1)
ax = plt.gca()
```

❽ gridspec()

그래프 영역을 구분한다.

❾ plt.plot(x,y)

2차원 선 그래프를 그린다.

❿ plt.show()

그래프를 화면에 표시한다.

⓫ plt.getp()

matplotlib plt 객체 정보를 확인할 수 있다.

⓬ plt.savefig()

savefig() 함수를 사용하여 그래프를 파일로 저장한다.

```
plt.savefig('final.png')
```

막대(bar) 그래프

데이터 값을 직사각형 막대로 표현하는 그래프로 bar() 함수를 이용해서 수직 막대그래프를 그릴 수 있다.

제공한 파일 'supply.csv'를 C:\python_work 폴더에 복사한 후, 판다스 데이터프레임으로 자료를 전환하여 판매량 막대그래프를 그려보자.

```
import matplotlib.pyplot as plt
import pandas as pd
import numpy as np
plt.rcParams["font.family"] = 'malgun gothic'          #한글 맑은 고딕 폰트 사용
df=pd.read_csv("C:\\python_work\\supply.csv")
df
```

	구분	가격	판매량
0	고급형	480000	35
1	일반형	250000	28
2	저가형	180000	22

> **Tips** kind 옵션
>
> 그래프를 그리는 또 다른 형태는 객체.plot(kind='그래프')로 표현할 수 있다.
> 예를 들어 막대그래프는 df.plot(kind='bar')로 표현할 수 있다.

```
label = ['고급형','일반형','저가형']
index = np.arange(len(label))
plt.bar(index, df['가격'])                    #막대그래프(x,y) x=label, y=가격
plt.title('판매량 집계', fontsize=20)
plt.xlabel('구분', fontsize=18)
plt.ylabel('가격', fontsize=18)
plt.show()                                    #그래프를 표시함
```

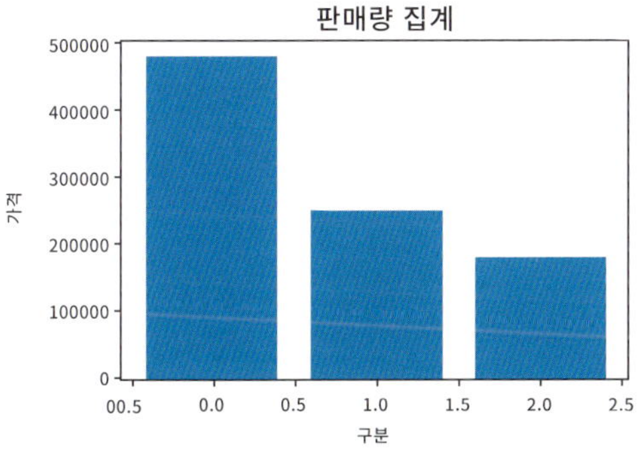

Tips **한글 폰트 지정**

matplotlib에서 한글 폰트를 전역으로 사용하기 위해 rcParams으로 설정값을 지정할 수 있다.

```
plt.rcParams["font.family"] = 'nanummyeongjo'    #나눔 명조 한글 폰트
```

❶ 막대그래프의 너비를 줄여보자.

```
plt.bar(index, df['가격'], width=0.5)
```

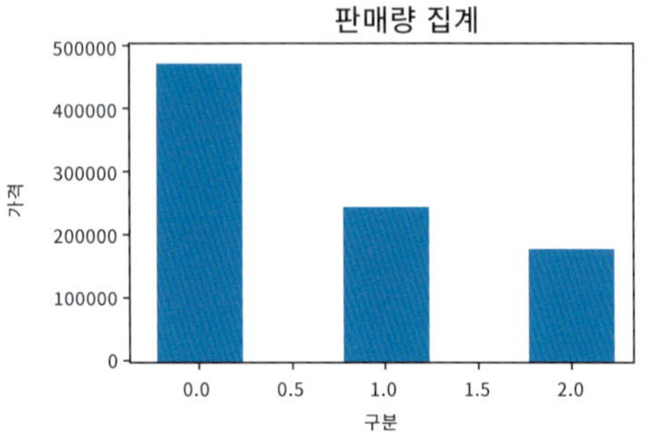

❷ 인덱스 축의 눈금 레이블에 label을 표시하면 '고급형', '일반형', '저가형'이 X축의 눈금 레이블에 차례로 표시된다.

```
plt.xticks(index, label, fontsize=15)
```

❸ 막대그래프 색깔(bar color)을 '초록'으로 바꾸고, 투명도(transparency, alpha)를 조절해보자.

```
plt.bar(x, df['가격'],width=0.5, color='g', alpha=0.3)
```

Tips

color='green'으로 사용해도 되고 green의 머리글자 'g'만 사용해도 된다.

❹ X축 라벨이 많거나 길이가 길 경우에는 X축 라벨을 90도로 돌려 수직으로 세워서 라벨을 표시할 수 있다.

```
plt.xticks(x, label, fontsize=15, rotation=90)
```

❺ bar 그래프는 막대 색상을 개별 지정할 수 있는데, 이때 색상 항목을 리스트를 통해 저장한 후, plt.bar() 함수에서 color 파라미터를 사용해서 색상을 지정한다.

```
colors = ['b', 'y', 'r']                              #남색, 회색, 파랑
plt.bar(x, df['가격'],width=0.5, color=colors)
```

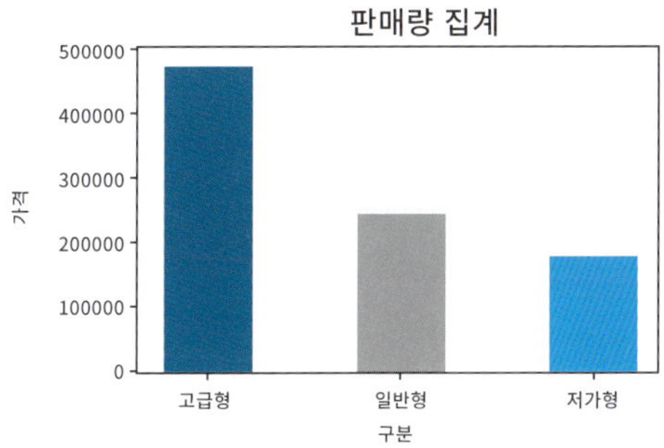

❻ 막대 테두리의 색, 두께는 edgecolor, linewidth를 지정하여 변경한다.

```
plt.bar(x, df['가격'],width=0.5, color=colors, edgecolor='g', linewidth=3)
```

수평(barh) 막대그래프

범주가 있는 데이터 값을 수평 막대로 표현하는 그래프이다.

```
label = ['고급형','일반형','저가형']
y = np.arange(len(label))
plt.barh(y, df['가격'])
plt.yticks(y,label)
plt.show()
```

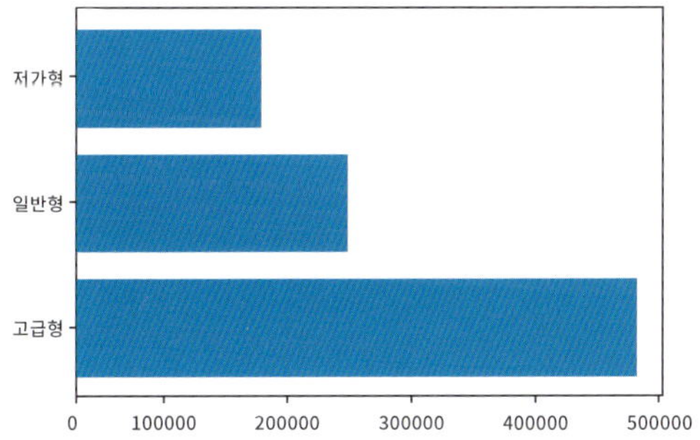

선(line) 그래프

좌표축의 점들로 데이터를 나타내고, 이 점들을 연결하여 시간에 따른 데이터의 변화를 직선으로 표현하는 그래프이다.

```
import matplotlib.pyplot as plt
import pandas as pd
import numpy as np
plt.rcParams["font.family"] = 'malgun gothic'
df=pd.read_csv("c:\\python_work\\traffic_accident.csv")
df
```

	년도	사고건수(건)	사망자수(명)	부상자수(명)
0	2010	226,878	5,505	352,458
1	2011	221,711	5,229	341,391
2	2012	223,656	5,392	344,565
3	2013	215,354	5,092	328,711
4	2014	223,552	4,762	337,497
5	2015	232,035	4,621	350,400
6	2016	220,917	4,292	331,720
7	2017	216,335	4,185	322,829
8	2018	217,148	3,781	323,037
9	2019	229,600	3,349	341,712
10	2020	209,654	3,081	306,194
11	2021	203,130	2,916	291,608

```
data1=df['연도']
data2=df['사망자수(명)']
fig = plt.figure(figsize=(8,6))                          #캔버스 크기 가로 8, 세로 6 생성
fig.set_facecolor('y')                                   #캔버스 배경색 설정
plt.plot(data1, data2, label="facebook", color='g')      #그래프 선 색상 설정
                                                         #label를 범례로 사용
plt.xticks(rotation=45)
plt.xlabel("연도")
plt.ylabel("사망자수")
plt.legend()
plt.title('연도별 교통사고 사망자 현황',fontsize=20)
plt.show()
```

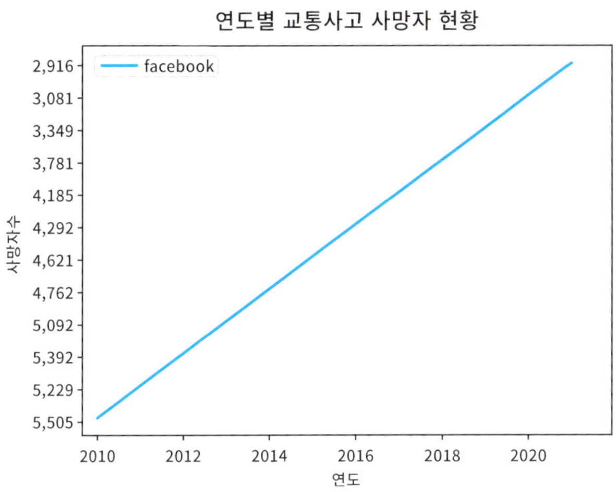

❶ 그래프에 grid() 함수로 격자 표시를 할 수 있으며, plot() 함수의 인자 marker=' '형식으로 그래프에 표시되는 다양한 마커 모양을 marker 옵션으로 지정할 수 있다. 마커 모양은 주로 'o', '+', '*' 등을 사용한다.

```
plt.grid()
plt.plot(data1, data2, color='g', marker='o')
```

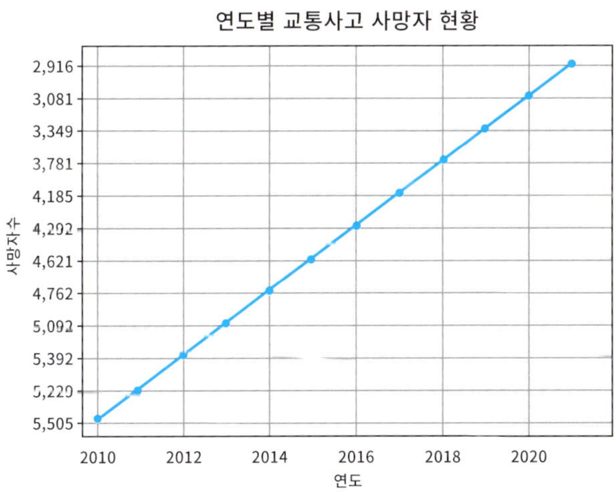

❷ add_subplot() 함수는 한 화면에 여러 개의 그래프를 표시할 때 사용한다.

add_subplot(2,1,1)는 2행 1열로, 1은 첫번째 화면 위치를 의미한다.

Tips **axes=add_subplot(행, 열, 그래프 화면 수)**

-index 1일 때 첫 번째 화면

-index 2일 때 두 번째 화면

```
data1=df['연도']
data2=df['사망자수(명)']
fig = plt.figure(figsize=(8,6))
fig.set_facecolor('y')
ax1 = fig.add_subplot(2, 1, 1)
ax1.plot(data2, 'ko-')                                    #선색: 검정,마커 유형:o,선:—
ax2 = fig.add_subplot(2, 1, 2)
ax2.plot(data2, 'r-', drawstyle='steps-post')    #선색: 빨강, 계단 형태의 그래프
plt.xticks(rotation=45)
plt.grid()
plt.show()
```

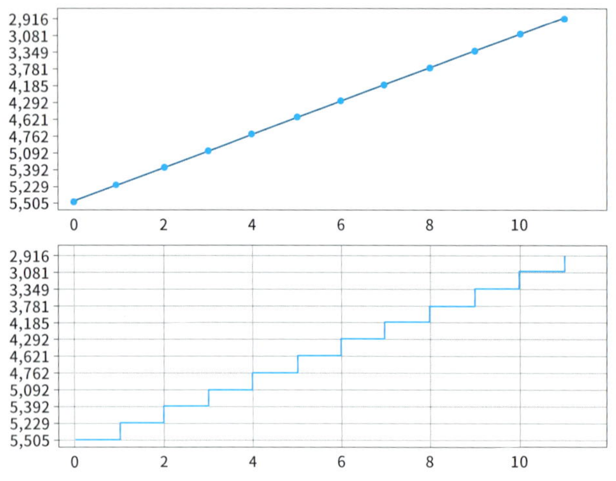

> **Tips** linestyle 속성
>
> 그래프 선 모양을 다양한 형태로 바꾸고 싶을 때는 linestyle 속성에서 지정하면 된다.
> plot() 함수의 선을 나타내는 linestyle 속성 표현은 다음과 같다.
>
> | 속성 | 선 모양 |
> |---|---|
> | 실선 | '-' |
> | 파선 | '--' |
> | 점쇄선 | '-.' |
> | 점선 | ':' |

히스토그램(hist) 그래프

히스토그램 그래프는 데이터 분포를 시각적으로 나타내는 그래프이며, 대량의 데이터를 요약하고 값의 빈도를 나타낼 때 사용한다.

```python
import matplotlib.pyplot as plt
import pandas as pd
import numpy as np
plt.rcParams["font.family"] = 'malgun gothic'
df=pd.read_csv("c:\\python_work\\traffic_accident.csv")
df
```

	연도	사고건수(건)	사망자수(명)	부상자수(명)
0	2010	226,878	5,505	352,458
1	2011	221,711	5,229	341,391
2	2012	223,656	5,392	344,565
3	2013	215,354	5,092	328,711
4	2014	223,552	4,762	337,497
5	2015	232,035	4,621	350,400
6	2016	220,917	4,292	331,720
7	2017	216,335	4,185	322,829
8	2018	217,148	3,781	323,037
9	2019	229,600	3,349	341,712
10	2020	209,654	3,081	306,194
11	2021	203,130	2,916	291,608

❶ 히스토그램은 각 값의 빈도수를 사각형의 기둥으로 표시하며 bins는 막대그래프의 사각형 기둥 개수를 나타낸다.

```python
data=np.array(df['사고건수(건)'])
plt.hist(data, bins=10, color="red")
plt.xlabel("교통건수")
plt.show()
```

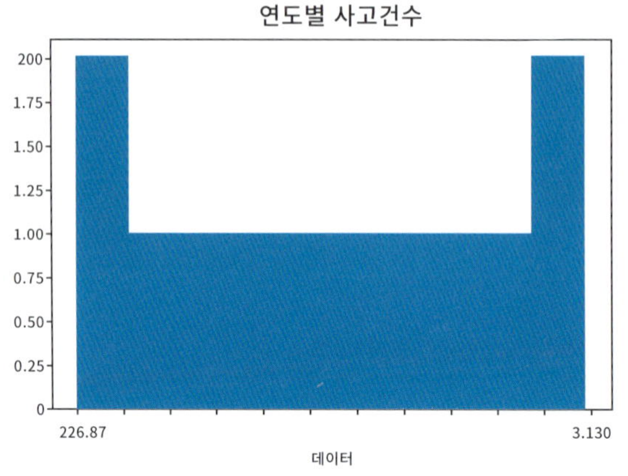

❷ histtype='step' 옵션은 그래프 표시를 테두리로 보여준다.

```
plt.hist(data, bins=10, color="red", histtype='step')
```

❸ '사망자수(명)' 데이터 하나를 추가해보자. histtype='bar' 옵션을 사용하면 추가된 그래프를 동시에 표시하여 비교할 수 있다. legend() 함수를 추가하면 사고건수와 사망자건수 데이터 표시 모양을 구분할 수 있다.

```
data1=np.array(df['사고건수(건)'])
data2=np.array(df['사망자수(명)'])
plt.legend(['사고건수','사망자수'])
plt.hist((data1, data2), histtype='bar')
```

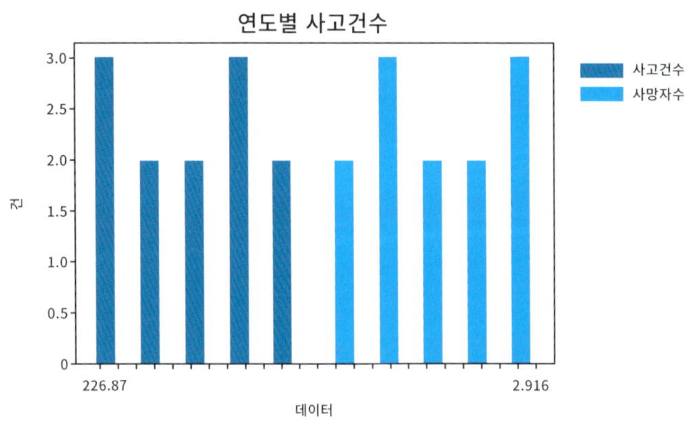

원형(pie) 그래프

범주별 구성 비율을 원형으로 표현한 그래프로, 부채꼴의 중심각을 구성 비율에 비례하여 표시한다. pie() 함수는 그래프에 표시할 순서대로 데이터를 입력하고, autopct는 꼴 안에 표시될 숫자의 형식을 지정한다. 데이터 출력을 위한 표시 형식에서 소수점 둘째 자리는 %.2f이고 %모양을 표시하기 위해서는 '%%' 두 개를 넣어주면 된다.

```
import matplotlib.pyplot as plt
import pandas as pd
plt.rcParams["font.family"] = 'malgun gothic'
df=pd.read_csv("c:\\python_work\\supply.csv")
df[['구분', '판매량']]
```

	구분	판매량
0	고급형	35
1	일반형	28
2	저가형	22

```
label = ['고급형','일반형','저가형']
plt.pie(df['가격'], labels=label, autopct='%.2f%%')
plt.title("판매량 집계", fontsize=18)
plt.show()
```

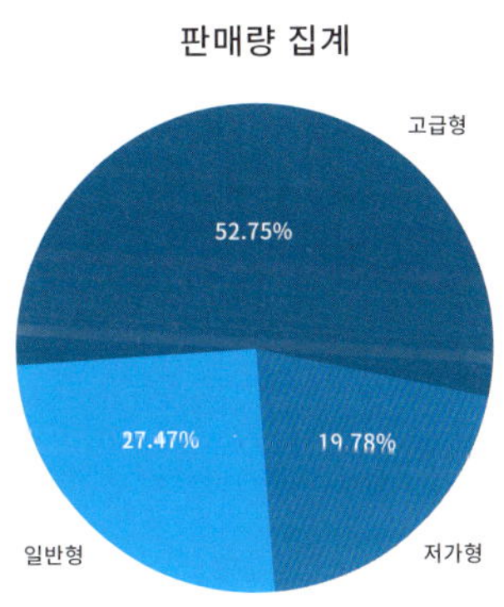

산점도(scatter) 그래프

x, y 변수의 상관관계를 직교 좌표계의 평면에 점으로 표현하는 그래프로 plt.scatter(x, y) 함수를 이용한다.

여기서 잠깐 seed()와 shuffle() 함수

random 모듈을 이용해서 난수 생성 및 무작위 추출과 같은 과정들을 수행할 때 seed() 함수와 shuffle() 함수를 통해서 난수의 결과값을 고정해서 사용할 수 있다.

❶ seed() : 난수 또는 무작위 규칙의 기준으로 수많은 경우의 수를 가지고 있으며, '무작위'의 결과를 특정한 값으로 고정할 수 있다.

❷ shuffle() : 리스트와 같은 객체의 원소들을 무작위로 섞어주는 함수로 리스트 내의 각 원소들의 인덱스를 무작위로 변경할 수 있다.

seed()와 shuffle() 함수를 사용하기 위해서는 random() 모듈을 import한 후 random.seed(), random.shuffle()과 같이 사용해야 한다.

```
import matplotlib.pyplot as plt
import numpy as np
data=np.random.rand(1024, 2)
data[:3, :]
plt.scatter(data[:,0], data[:,1])
plt.show()
```

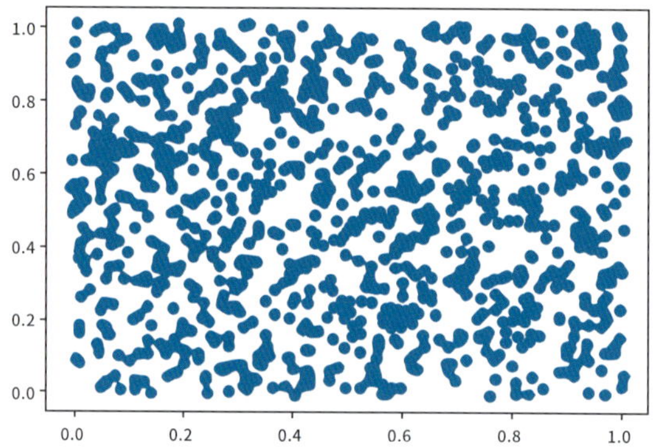

Tips

- np.random.rand(1024, 2) : 0~1024에 대한 난수 2개를 생성한다.
- plt.scatter(x,y, alpha, cmap) : x, y 인수에 대한 그래프에서 alpha는 투명도이고, cmap은 컬러맵에 해당하는 색상을 문자열로 지정할 수 있다.

그래프 저장

그래프로 출력된 결과를 저장하기 위해 savefig() 함수를 사용한다.

png, jpeg, tif 등과 같은 그림 파일과 pdf 문서 형태 파일을 확장자로 지정할 수 있다.

plt.savefig(파일명, dpi)

Tips **dpi란?**

dpi는 Dots Per Inch의 약어로 해상도를 설정하는 단위이다. 가로, 세로가 1인치인 이미지가 총 몇 개의 점으로 이루어져 있는지를 나타낸다. 출력을 위한 dpi 해상도는 보통 300dpi를 사용한다.

Tips **현재 작업 디렉터리 확인 및 변경**

```
current_path=os.getcwd()        #현재 작업 디렉터리 확인
os.chdir("C:\\python_work")     #현재 작업 디렉터리 변경
```

파이썬에서 디렉터리 및 파일 관련 기능을 내 컴퓨터에서 수행하는 import.os 모듈을 호출한 후, 작업 디렉터리를 변경하고 savefig() 함수를 이용하여 저장한다.

❶ 앞서 실습한 bar 그래프를 "C:\python_work" 폴더에 'bar_chart.png' 파일 이름으로 저장해보자.

```
import matplotlib.pyplot as plt
import pandas as pd
import numpy as np
import os
plt.rcParams["font.family"] = 'malgun gothic'
label = ['고급형','일반형','저가형']
colors = ['b', 'y', 'r']
x = np.arange(len(label))
plt.bar(x, df['가격'],width=0.5, color=colors, edgecolor='g', linewidth=3)
plt.title('판매량 집계', fontsize=20)
plt.xlabel('구분', fontsize=18)
plt.ylabel('가격', fontsize=18)
plt.xticks(x, label, fontsize=15, rotation=90)
fig = plt.gcf()
plt.draw()
fig.savefig('bar_chart.png', dpi=fig.dpi)
```

Tips

```
plt.gcf()        #출력 결과를 확인할 때 사용
plt.draw()       #변경된 값을 반영하여 플롯 그리기
```

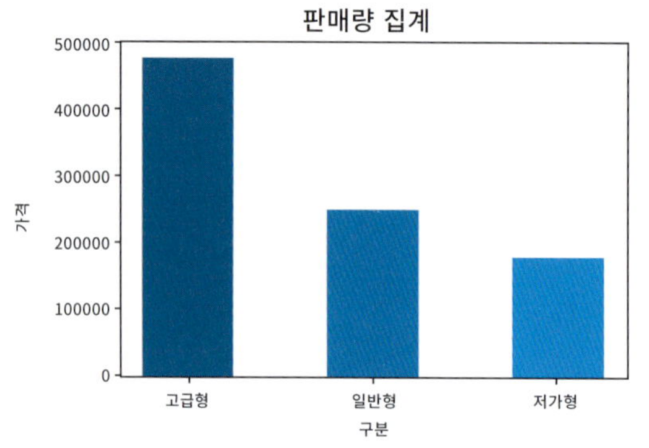

Tips

해상도를 300dpi로 설정해도 되지만 해상도에 따라 이미지 크기가 달라질 수 있으므로 화면에 보이는 그대로를 반영하기 위해서 dpi=fig.dpi 속성을 사용하는 것이 좋다.

❷ 'C:\python_work' 폴더에 그래프 이미지 파일이 잘 저장된 것을 확인할 수 있다.

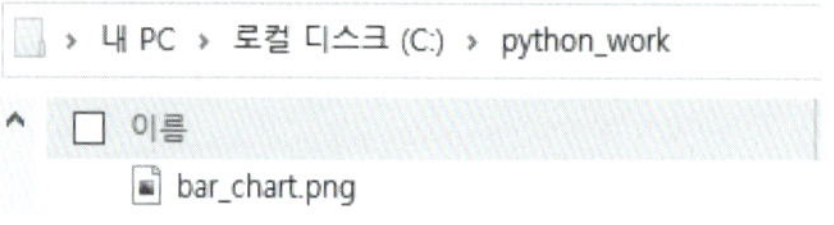

진단문제

제공된 'new_student.csv' 파일을 "C:\\python_work" 폴더에 복사한 후, 외부 데이터를 가져와서 matplotlib 라이브러리를 이용해 연도별 남여 그래프가 [실행 결과]와 같이 보여지도록 밑줄 친 빈칸을 채워 matplotlib 막대그래프를 완성하시오.

❶ 시각화에 필요한 라이브러리 가져오기 및 한글 사용

```
import pandas as pd
import numpy as np
_______________________________________
plt.rcParams["font.family"] = 'malgun gothic'
```

❷ 외부 데이터 가져오기

```
df= pd.read_csv("C:\\python_work\\new_student.csv")
df
```

	연도	남	여
0	2010	409.67	407.56
1	2011	420.21	412.42
2	2012	416.27	400.87
3	2013	399.00	389.99
4	2014	397.27	393.98
5	2015	384.73	389.88
6	2016	370.93	385.60
7	2017	360.15	375.43
8	2018	358.03	376.26
9	2019	360.00	373.52
10	2020	356.35	370.63
11	2021	342.63	354.69

❸ 연도별 남학생/여학생 입학생 수 그래프 작업

```
fig=plt.figure(figsize=(12, 3))
_____________________________

x=df['연도']
y1=df['남']
plt.bar(x,y1)

_____________________________
x=df['연도']
______________
plt.bar(x,y2)
plt.show()
```

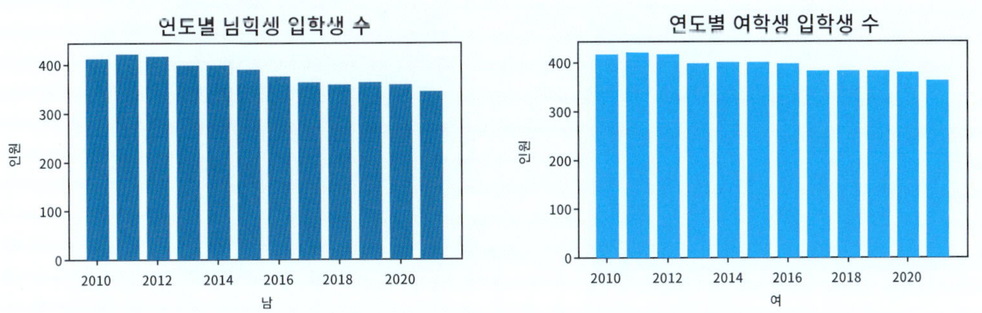

시본(seaborn) 라이브러리

시본은 matplotlib에 구축된 파이썬 플로팅 라이브러리로 통계 그래픽을 그릴 수 있는 고급 인터페이스를 제공하며 matplotlib보다 손쉽게 그래프 작성과 스타일을 설정할 수 있다는 게 장점이다. 또한 matplotlib 라이브러리를 기반으로 한 다양한 색상 테마와 통계용 차트 등의 기능을 추가한 시각화 패키지로 matplotlib에서 제공하는 색상보다 더 많기 때문에 훨씬 더 세련되고 표현이 풍부한 그래프를 꾸밀 수 있다.

matplotlib 패키지에는 pyplot이라는 서브 패키지가 있는데, 매트랩(matlab)이라는 수치 해석 소프트웨어의 시각화 명령을 거의 그대로 사용할 수 있어서 간단한 시각화 작업에서는 큰 무리 없이 pyplot 서브 패키지의 기능만으로도 구현이 가능하다.

시본 설치하기

matplotlib을 설치할 때와 동일하게 설치해보도록 하자.

아나콘다 플랫폼이 설치되어 있어 주피터 노트북으로 시각화를 이용한다면 생략할 수 있다.

파이썬 IDLE 환경에서 도스 모드로 pip 명령어를 이용할 것이다.

우선 '윈도우 로고 + R'을 눌러 실행하고 [열기]에서 [cmd]를 입력하여 도스 모드로 빠져나간 후, pip install seaborn을 입력하여 설치를 진행한다.

```
C:\Users\dali3> pip install seaborn
```

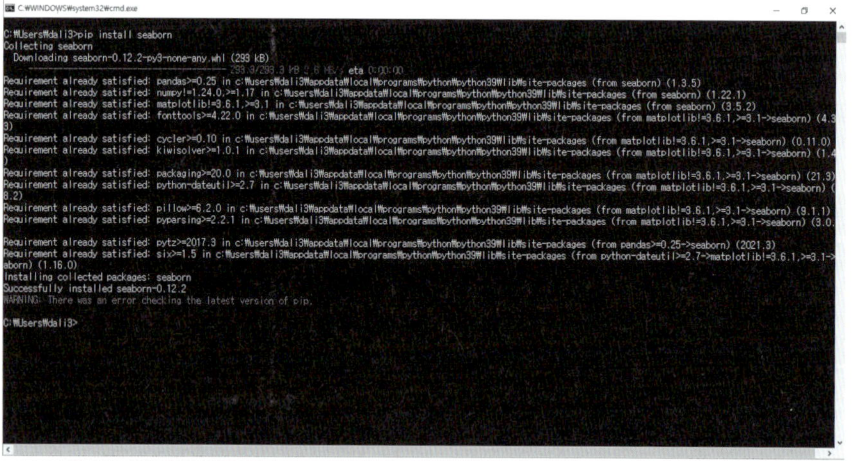

시본 샘플 데이터 tips 가져오기

시본에서는 데이터 시각화를 위한 샘플 데이터를 제공하고 있다. 시본 그래프 실습을 위해 샘플 데이터 tips를 가져와보자.

```python
import pandas as pd
import numpy as np
import matplotlib.pyplot as plt
import seaborn as sns
plt.rcParams[“font.family”] = ‘malgun gothic’
tip_df = sns.load_dataset(“tips”)
tip_df.head()
```

	total_bill	tip	sex	smoker	day	time	size
0	16.99	1.01	Female	No	Sun	Dinner	2
1	10.34	1.66	Male	No	Sun	Dinner	3
2	21.01	3.50	Male	No	Sun	Dinner	3
3	23.68	3.31	Male	No	Sun	Dinner	2
4	24.59	3.61	Female	No	Sun	Dinner	4

Tips **Tips에서 제공한 각 컬럼의 정보는 다음과 같다.**

- total_bill: 총 합계 요금표
- tip: 팁
- sex: 성별
- smoker: 흡연자 여부
- day: 요일
- time: 식사 시간
- size: 식사 인원

시본 막대(barplot) 그래프

카테고리 값에 따른 실수값의 평균과 편차를 표시하는 그래프이다. barplot() 함수에 x, y축에 대한 인수를 day, total_bill로 각각 지정하여 시본 막대 그래프를 그려보자.

```python
sns.set_theme(style="whitegrid")
sns.barplot(x="day", y="total_bill", data=tip_df)
plt.show()
```

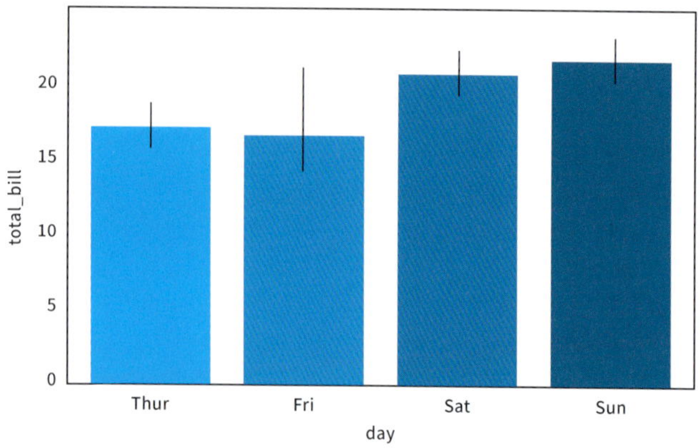

Tips **시본의 5가지 테마 스타일**

시본은 아래 표와 같은 색상 테마를 제공하고 있다.
기본 테마는 '**darkgrid**'이지만 필요에 따라 변경이 가능하다.

테마 색	설명
darkgrid	dark background + grid
whitegrid	white background + grid
white	white background(그리드 없는 흰색 배경)
dark	dark background(그리드 없는 어두운 배경)

❶ 에러 바 없애기

앞선 실습에서 막대 위에 그려진 검은색 선분을 에러 바라고 하는데 에러 바를 없애고 배경을 'dark' 모드로 변경해보자. 에러 바를 없애고 싶으면 errorwidth=0으로 옵션을 추가한다.

```
sns.set_theme(style="dark")
sns.barplot(x="day", y="total_bill", data=tip_df, errwidth=0)
plt.show()
```

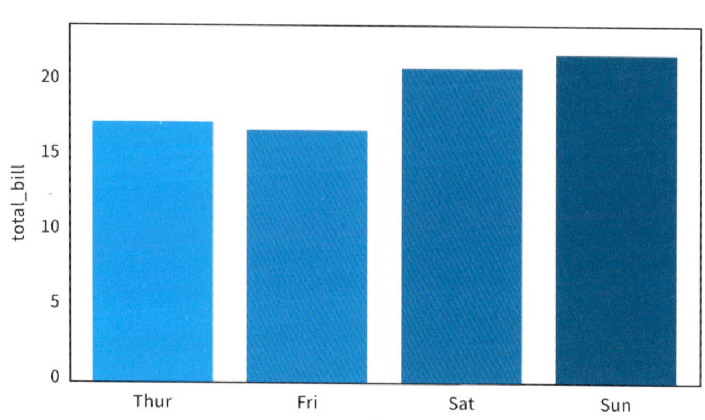

수평 막대(barplot)그래프

기본 수직 막대그래프 barplot() 함수 옵션을 orient='h'로 지정하고, x, y축의 데이터 값을 서로 바꾸면 수평 막대그래프로 전환할 수 있다.

```
sns.set_theme(style="dark")
sns.barplot(x="total_bill", y="day", data=tip_df, orient='h', errwidth=0)
plt.show()
```

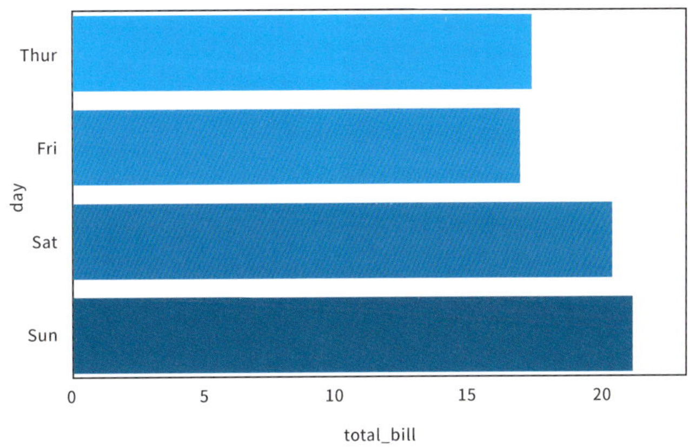

❶ 파레트 색상 변경하기

palette="색상"을 이용하여 그래프 바의 배경색을 지정할 수 있다.

```
sns.set_theme(style="dark")
sns.barplot(x="total_bill", y="day", data=tip_df, orient='h', palette="cool-
warm", errwidth=0)
plt.show()
```

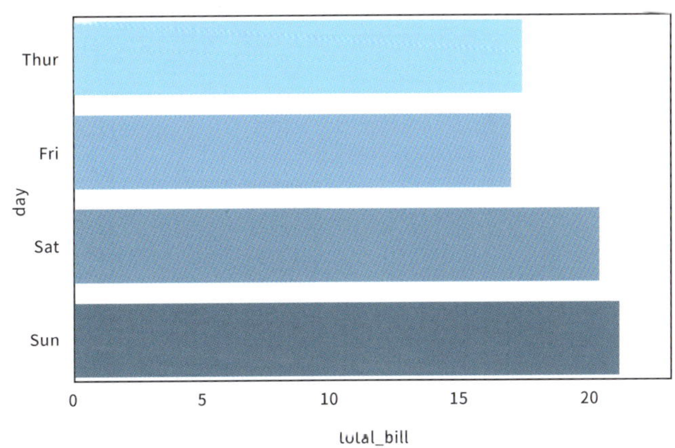

catplot 그래프

barplot 그래프에서 요소별 데이터 비교가 어려운 부분을 보완해 요소별 비교가 가능한 그래프이다.

```
sns.catplot(x="sex", y="total_bill", data=tip_df, kind="bar", errwidth=0)
plt.show()
```

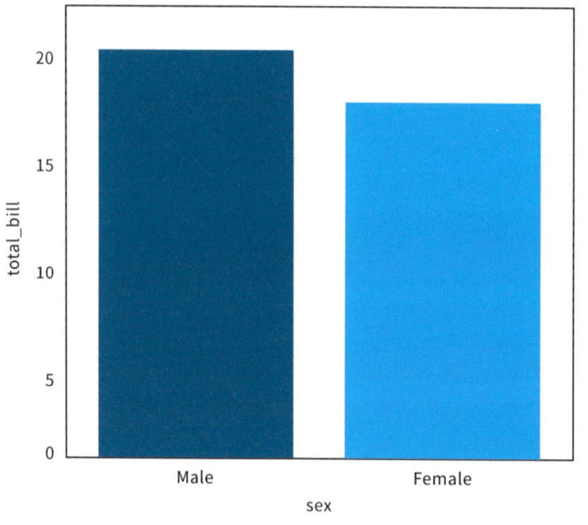

❶ hue 기능으로 분할

catplot 그래프에서는 hue 옵션 카테고리별로 구분하여 값에 따라 색상을 다르게 지정하여 구분할 수 있다.

성별(Male, Female)로 분리하여 hue="smoker" 옵션을 지정해 막대그래프를 작성해보자.

```
sns.catplot(x="sex", y="total_bill", data=tip_df, kind="bar", hue="smoker", err-
width=0)
plt.show()
```

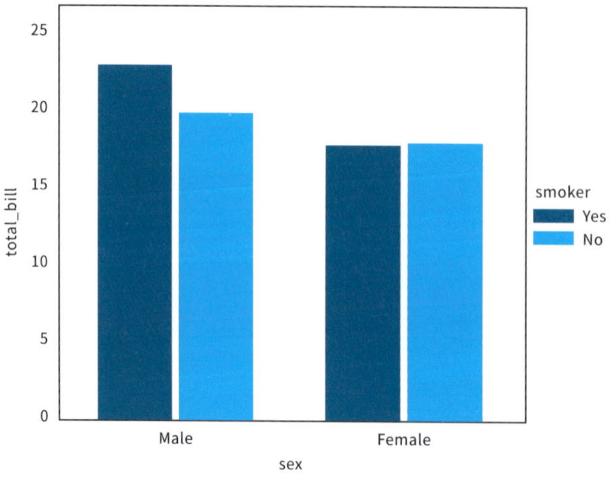

시본 샘플 데이터 titanic 가져오기

시본을 활용하여 다양한 그래프를 구현하기 위해 또 다른 샘플 데이터 titanic을 가져와보자.

```
import pandas as pd
import numpy as np
import matplotlib.pyplot as plt
import seaborn as sns
plt.rcParams["font.family"] = 'malgun gothic'
df = sns.load_dataset("titanic")
df.head()
```

	survived	pclass	sex	age	sibsp	parch	fare	embarked	class	who	adult_male	deck	embark_town	alive	alone
0	0	3	male	22.0	1	0	7.2500	S	Third	man	True	NaN	Southampton	no	False
1	1	1	female	38.0	1	0	71.2833	C	First	woman	False	C	Cherbourg	yes	False
2	1	3	female	26.0	0	0	7.9250	S	Third	woman	False	NaN	Southampton	yes	True
3	1	1	female	35.0	1	0	53.1000	S	First	woman	False	C	Southampton	yes	False
4	0	3	male	35.0	0	0	8.0500	S	Third	man	True	NaN	Southampton	no	True

countplot 그래프

countplot 그래프는 카테고리별로 데이터가 얼마나 있는지 표시하고 항목의 개수를 구할 수 있다. 또한, 해당 컬럼을 구성하고 있는 value들을 구분하여 보여준다.

열 'class' 등급 'First', 'Second', 'Third'의 'woman', 'man', 'child' 인원수를 그래프를 통해 확인해보자.

```
sns.set_style('whitegrid')
sns.countplot(x="class", hue="who", data=df)
plt.title("Titanic Class Passenger", fontsize=18)
plt.show()

sns.set_style('whitegrid')
sns.countplot(x="class", hue="who", data=df)
plt.title("Titanic  Class", fontsize=18)
plt.show()
```

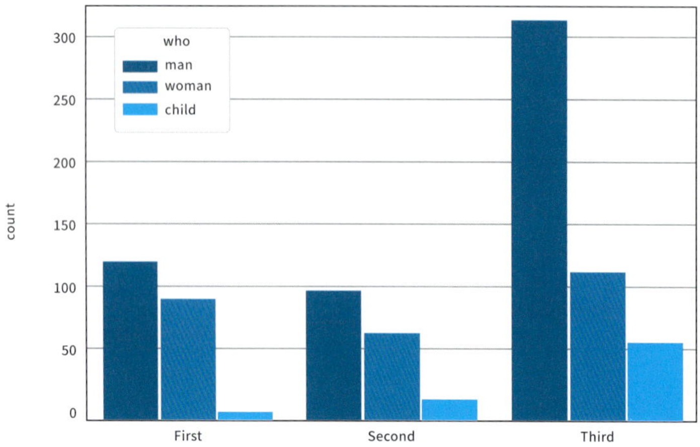

violinplot 그래프

violinplot 그래프는 그래프 모양이 바이올린처럼 생겨서 붙여진 이름으로 각 column 데이터의 비교분포도를 표시한다. 완성된 그래프의 둥그런 부분이 데이터의 분포이고, 양쪽 끝의 뾰족한 부분이 데이터의 최솟값과 최댓값을 나타낸다.

```
plt.figure(figsize=(8,6))
sns.violinplot(x=df['who'], y=df["fare"])
plt.title("Title Fare Description", fontsize=18)
plt.show()
```

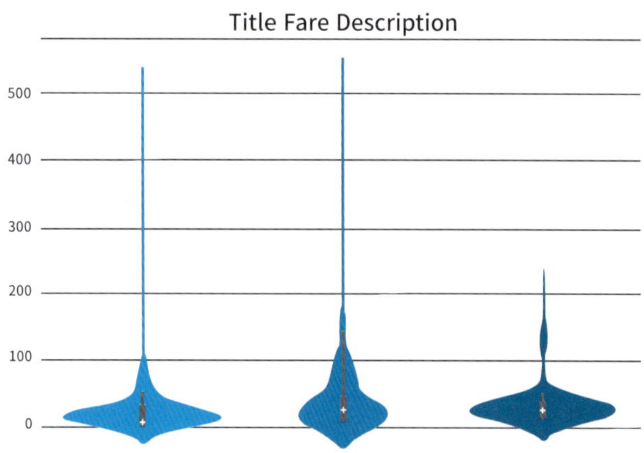

violinplot 가로 그래프

violinplot 그래프의 x축과 y축을 바꾸어 표시한 그래프이다.

violinplot 그래프를 violinplot 가로형 그래프로 변형하기 위해서는 x축과 y축을 바꾼 후 y축에 '성별', x축에 '요금'을 지정한다. 조건은 나이가 20세 이상인 데이터를 그래프에 표시하도록 한다.

hue 옵션은 'class'로 주어 구분한다.

```
plt.figure(figsize=(8,8))
sns.violinplot(y='sex', x='fare', hue='class', data=df[df.age >=20] )
plt.title("Title Fare Description", fontsize=18)
plt.show()
```

heatmap 그래프

2차원 테이블 형태로 pivot 테이블을 활용해서 다양한 정보를 색상으로 표시한다. 상관관계에 대한 분포도를 표시할 때 이용하며 값이 클수록 진하게 표시되고 값이 적으면 옅게 보인다.

```
df_size=df.pivot_table(index="class",columns="sex",aggfunc="size")
sns.heatmap(df_size, annot=True, cmap="RdYlGn", fmt=".2f")
plt.title("Heatmap Graph")
plt.show()
```

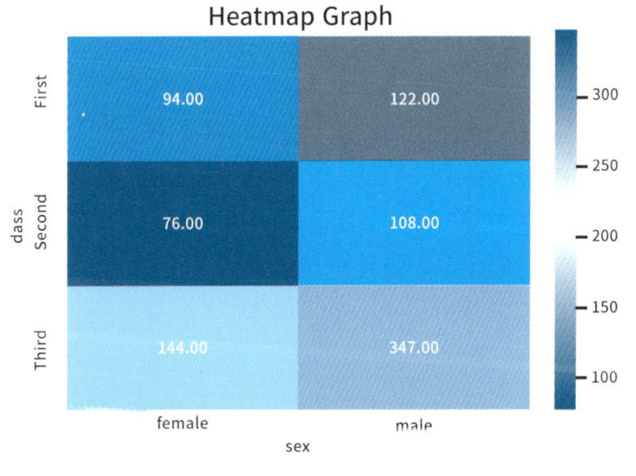

여기서 잠깐 heatmap 그래프 옵션

식별자	설명
cmap	차트의 계열 색상을 지정할 수 있다. ex) cmap="YlGnBU" 또는 cmap="RdYlGn")
annot	데이터 값 표시 여부로 annot=True로 해야 수치 표현이 가능하다.
annot_kws	그래프 내의 데이터 값 숫자 크기를 지정할 수 있다. ex) annkot_kws={'size':15}
fmt	소수점 자리수로 정수만 표시할 때는 decimal의 약어 'd'만 표시한다.
linewidths	차트의 선 테두리 굵기를 지정할 수 있다. ex) linewidth=5

❶ 숫자 서식 포맷과 크기, 선 굵기, 차트 색싱, 눈금바 길이를 지정하여 변경해보자.

```
df_size=df.pivot_table(index="class",columns="sex",aggfunc="size")
sns.heatmap(df_size, annot=True, cmap="RdYlGn", fmt="d", annot_kws={'size':14},
vmin=100, vmax=500, linewidth=5)
plt.title("Heatmap Graph", fontsize=18)
plt.show()
```

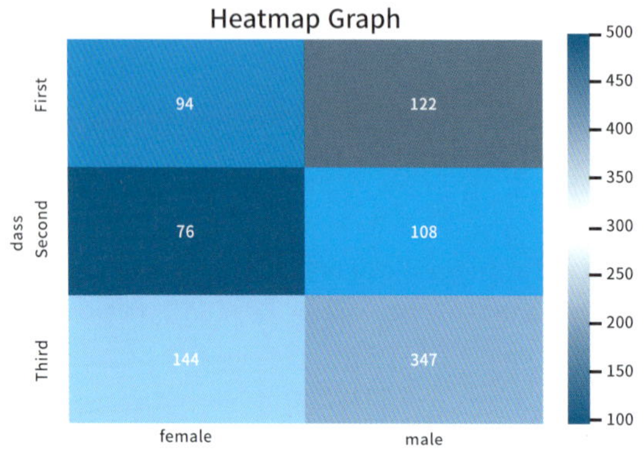

boxplot 그래프

박스와 박스 바깥의 선(whisker)으로 이루어진 그래프이다. 박스-휘스커 플롯(Box-Whisker Plot)이라고도 한다.

박스는 실수값 분포에서 Q1(1사분위수)과 Q3(3사분위수)를 뜻하고 Q3-Q1을 IQR(interquartile range)이라고 한다. 바깥의 점은 아웃라이어(outlier)라고 부르며 점으로 표시된다.

```
import pandas as pd
import numpy as np
import matplotlib.pyplot as plt
import seaborn as sns
plt.rcParams["font.family"] = 'malgun gothic'

tip_df = sns.load_dataset("tips")
tip_df.head()
```

	total_bill	tip	sex	smoker	day	time	size
0	16.99	1.01	Female	No	Sun	Dinner	2
1	10.34	1.66	Male	No	Sun	Dinner	3
2	21.01	3.50	Male	No	Sun	Dinner	3
3	23.68	3.31	Male	No	Sun	Dinner	2
4	24.59	3.61	Female	No	Sun	Dinner	4

```
sns.set_theme(style="whitegrid")
fig=plt.figure(figsize=(8,4))
sns.boxplot(x="day", y="total_bill", data=tip_df)
plt.title("Total_Bill of Day", fontsize=18)
plt.show()
```

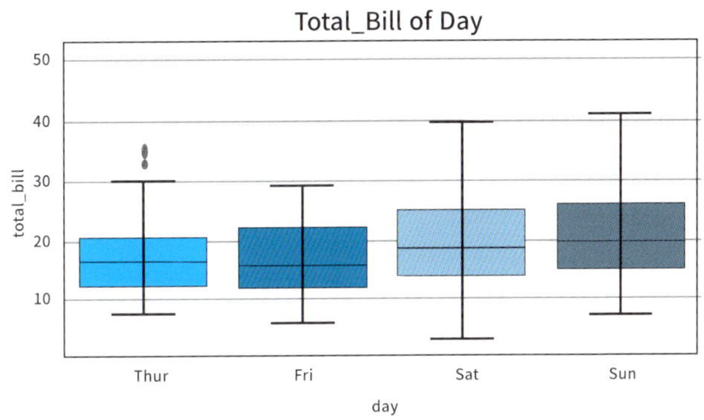

stripplot 그래프

적은 데이터를 다룰 때 유용한 그래프이다. scatter 플롯 그래프처럼 모든 데이터를 요약하여 분포도를 점의 형태로 보여주는데 점의 분포 개수가 많을 경우 겹치지 않도록 jitter=True로 설정한다.

```
sns.set_theme(style="whitegrid")
np.random.seed(0)
fig=plt.figure(figsize=(8,4))
sns.stripplot(x="day",y="total_bill",data=tip_df, jitter=True)
plt.title("Tips Description of Day", fontsize=18)
plt.show()
```

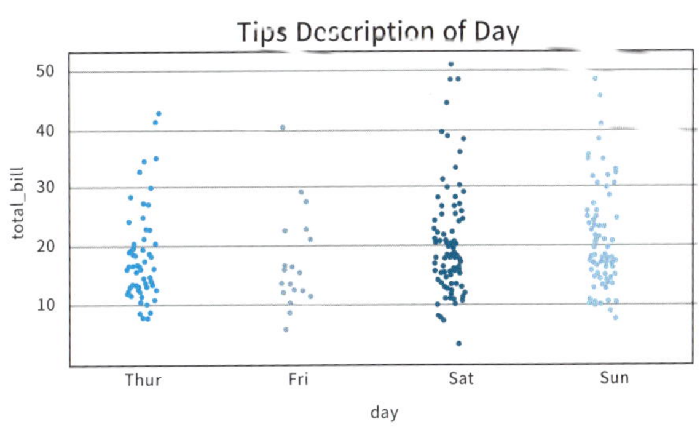

swarmplot 그래프

swarmplot 그래프는 stripplot과 비슷하게 데이터를 표시하는 점이 겹치지 않도록 옆으로 보여준다. 이는 값의 분포를 표현하기에는 좋지만 큰 수를 관찰해 양을 측정하기에는 그다지 좋지 않다.

```python
fig=plt.figure(figsize=(8,4))
sns.set_palette("bright")
sns.swarmplot(x="day",y="total_bill",data=tip_df)
plt.title("Tips Description of Day", fontsize=18)
plt.show()
```

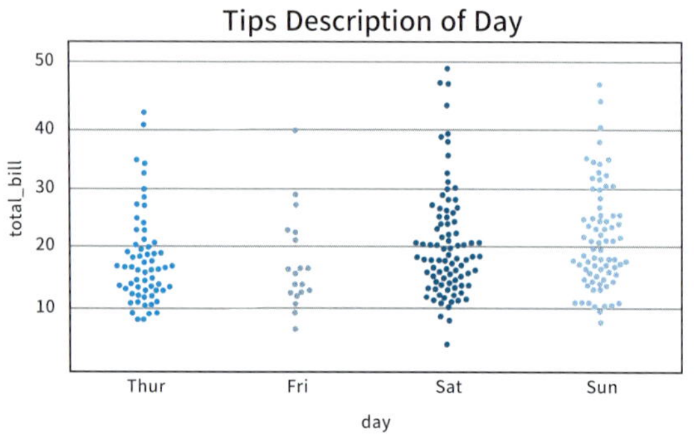

Tips **시본의 기본 팔레트 6가지**

시본에서는 sns.color_palette()를 사용해 팔레트 색상을 설정할 수 있고, 그래프 시작 전에 sns.set_palette() 색상을 기본 팔레트로 지정하면 시본이 알아서 색상을 혼합하여 사용하도록 설정할 수도 있다.

6개의 기본 팔레트는 'deep, muted, pastel, bright, dark, colorblind'이다.

ex) sns.color_palette("bright")
    sns.set_palette("pastel")

시본 histplot 그래프

특정 컬럼을 지정하여 그 컬럼의 히스토그램을 나타내는 그래프이다. histplot 그래프에 bins 속성을 통해서 'male'과 'Female' otal_bill 컬럼의 분포를 나누어서 그려주고 있다.

male, female에 대한 시본 히스토그램을 커널 밀도와 함께 나타내보자.

```python
tip_df[tip_df['sex']=='Male'].head()
```

	total_bill	tip	sex	smoker	day	time	size
1	10.34	1.66	Male	No	Sun	Dinner	3
2	21.01	3.50	Male	No	Sun	Dinner	3
3	23.68	3.31	Male	No	Sun	Dinner	2
5	25.29	4.71	Male	No	Sun	Dinner	4
6	8.77	2.00	Male	No	Sun	Dinner	2

```python
tip_df[tip_df['sex']=='Female'].head()
```

	total_bill	tip	sex	smoker	day	time	size
0	16.99	1.01	Female	No	Sun	Dinner	2
4	24.59	3.61	Female	No	Sun	Dinner	4
11	35.26	5.00	Female	No	Sun	Dinner	4
14	14.83	3.02	Female	No	Sun	Dinner	2
16	10.33	1.67	Female	No	Sun	Dinner	3

```
sns.set_theme(style="whitegrid")
fig=plt.figure(figsize=(8,4))
sns.histplot(male_data['total_bill'], bins=10, label="male", color="g", kde=True)
sns.histplot(Female_data['total_bill'], bins=10, label="Female", color="r", kde=True)
```

```
plt.xlabel('total_bill')
plt.ylabel('count')
plt.legend()
plt.grid()
plt.title("Tips Description of Day",fontsize=18)
plt.show()
```

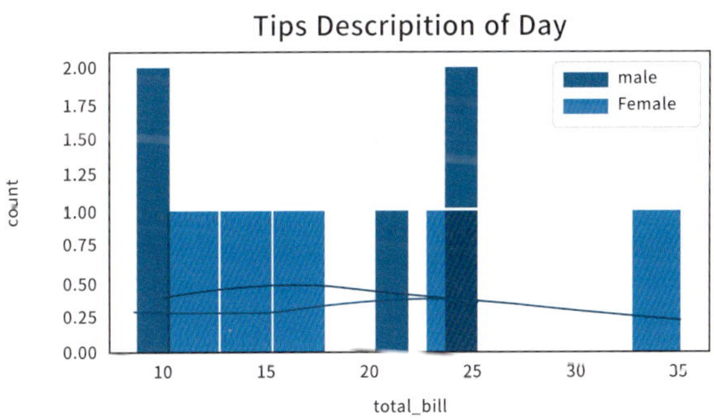

kde는 Kernel Density Estimationdml의 약어로 커널 밀도 추정을 나타내며, 커널 밀도의 분포 곡선을 부드럽게 나타내려면 kde 옵션을 True로 주면 된다.

plt.grid()는 x.label y.label의 축 이름을 범례로 정하기 위해 사용한다.

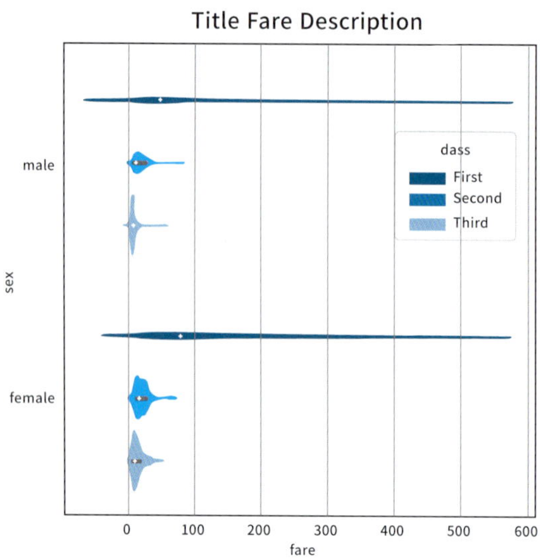

시본 샘플 데이터 iris 가져오기

```
import pandas as pd
import numpy as np
import matplotlib.pyplot as plt
import seaborn as sns
plt.rcParams["font.family"] = 'malgun gothic'

iris_df = sns.load_dataset("iris")
iris_df.head()
```

Tips **iris에서 제공한 각 컬럼의 정보는 다음과 같다.**

sepal_length : 꽃받침 길이 정보

sepal_width : 꽃받침 너비 정보

pepal_length : 꽃잎의 길이 정보

pepal_width : 꽃잎의 너비 정보

species : 붓꽃의 종류로 setosa, virginica, versicolor 3종이 있다.

jointplot 그래프

scatter와 bar를 합쳐서 그래프를 나타내고 싶을 때 사용한다.

❶ x 인수에는 'sepal_length', y 인수에는 'sepal_width'를 지정한 후, kind 옵션은 차트의 종류로 'scatter'를 지정하여 그래프를 나타내보자.

```python
import pandas as pd
import numpy as np
import matplotlib.pyplot as plt
import seaborn as sns
plt.rcParams["font.family"] = 'malgun gothic'

iris_df = sns.load_dataset("iris")
iris_df.head()
```

	sepal_length	sepal_width	petal_length	petal_width	species
0	5.1	3.5	1.4	0.2	setosa
1	4.9	3.0	1.4	0.2	setosa
2	4.7	3.2	1.3	0.2	setosa
3	4.6	3.1	1.5	0.2	setosa
4	5.0	3.6	1.4	0.2	setosa

```python
sns.jointplot(x="sepal_length",y="sepal_width",data=iris_df, kind='scatter')
plt.suptitle("꽃받침 Length and Width",y=1.02)
plt.show()
```

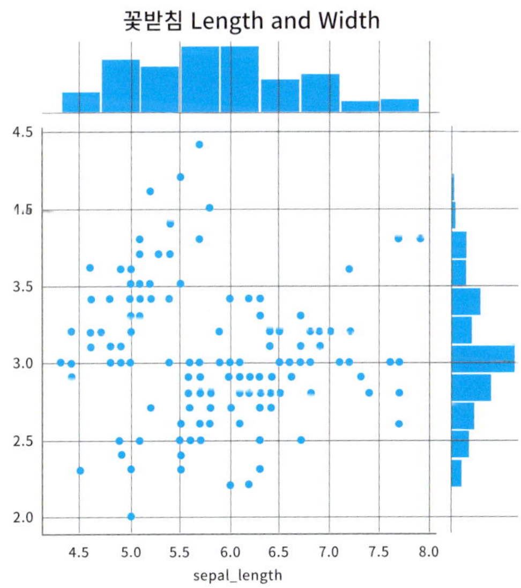

❷ 커널에 밀도를 주기 위해 kind='kde' 옵션을 지정하면 데이터의 모양을 바꿀 수 있다.

```python
sns.jointplot(x="sepal_length",y="sepal_width",data=iris_df, kind='kde')
plt.suptitle("꽃받침 Length and Width",y=1.02, fontsize=18)
plt.show()
```

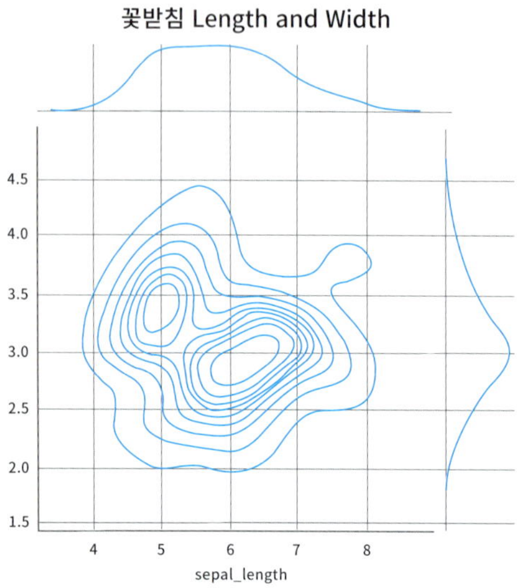

FacetGrid 그래프

행, 열 방향으로 서로 다른 조건을 적용하여 여러 개의 서브 플롯 그래프를 생성할 수 있으며, 서브 플롯에 적용할 그래프 종류는 map() 함수를 이용한다.

❶ 열 기준으로 나눌 속성에 col='species'를 지정한 후, 서브 플롯에 histplot() 함수를 이용하여 Facet 그래프를 작성해보자.

```
import seaborn as sns
import matplotlib.pyplot as plt
%matplotlib inline
sns.set_style('whitegrid')
iris_df = sns.load_dataset('iris')
iris_df.head()
fg = sns.FacetGrid(data=iris_df, col='species')
fg.map(plt.hist, 'sepal_length')
```

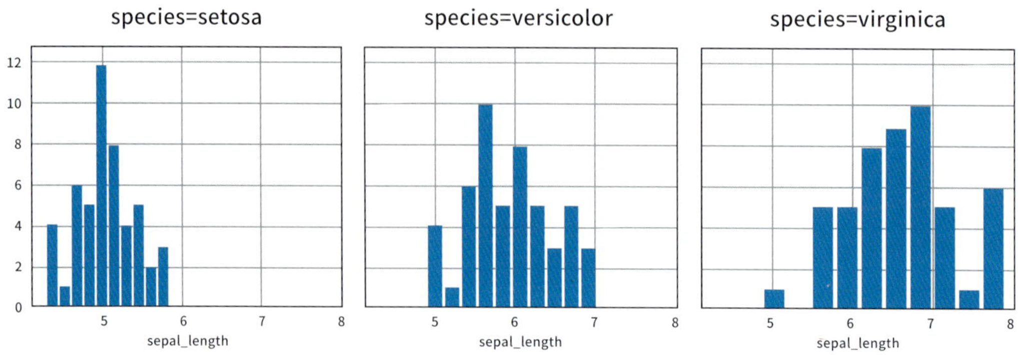

Tips

행, 열을 동시에 기준으로 지정하여 서브 플롯을 그리기 위해 row="열 이름", col='열 이름' 속성을 지정할 수 있다. 필요에 따라 height 속성으로 높이를 지정할 수 있고, aspect 속성으로는 세로 대비 가로 비율을 지정할 수 있다.

pairplot 그래프

3차원 이상의 데이터를 그래프로 표현할 때 유용하며, 인수로 전달되는 열이 쌍을 이루어 컬럼 간의 관계를 그래프로 나타낼 수 있는데 pairplot 그래프는 숫자형 데이터에 대해서만 그래프를 그릴 수 있다.

❶ iris 데이터를 바탕으로 pair 그래프를 그려보자.

```
sns.pairplot(iris_df,hue="species")
plt.title("Types of iris", fontsize=18)
plt.show()
```

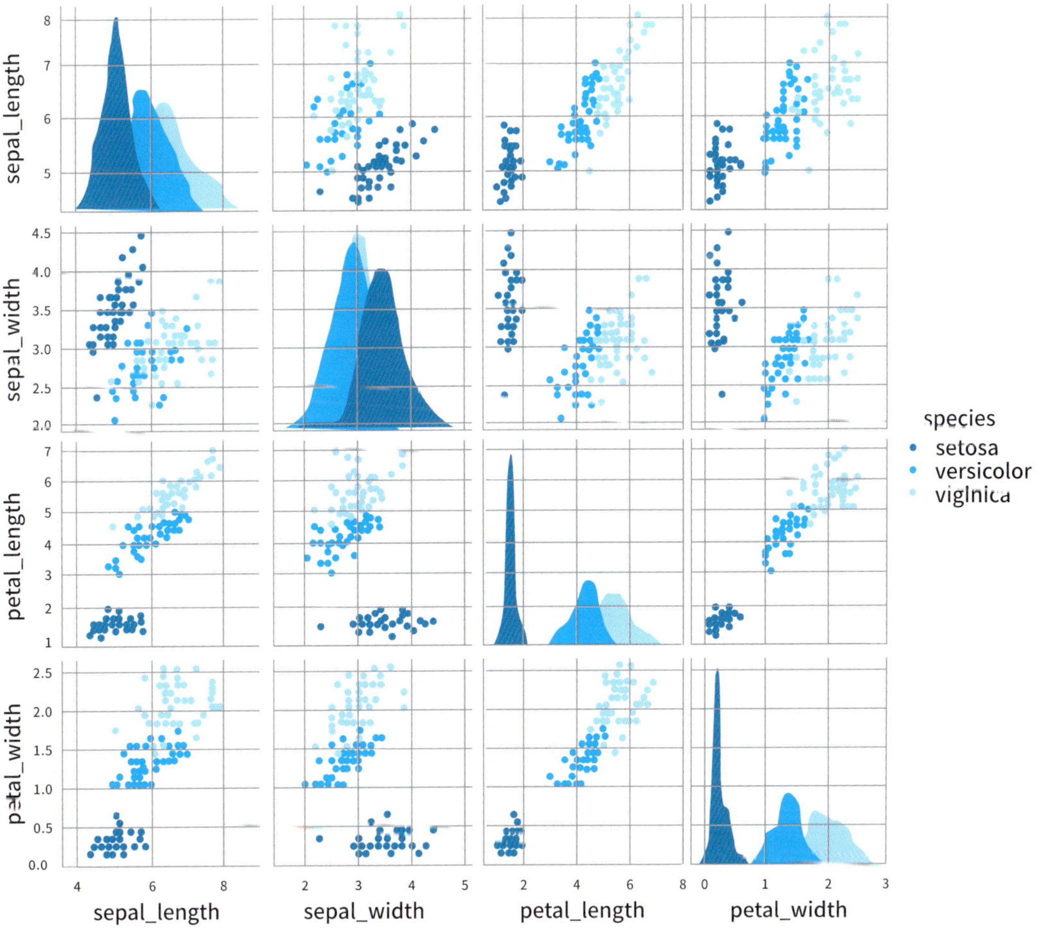

❷ PairGrid() 함수를 이용하여 직접 scatterplot 그래프에 적용할 열을 지정한다.

```
pg=sns.PairGrid(iris_df[["sepal_length","sepal_width","petal_length","petal_
width"]])
pg.map(sns.scatterplot)
plt.title("Types of iris", fontsize=18)
plt.show()
```

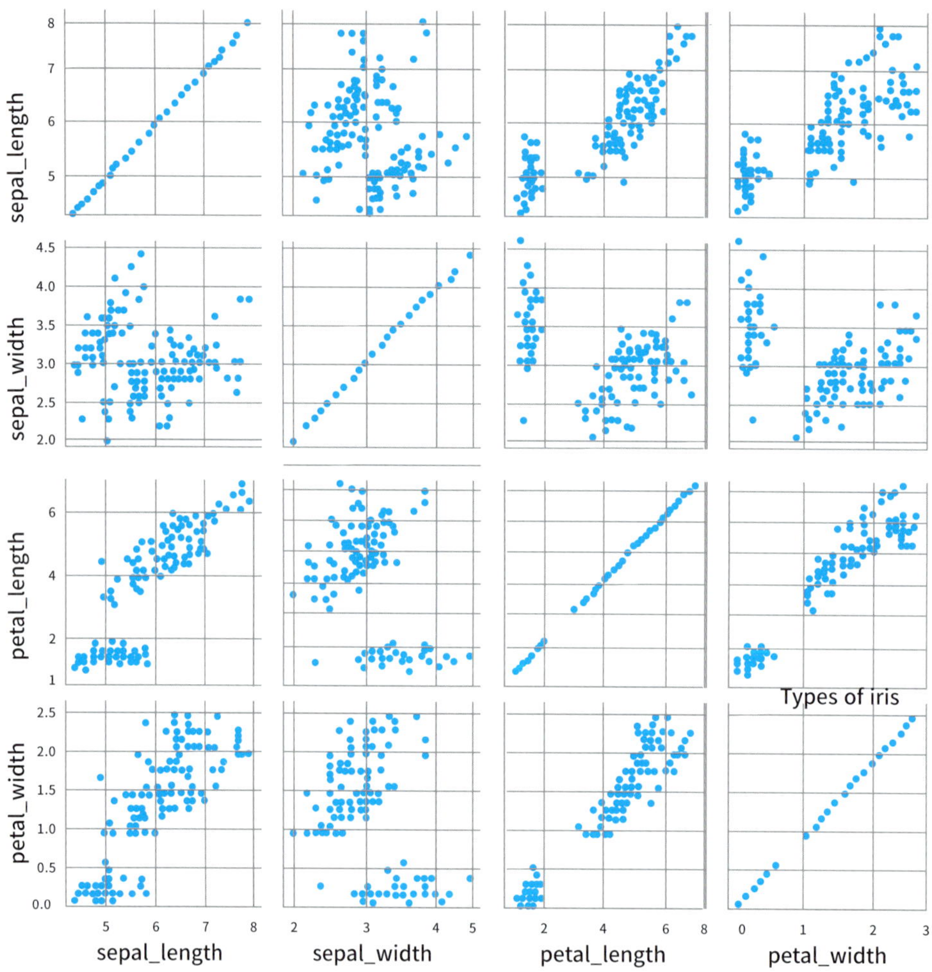

Tips

- PairGrid(data, hue=None, hue_order=None) : pair(쌍) 관계 그래프를 그리기 위한 서브 플롯 그리드를 생성하고 hue-order를 이용하여 범주의 색상 적용 순서를 바꿀 수 있다.
- map(sns.scatterplot) : map 함수를 이용해서 산점도 그래프를 그리도록 지정한다.

❸ 대각선을 기준으로 원하는 그래프를 지정하여 그릴 수 있다.

map_upper는 대각선 기준으로 오른쪽 위쪽에 그릴 그래프로 산점도 그래프를 지정, map_lower는 대각선 기준으로 왼쪽 아래쪽에 그릴 그래프로 이차원 밀집도를 지정, map_diag는 대각선을 중심으로 히스토그램 그래프를 지정하여 나타낼 수 있다.

```
pg=sns.PairGrid(iris_df[["sepal_length","sepal_width","petal_length","petal_
width"]])
pg.map_upper(sns.kdeplot)
pg.map_lower(sns.scatterplot)
pg.map_diag(sns.histplot);
plt.title("Types of iris", fontsize=18)
plt.show()
```

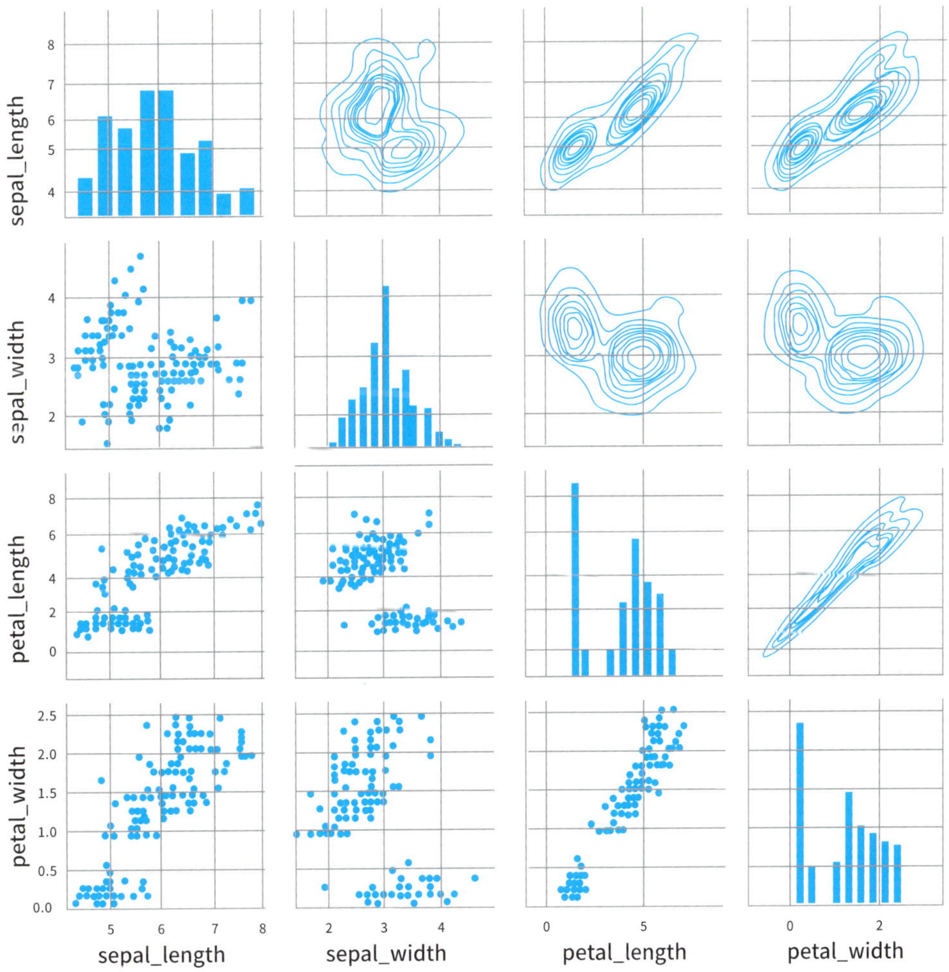

❹ PairGrid() 함수를 이용하여 hue 속성에 'species' 데이터를 지정하여 분할한 후, map_diag() 함수를 이용하여 대각선 방향에 히스토그램을 지정, map_offdiag() 함수를 이용하여 대각선 외 방향에

는 산점도 그래프를 각각 지정한다.

PairGrid 함수에 의해 보이지 않았던 범례를 add_legend()를 사용하여 species 데이터로 구분하여 각각 표시하도록 한다.

```
pg=sns.PairGrid(iris_df, hue="species")
pg.map_diag(sns.histplot)
pg.map_offdiag(sns.scatterplot)
pg.add_legend()
plt.title("Types of iris", fontsize=18)
plt.show()
```

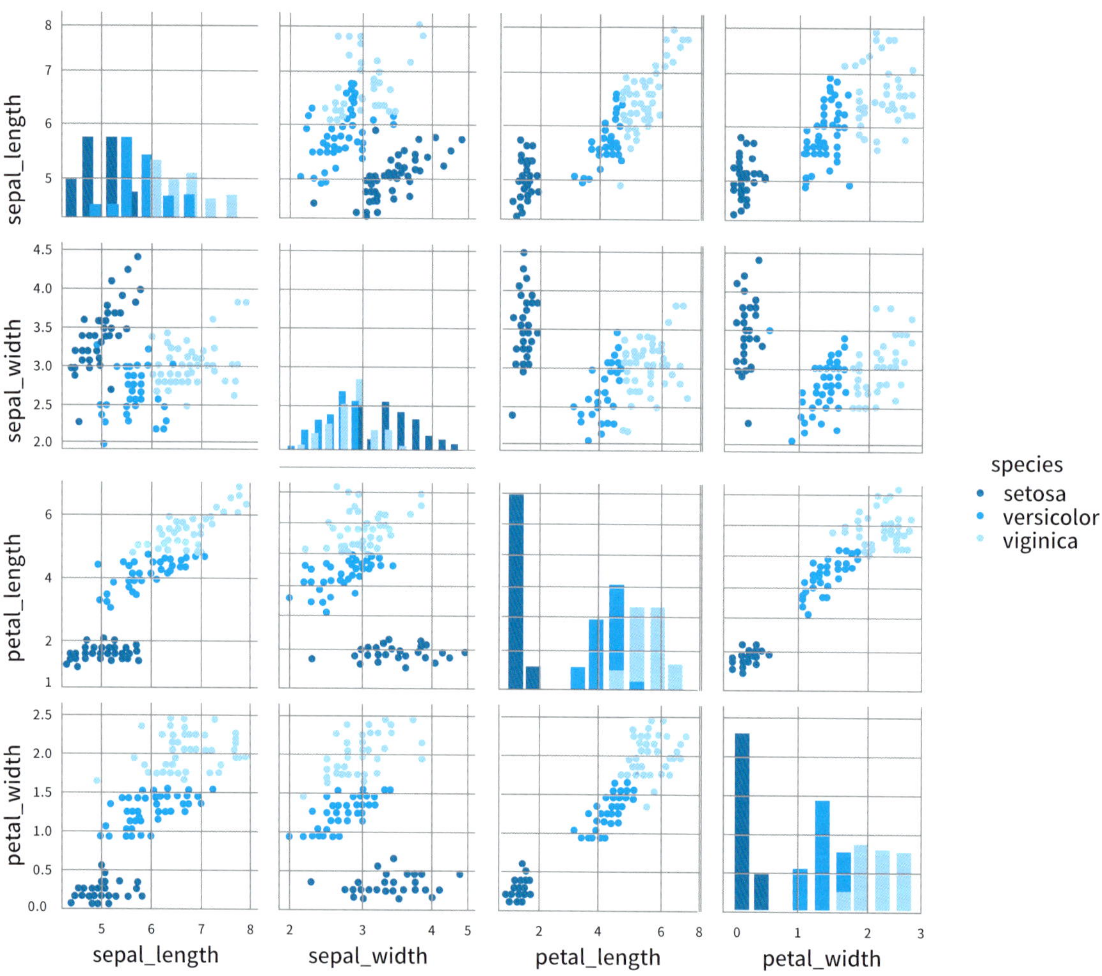

진단문제

시본 라이브러리에서 샘플 데이터 'titanic'을 데이터프레임으로 가져온 다음 아래 데이터를 참고하여 x축에는 'sex', y축에는 'survived'를 기준으로 barplot 그래프를 밑줄 친 빈칸을 채워 완성하시오. 단, 등급별로 분리하여 작성한다.

```
import pandas as pd
import numpy as np
import matplotlib.pyplot as plt
import seaborn as sns
plt.rcParams["font.family"] = 'malgun gothic'
sns.set_style('whitegrid')
titanic = sns.load_dataset('titanic')
________________________________________
plt.title('Titaic Survived', fontsize=20, color='g')
plt.show()
```

	survived	pclass	sex	age	sibsp	parch	fare	embarked	class	who	adult_male	deck	embark_town	alive	alone
0	0	3	male	22.0	1	0	7.2500	S	Third	man	True	NaN	Southampton	no	False
1	1	1	female	38.0	1	0	71.2833	C	First	woman	False	C	Cherbourg	yes	False
2	1	3	female	26.0	0	0	7.9250	S	Third	woman	False	NaN	Southampton	yes	True
3	1	1	female	35.0	1	0	53.1000	S	First	woman	False	C	Southampton	yes	False
4	0	3	male	35.0	0	0	8.0500	S	Third	man	True	NaN	Southampton	no	True

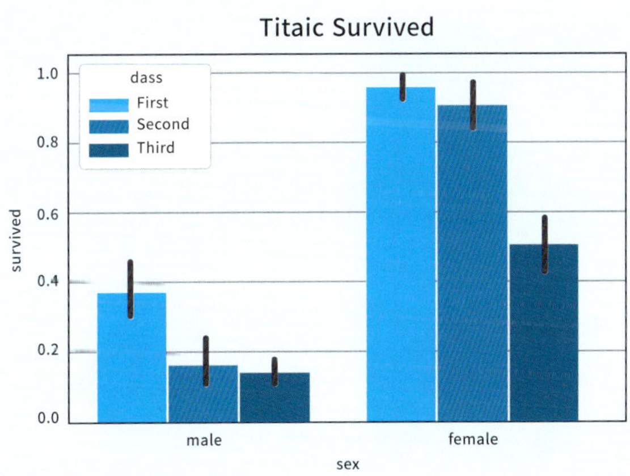

요점정리

1. 시각화란 데이터 분석 결과를 다양한 그래프 형태로 표현하여 효과적으로 빠르게 전달하는 것을 뜻한다. matplotlib 라이브러리로 Line Plot, Pi Plot, Histogram Plot, Box Plot, Scatter Plot 등 다양한 차트를 작성할 수 있다.

2. plt.figure() 함수는 새로운 figure를 생성할 때 사용하며, figure 지정을 통해 그래프 전체의 영역을 확보할 수 있다.

3. 그래프 기본 함수

plt.xlabel()	x축 레이블에 제목을 붙일 때 사용
plt.ylabel()	y축 레이블에 제목을 붙일 때 사용
plt.title()	그래프 제목 입력
plt.grid()	그래프에 격자 모양 표시
plt.xticks()	x축의 간격을 구분하기 위해 눈금 표시
plt.yticks()	y축의 간격을 구분하기 위해 눈금 표시

4. bar 그래프는 데이터 값을 직사각형 막대로 표현하는 그래프로 bar() 함수를 이용해서 수직 막대그래프를 그릴 수 있다.

5. line 그래프는 좌표축의 점들로 데이터를 나타내고, 이 점들을 연결하여 시간에 따른 데이터의 변화를 직선으로 표현할 수 있다.

6. hist 그래프는 히스토그램 그래프로 데이터 분포를 시각적으로 나타내는 그래프이며, 대량의 데이터를 요약하고 값의 빈도를 나타낼 때 사용한다.

7. pi 그래프는 범주별 구성 비율을 원형으로 표현한 그래프로, 부채꼴의 중심각을 구성 비율에 비례하여 표시한다.

8. scatter 그래프는 x, y 변수의 상관관계를 직교 좌표계의 평면에 점으로 표현하는 그래프로 plt.scatter(x, y) 함수를 이용한다.

9. plt.gcf() 함수는 그래프 출력 결과를 확인할 때 사용하고, plt.draw() 함수는 변경된 값을 반영하여 플롯을 그릴 때 사용한다.

10. 시본은 matplotlib 라이브러리를 기반으로 다양한 색상 테마와 통계용 차트 등의 기능을 추가한 시각화 패키지로 matplotlib에서 제공하는 색상보다 더 많기 때문에 훨씬 더 세련되고 표현이 풍부한 그래프를 꾸밀 수 있다.

11. searbon barplot 그래프는 카테고리 값에 따른 실수값의 평균과 편차를 표시하는 그래프이다.

12. catplot 그래프는 카테고리별로 분류하여 그래프를 작성하는데, barplot 그래프에서 요소별 데이터 비교가 어려웠던 부분을 보완하여 요소별 비교가 가능해진 그래프이다.

13. countplot 그래프는 카테고리별로 데이터가 얼마나 있는지 표시하고 항목의 개수를 구할 수 있다.

14. violinplot 그래프는 그래프 모양이 바이올린처럼 생겨서 붙여진 이름으로 각 column 데이터의 비교분포도를 표시할 수 있다.

15. heatmap 그래프는 2차원 테이블 형태로 pivot 테이블을 활용해서 다양한 정보를 색상으로 표시한다. 상관관계에 대한 분포도를 표시할 때 heatmap 그래프를 이용하고 값이 클수록 진하게 표시되고 값이 적은수록 옅게 보인다.

16. boxplot 그래프는 박스와 박스 바깥의 선(whisker)으로 이루어진 그래프이다.

17. stripplot 그래프는 적은 데이터를 다룰 때 유용한 그래프로, scatter 플롯 그래프처럼 모든 데이터를 요약하여 분포도를 점 형태로 보여준다.

18. swarmplot 그래프는 stripplot과 비슷하게 데이터를 표시하는 점이 겹치지 않도록 옆으로 보여준다.

19. searbon histplot 그래프는 특정 컬럼을 지정하여 해당하는 컬럼의 히스토그램을 나타낼 수 있다.

20. jointplot 그래프는 scatter와 bar를 합쳐서 그래프를 나타낼 때 사용한다.

21. pairplot 그래프는 3차원 이상의 데이터를 그래프로 표현할 때 유용하며, 인수로 전달되는 열이 쌍을 이루어 컬럼 간의 관계를 그래프로 나타낼 수 있다. 또한 숫자형 데이터에 대해서만 그래프를 그릴 수 있다.

연습문제

1. matplotlib 라이브러리에서 사용할 수 없는 그래프 종류는? ( )
   ① line ② pare ③ box ④ pie

2. x, y 변수의 상관관계를 직교 좌표계 평면에 점으로 표현하는 그래프는? ( )
   ① 막대 ② 원형 ③ 라인 ④ 산점도

3. 특정 구간별로 나누어 표현이 가능한 그래프는? ( )
   ① 막대 ② 히스토그램 ③ 원형 ④ 라인

4. 그래프에 변경된 값을 반영하여 플롯을 그릴 때 사용하는 함수는? ( )
   ① plt.draw() ② plt.show() ③ plt.plot() ④ plt.update()

5. matplotlib 라이브러리 색상 코드 연결이 옳지 않은 것은? ( )
   ① 'c' : cyan ② 'm' : magenta ③ 'y' : yellow ④ 'b' : black

6. 시본 라이브러리에서 적은 데이터를 다룰 때 유용한 그래프는? ( )
   ① boxplot ② swarmplot ③ stripplot ④ catplot

7. matplotlib.pyplot 라이브러리에서 여러 개의 그래프를 하나의 그림에 나타내는 함수는? ( )
   ① subplot() ② seprate() ③ divide() ④ map()

8. 함수와 설명의 연결이 옳지 않은 것은? ( )
   ① xlabel() : x축 레이블에 이름 입력 ② plt.title() : 그래프에 제목 입력
   ③ ax.set_title() : x축 제목 입력 ④ ax.set_xlabel() : 수평 축에 이름 입력

9. 리스트 [2,4,6,8,10] 객체를 눈금으로 입력받는 함수는? ( )
   ① axes.set_xticks() ② axes.set_label() ③ axes.set_index() ④ axes.set_axes()

10. pair.map_upper() 그래프의 위치 지정으로 옳은 것은? ( )
    ① 대각선 왼쪽 상단 ② 대각선 중앙쪽 ③ 대각선 오른쪽 상단 ④ 대각선 바깥쪽

1. x, y축의 리스트 항목을 이용하여 plot 그래프를 작성하시오.
   그래프 제목은 'Plot Graph'로 글자 크기는 20이며, 글자 색은 초록이다.

```
x =[1,2,3,4,5,6,7,8,9,10]
y =[11,4,2,5,13,4,14,2,4,8]
```

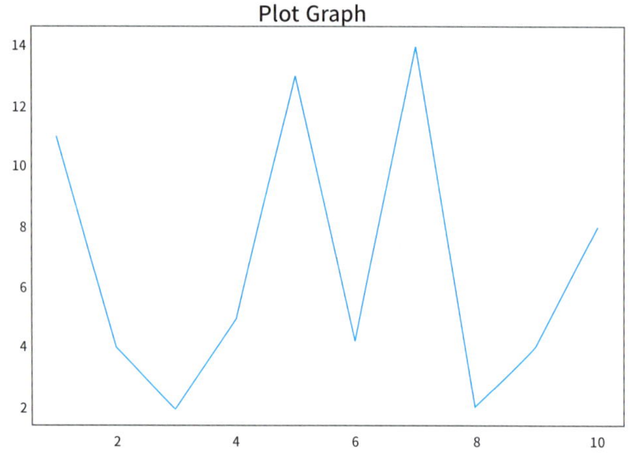

2. 시본 라이브러리에서 샘플 데이터 'titanic'을 데이터프레임으로 가져와서 아래 데이터를 참고하여 x축에는 'class', y축에는 'age'를 기준으로 boxplot 그래프를 작성하시오.
단, 팔레트 색상은 'rainbow'로 설정한다.

	survived	pclass	sex	age	sibsp	parch	fare	embarked	class	who	adult_male	deck	embark_town	alive	alone
0	0	3	male	22.0	1	0	7.2500	S	Third	man	True	NaN	Southampton	no	False
1	1	1	female	38.0	1	0	71.2833	C	First	woman	False	C	Cherbourg	yes	False
2	1	3	female	26.0	0	0	7.9250	S	Third	woman	False	NaN	Southampton	yes	True
3	1	1	female	35.0	1	0	53.1000	S	First	woman	False	C	Southampton	yes	False
4	0	3	male	35.0	0	0	8.0500	S	Third	man	True	NaN	Southampton	no	True

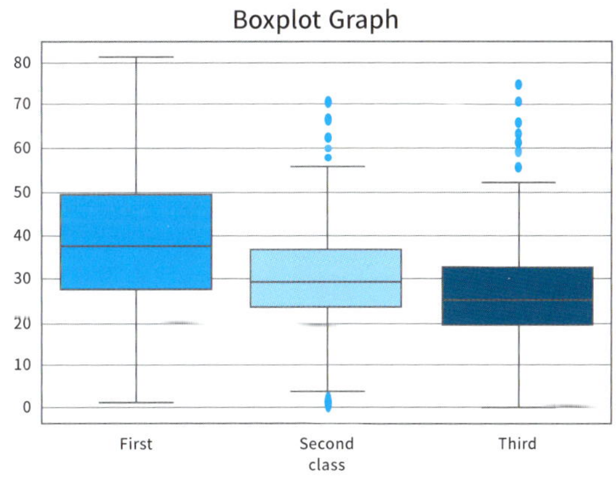

3. 2번 수행평가에서 가져온 'titanic' 샘플 데이터에서 x축은 'sex'를 기준으로 성별에 대한 숫자를 나타내도록 countplot 그래프를 작성하시오.

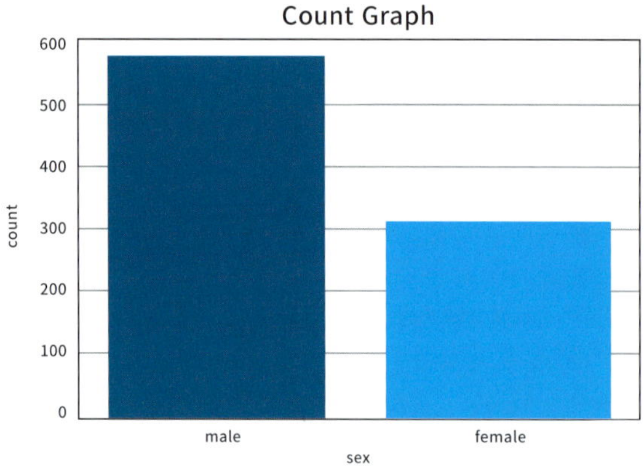

4. 2번 수행평가에서 가져온 'titanic' 샘플 데이터에서 col='sex'를 기준으로 성별, 나이(age)에 대한 그래프를 구분하여 나타내도록 FacetGrid 그래프를 작성하시오.

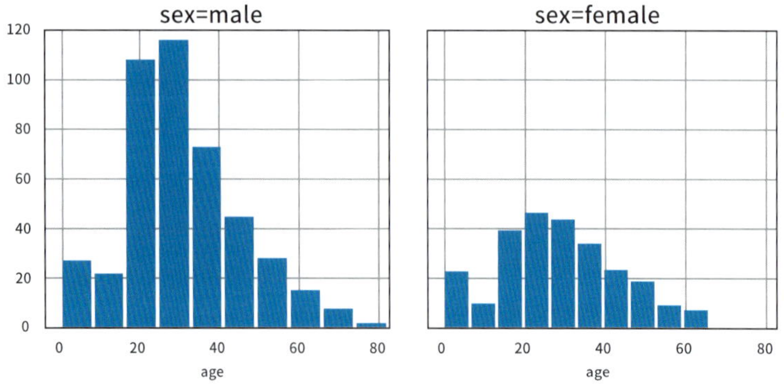

CHAPTER

10

데이터 전처리

학습목표

이번 장에서는 데이터 분석 및 처리에 적합한 형태로 만드는 데이터 전처리 과정에 대해 학습한다. 데이터 전처리는 데이터 분석 및 처리 과정에서 중요한 시작 단계로 데이터를 어떻게 수행했느냐에 따라 목적에 맞는 데이터 분석을 할 수 있다.

데이터 전처리 과정을 통해 부정확한 데이터를 처리하는 방법을 알아보자.

학습 목차

10.1 데이터 전처리

데이터 전처리는 데이터 분석 및 처리 과정에서 중요한 단계이고 데이터 분석을 위해 반드시 거쳐야 하는 과정으로 분석 결과에 직접적인 영향을 미칠 수 있으므로 반복적인 전처리 작업을 통해 안정적인 결과를 확보해야 한다.

즉, 데이터 전처리 과정을 통해 이상 데이터 및 오류 데이터들을 걸러내어 분석하기 적합한 상태로 가공해 데이터의 품질을 올리는 일련의 과정이라고 정리할 수 있다.

빅데이터 분석 프로세스

빅데이터는 데이터 자체가 목적이라기보다는 데이터를 잘 수집하여 저장하고, 잘 분석하여, 잘 활용하는 것이 중요하다. 수집된 빅데이터를 가공하여 유용한 정보를 생성하기 위해 다음과 같은 분석 처리 과정을 거치게 된다.

빅데이터 수집 → 빅데이터 전처리 → 빅데이터 저장 → 빅데이터 분석 → 데이터 시각화

빅데이터 수집

빅데이터 수집은 데이터를 수집하는 첫 번째 단계로 매우 중요하다.

즉, 데이터 수집이 문제 해결의 초기 단계이므로 데이터 분석 목적에 따라 데이터를 분류하여 수집하는 것이 좋다. 최근에는 SNS와 같은 새로운 방식으로 데이터가 수집된다.

데이터 전처리

데이터 전처리는 반드시 거쳐야 하는 과정으로 전처리 결과가 분석 결과에 직접적인 영향을 주므로 반복적으로 수행하면서 불필요한 데이터를 제거하고, 데이터를 형변환하여 분석 가능한 데이터 유형으로 변환한다.

여기서 잠깐 전처리 과정에서 주로 수행되는 일

- 데이터 에러 : 문자열 데이터 등의 데이터가 잘못 변환된 경우 해결
- 결측값 제거 : NaN, NA, NULL 값 등을 제거
- 가격 데이터의 '-', '없음' 등 적절하지 않은 데이터 제거

- 데이터 노이즈 제거, 이상치 제거 및 데이터 불균형 해결
- 나이(age) 값이 550, 600 등으로 잘못 입력되어 데이터로 존재하는 경우 해결
- 중복 데이터 제거
- 모순된 데이터 제거 : 남성 주민번호가 2로 시작하는 경우 해결

❶ 데이터 정제

데이터 정제 과정은 비정형 데이터를 수집하는 과정에서 반드시 수행되는 과정으로 수집 단계에서 필요 없는 데이터를 제거하고 노이즈 및 손실된 데이터를 보정하거나 결측치 값을 채우거나 이상 값을 제거하는 과정을 통해 데이터의 신뢰도를 높이는 작업이다.

❷ 결측값 처리

결측값이란 데이터셋에 값이 비어 있거나 누락된 경우로 NA, NaN으로 표현된다. 결측값은 데이터 전처리 과정에서 해결해야 할 과제로 누락된 원인에 따라 아래와 같이 구분된다.

- 완전 무작위 결측(MCAR): Missing Completely at Random의 약어로 순수하게 결측값이 무작위로 발생한 경우로 결측값을 포함한 데이터를 제거해도 다른 변수와 아무런 상관이 없는 경우이다.

- 무작위 결측(MAR): Missing at Random의 약어로 결측값이 특정 변수와 관련되어 일어나지만, 그 변수의 결과는 관계없는 경우이다.

- 비무작위 결측(NMAR): Missing at Not Random의 약어로 누락된 값들이 다른 변수와 연관이 있는 경우이다.

❸ 이상값 처리

이상값이란 데이터셋에 이상한 값이 들어 있거나 관측 데이터 범위에서 많이 벗어난 값이다. 이상값은 엉뚱한 결과를 초래하므로 처리해야 하는 과제다. 이상값은 원인에 따라 아래와 같이 구분된다.

- 데이터 입력 오류 : 숫자 정수 1000을 입력해야 하는데 100이 입력된 경우

- 측정 오류 : 고장 난 체중계에서 발생한 데이터 값을 사용한 경우로 측정이 잘못된 경우

- 실험 오류 : 실험 조건이 다르게 진행되어 결과값이 다른 경우

- 의도된 이상값 : 고의적으로 값을 잘못 입력한 경우

- 표본 추출 에러 : 샘플링 과정에서 표본 선정이 잘못 추출된 경우

❹ 분석 변수 처리

데이터 변환 단계에서 수집된 데이터를 분석에 용이하도록 일관성 있게 처리하는 단계로 데이터 마이닝에 필요한 형식으로 변환하여 처리하는 단계이다.

- 데이터 탐색 : 데이터를 이해하고 변수와 값에 대한 데이터를 측정하는 탐색 과정이다.
- 데이터 세분화 : 특정 요소를 기반으로 비슷한 데이터끼리 그룹화하여 나누는 과정이다.

결측치(Missing Value)

결측치는 데이터를 분석하는 데에 있어서 값이 없는 빈 데이터를 말한다.

데이터 분석을 위해 결측치를 처리하는 것은 매우 중요하다. 불필요한 자료라 하여 결측치를 모두 제거하면 막대한 데이터 손실을 일으킬 수 있고, 결측치를 잘못 대체할 경우 데이터에서 편향(bias)이 생길 수 있으므로 결측치 처리는 정확한 판단 아래 수행하는 것이 중요하다.

결측 구분	설명
NA	Not Available의 약어로 사용하지 않는 값을 의미한다.
NaN	Not a Number의 약어로 숫자가 아닌 데이터를 의미한다.
Null	NULL 값은 아직 정의되지 않은 값으로 아무것도 없는 빈값을 나타낸다.

결측치(Missing Value) 탐색

- 판다스 profiling 패키지 사용
- 판다스 데이터프레임의 info() 함수 사용
- 판다스 데이터프레임의 isnull() 함수 사용
- 판다스 데이터프레임의 isna() 함수 사용
- missingno 패키지 사용

결측치(Missing Value) 처리

- 결측 데이터와 결측치가 아닌 데이터 확인
- 결측치 포함 데이터 제거 및 결측 데이터 채우기
- 수치형 데이터는 평균(mean)이나 중앙값(median)으로 대체(imputation)
- 범주형인 경우 최빈값(mode) 값으로 대체

- 간단한 예측 모델로 대체

결측치(Missing Value)

❶ 내장된 샘플 데이터 'titanic'을 데이터프레임으로 가져오자.

```
import pandas as pd
import numpy as np
import matplotlib.pyplot as plt
import seaborn as sns
titanic = sns.load_dataset("titanic")
titanic.head()
```

	survived	pclass	sex	age	sibsp	parch	fare	embarked	class	who	adult_male	deck	embark_town	alive	alone
0	0	3	male	22.0	1	0	7.2500	S	Third	man	True	NaN	Southampton	no	False
1	1	1	female	38.0	1	0	71.2833	C	First	woman	False	C	Cherbourg	yes	False
2	1	3	female	26.0	0	0	7.9250	S	Third	woman	False	NaN	Southampton	yes	True
3	1	1	female	35.0	1	0	53.1000	S	First	woman	False	C	Southampton	yes	False
4	0	3	male	35.0	0	0	8.0500	S	Third	man	True	NaN	Southampton	no	True

❷ titanic.info()

info() 함수를 통하여 titanic 데이터를 구성하는 행과 열의 크기, 컬럼명, 컬럼을 구성하는 값의 자료형 등을 나타내주고, 인덱스 정보, 메모리 사용량 등 세부적인 정보를 확인해보자.

```
<class 'pandas.core.frame.DataFrame'>
RangeIndex: 891 entries, 0 to 890
Data columns (total 15 columns):
 #   Column       Non-Null Count  Dtype
---  ------       --------------  -----
 0   survived     891 non-null    int64
 1   pclass       891 non-null    int64
 2   sex          891 non-null    object
 3   age          714 non-null    float64
 4   sibsp        891 non-null    int64
 5   parch        891 non-null    int64
 6   fare         891 non-null    float64
 7   embarked     889 non-null    object
 8   class        891 non-null    category
 9   who          891 non-null    object
 10  adult_male   891 non-null    bool
 11  deck         203 non-null    category
 12  embark_town  889 non-null    object
 13  alive        891 non-null    object
 14  alone        891 non-null    bool
dtypes: bool(2), category(2), float64(2), int64(4), object(5)
memory usage: 80.7+ KB
```

여기서 잠깐 dtypes 속성

데이터프레임 각 컬럼의 자료형만을 확인하고 싶은 경우에는 df.dtypes 속성을 통해 알아볼 수 있다.

```
survived          int64
pclass            int64
sex              object
age             float64
sibsp             int64
parch             int64
fare            float64
embarked         object
class          category
who              object
adult_male         bool
deck           category
embark_town      object
alive            object
alone              bool
dtype: object
```

titanic 컬럼의 정보를 미리 요약해보자.

컬럼	컬럼 정보
survivied	생존 여부(1 : 생존, 0 : 사망)
pclass	좌석 등급(1등급, 2등급, 3등급)
sex	성별
age	나이
parch	부모 + 자녀 수
fare	좌석 요금
embarked	탑승 항구(S, C, Q)
class	pclass와 동일
who	남자(man), 여자(woman), 아이(child)
adult_male	성인 남자 여부
deck	데크 번호(알파벳 + 숫자 혼용)
embark_town	탑승 항구 이름
alive	생존 여부(yes, no)
alone	혼자 탑승 여부

❸ titanic 데이터프레임을 연습용으로 복제해놓기로 한다. 복사를 위해 copy() 함수를 이용한다. 앞으로 데이터프레임을 df를 이용해서 실습하기로 한다.

```
df=titanic.copy()
df.head()
```

결측치 탐색

결측치 확인을 위해서는 isnull(), isna() 함수를 이용한다. 이때 컬럼(column)별 결측치의 개수를 확인하기 위해서는 isnull().sum(), isna().sum()을 함께 사용해야 한다.

❶ df.isnull().sum()

우선 df.isnull().sum()을 이용해서 결측치를 확인해보자.

```
df.isnull().sum()
```

```
survived         0
pclass           0
sex              0
age            177
sibsp            0
parch            0
fare             0
embarked         2
class            0
who              0
adult_male       0
deck           688
embark_town      2
alive            0
alone            0
dtype: int64
```

❷ df.isna().sum()

df.isna().sum()을 이용해서도 결측치를 확인해보자. isnull()과 동일한 출력 결과를 얻을 수 있다.

```
df.isna().sum()
```

```
survived          0
pclass            0
sex               0
age             177
sibsp             0
parch             0
fare              0
embarked          2
class             0
who               0
adult_male        0
deck            688
embark_town       2
alive             0
alone             0
dtype: int64
```

❸ notnull()

df.notnull().sum() 함수는 결측치가 아닌 데이터를 확인할 수 있다.

```
df.notnull().sum()
```

```
survived       889
pclass         889
sex            889
age            889
sibsp          889
parch          889
fare           889
embarked       889
class          889
who            889
adult_male     889
embark_town    889
alive          889
alone          889
dtype: int64
```

missingno 설치

EDA를 하는 과정에서 데이터의 결측치를 확인하는 것은 매우 중요하다. 이때 결측치를 파악하기 쉽게 시각화해주는 라이브러리가 missingno 라이브러리다.

여기서 잠깐　EDA란?

EDA는 Exploratory Data Analysis의 약어로 벨연구소의 수학자 '존 튜키'가 개발한 탐색적 데이터 분석이다. 수집한 데이터가 들어오면 다양한 각도에서 관찰하게 되는데 데이터를 분석하기에 앞서 그래프나 통계적인 방법을 통해 주어진 지표가 적절한지 이상치에 대한 값을 찾아내는 과정이다.

파이썬 IDLE 환경에서 missingno를 설치하기 위해 도스 모드에서 pip 명령어를 이용해보자.

우선 '윈도우 로고 + R'을 눌러 실행하고 [열기]에서 [cmd]를 입력하여 도스 모드로 빠져나간 후, pip install missingno를 입력하여 설치를 진행한다.

C:\User\dali3> pip install missingno

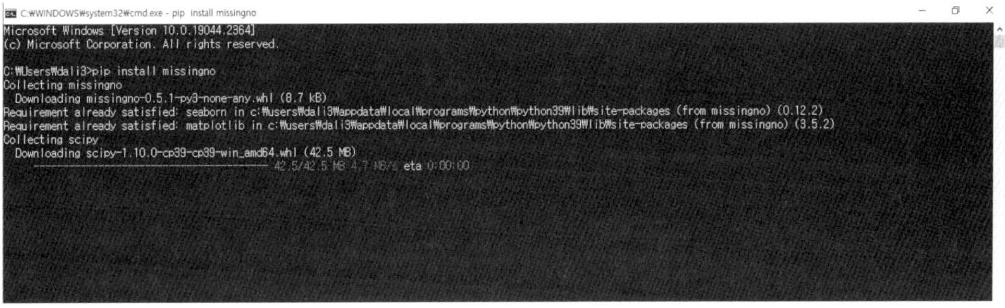

❶ missingno 라이브러리를 호출해보자.

```
import missingno as msno
```

❷ msno.matrix()

msno.matrix() 함수는 매트릭스 형태로 결측치 값을 시각화하여 표시하며, 흰색으로 표시된 곳이 빈칸으로 추측되는 결측치 값이다.

```
msno.matrix(df,color=(0.1, 0.6, 0.8))
plt.show()
```

❸ msno.bar()

msno.bar() 함수는 막대그래프 형태로 결측치 값을 파악하기 쉽게 시각화해주는 함수이다.

그래프 내 최상단에 위치한 숫자가 결측치가 아닌 데이터 숫자이다.

```
msno.bar(df, color=(0.1, 0.6, 0.8))
plt.show()
```

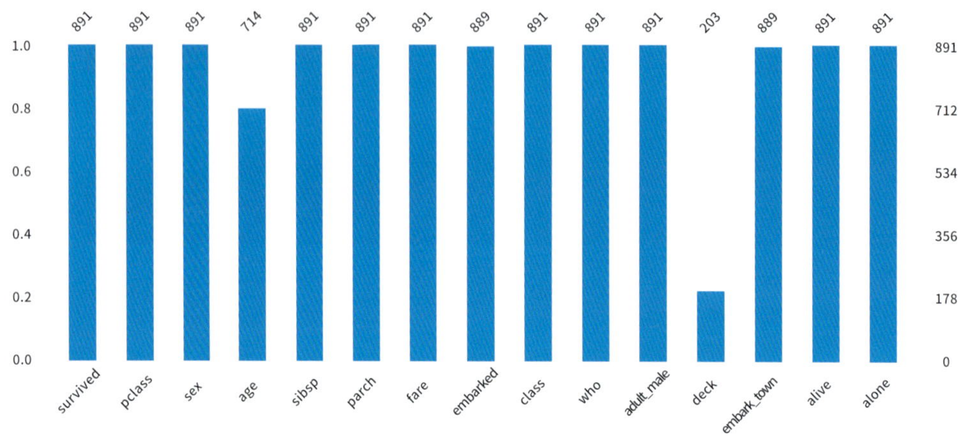

❹ 특정 열 결측 데이터 확인

```
df.loc[df['age'].isnull()]
```

'age' 열 결측 데이터를 확인하려면 df['age'] 열을 조회하여 isnull() 함수와 결합하여 사용하면 된다.

	survived	pclass	sex	age	sibsp	parch	fare	embarked	class	who	adult_male	deck	embark_town	alive	alone
5	0	3	male	NaN	0	0	8.4583	Q	Third	man	True	NaN	Queenstown	no	True
17	1	2	male	NaN	0	0	13.0000	S	Second	man	True	NaN	Southampton	yes	True
19	1	3	female	NaN	0	0	7.2250	C	Third	woman	False	NaN	Cherbourg	yes	True
26	0	3	male	NaN	0	0	7.2250	C	Third	man	True	NaN	Cherbourg	no	True
28	1	3	female	NaN	0	0	7.8792	Q	Third	woman	False	NaN	Queenstown	yes	True
...	...	...	...	...	...	...	...	...	...	...	...	...	...	...	...
859	0	3	male	NaN	0	0	7.2292	C	Third	man	True	NaN	Cherbourg	no	True
863	0	3	female	NaN	8	2	69.5500	S	Third	woman	False	NaN	Southampton	no	False
868	0	3	male	NaN	0	0	9.5000	S	Third	man	True	NaN	Southampton	no	True
878	0	3	male	NaN	0	0	7.8958	S	Third	man	True	NaN	Southampton	no	True
888	0	3	female	NaN	1	2	23.4500	S	Third	woman	False	NaN	Southampton	no	False

177 rows × 15 columns

❺ 4번 실습의 888번 인덱스의 'age' 결측치를 100으로 채워보자.

888번 인덱스의 'age' 결측치가 100으로 채워진 것을 확인할 수 있다.

```
df['age'].fillna(100).tail()
```

```
886     27.0
887     19.0
888    100.0
889     26.0
890     32.0
Name: age, dtype: float64
```

여기서 잠깐 fillna() 함수

fillna() 함수는 비어 있는 null 값을 모두 0으로 채우거나 특정 값으로 채울 수 있다.

```
df = df.fillna(0)                                  #모두 0으로 채움
df.isnull().sum()
```

또는 평균값(mean), 중앙값(median), 최솟값(min), 최댓값(max), 최빈값(mode) 함수를 적용하여 null 값을 채울 수 있다.

```
df['age'].fillna(df['age'].적용함수), inplace=True) #열 'age' null 값을 특정 함수로 채움
df.isnull().sum()
```

❻ dropna() 함수

열 'deck' 데이터는 결측치가 너무 많다. df 데이터프레임 전체 크기의 50% 이상 결측치를 포함한 'deck' 열을 dropna() 함수를 이용하여 제거해보기로 한다.

다음과 같이 'deck' 열이 잘 제거된 것을 확인할 수 있다.

```
df = df.dropna(thresh=int(len(df)/2), axis=1)
df.isnull().sum()
```

```
survived         0
pclass           0
sex              0
age            177
sibsp            0
parch            0
fare             0
embarked         2
class            0
who              0
adult_male       0
embark_town      2
alive            0
alone            0
dtype: int64
```

```python
df
```

	survived	pclass	sex	age	sibsp	parch	fare	embarked	class	who	adult_male	embark_town	alive	alone
0	0	3	male	22.0	1	0	7.2500	S	Third	man	True	Southampton	no	False
1	1	1	female	38.0	1	0	71.2833	C	First	woman	False	Cherbourg	yes	False
2	1	3	female	26.0	0	0	7.9250	S	Third	woman	False	Southampton	yes	True
3	1	1	female	35.0	1	0	53.1000	S	First	woman	False	Southampton	yes	False
4	0	3	male	35.0	0	0	8.0500	S	Third	man	True	Southampton	no	True
...	...	...	...	...	...	...	...	...	...	...	...	...	...	...
886	0	2	male	27.0	0	0	13.0000	S	Second	man	True	Southampton	no	True
887	1	1	female	19.0	0	0	30.0000	S	First	woman	False	Southampton	yes	True
888	0	3	female	NaN	1	2	23.4500	S	Third	woman	False	Southampton	no	False
889	1	1	male	26.0	0	0	30.0000	C	First	man	True	Cherbourg	yes	True
890	0	3	male	32.0	0	0	7.7500	Q	Third	man	True	Queenstown	no	True

여기서 잠깐 dropna() 함수

dropna() 함수는 데이터프레임에서 NaN 값이 1개라도 포함된 행을 모두 제거한다.

```python
import pandas as pd
import numpy as np

num= {'A' : [np.NaN, 2, 3, 4, 5, 6], 'B' : [np.NaN, np.NaN, np.NaN, 4, 5, 6],
'C' : [np.NaN, 2, np.NaN, np.NaN, 5, 6]}
df = pd.DataFrame(num)
df
```

	A	B	C
0	NaN	NaN	NaN
1	2.0	NaN	2.0
2	3.0	NaN	NaN
3	4.0	4.0	NaN
4	5.0	5.0	5.0
5	6.0	6.0	6.0

```python
df.dropna()                    #NaN이 1개라도 포함된 행은 모두 제거됨
```

	A	B	C
4	5.0	5.0	5.0
5	6.0	6.0	6.0

❶ how : 삭제하는 방법으로 any와 all이 있다.

- any : row 또는 컬럼에 NaN값이 1개만 있어도 제거(디폴트)

• all : row 또는 컬럼에 있는 모든 값이 NaN이어야 제거

```
df.dropna(how='any')    #A, B, C열에서 NaN이 하나라도 속한 0, 1, 2, 3행이 삭제됨
```

	A	B	C
0	NaN	NaN	NaN
1	2.0	NaN	2.0
2	3.0	NaN	NaN
3	4.0	4.0	NaN
4	5.0	5.0	5.0
5	6.0	6.0	6.0

→

	A	B	C
4	5.0	5.0	5.0
5	6.0	6.0	6.0

```
df.dropna(how='all')          #A, B, C열의 모든 값이 NaN인 0행만 삭제됨
```

	A	B	C
0	NaN	NaN	NaN
1	2.0	NaN	2.0
2	3.0	NaN	NaN
3	4.0	4.0	NaN
4	5.0	5.0	5.0
5	6.0	6.0	6.0

→

	A	B	C
1	2.0	NaN	2.0
2	3.0	NaN	NaN
3	4.0	4.0	NaN
4	5.0	5.0	5.0
5	6.0	6.0	6.0

❷ axis : 삭제하고자 하는 축으로 'index'와 'columns'이 있다.

• 0 or 'index' : NaN 값이 포함된 row를 제거(디폴트)

• 1 or 'columns' : NaN 값이 포함된 컬럼을 제거

```
df.dropna(axis=0)          #axis = 0이면 행을 적용하여 결측치 포함한 행을 제거함
```

❸ thresh : thresh를 1로 설정하여 1개 이상의 결측치 행이 포함된 행을 삭제한다.

```
df.dropna(axis=0, thresh=1)
```

	A	B	C
0	NaN	NaN	NaN
1	2.0	NaN	2.0
2	3.0	NaN	NaN
3	4.0	4.0	NaN
4	5.0	5.0	5.0
5	6.0	6.0	6.0

→

	A	B	C
4	5.0	5.0	5.0
5	6.0	6.0	6.0

❹ subset = [col1, col2, ...]

- subset을 명시하면 subset에 적힌 컬럼값에 대해서만 dropna를 진행
- subset을 명시하지 않으면 데이터프레임 전체(모든 컬럼, 모든 row)에 dropna를 진행

```
df.dropna(subset=['B'])          #B열에서 NaN 값이 있는 0행, 1행, 2행이 제거됨
```

	A	B	C
0	NaN	NaN	NaN
1	2.0	NaN	2.0
2	3.0	NaN	NaN
3	4.0	4.0	NaN
4	5.0	5.0	5.0
5	6.0	6.0	6.0

→

	A	B	C
3	4.0	4.0	NaN
4	5.0	5.0	5.0
5	6.0	6.0	6.0

❼ 일부 결측치만을 포함한 행 삭제(embared, embark_town)

```
df = df[df.embarked.notnull()]
df.isnull().sum()
```

```
survived         0
pclass           0
sex              0
age            177
sibsp            0
parch            0
fare             0
embarked         2
class            0
who              0
adult_male       0
embark_town      2
alive            0
alone            0
dtype: int64
```

→

```
survived         0
pclass           0
sex              0
age            177
sibsp            0
parch            0
fare             0

class            0
who              0
adult_male       0

alive            0
alone            0
dtype: int64
```

평균값(mean)으로 대체하기

데이터프레임의 fillna() 함수를 사용해서 열 'age' null 값을 나이 평균값으로 대체해보자.

```
df['age'].fillna(df['age'].mean(), inplace=True)
df.isnull().sum()
```

```
survived       0
pclass         0
sex            0
age            0
sibsp          0
parch          0
fare           0
embarked       0
class          0
who            0
adult_male     0
embark_town    0
alive          0
alone          0
dtype: int64
```

Tips

inplace=True 옵션은 함수 명령을 적용하여 변경된 값을 바로 데이터프레임으로 대체한다는 뜻이다. 원본 데이터를 유지하는 경우라면 inplace=False로 설정한다.

진단문제

제공된 sungjuk.csv 파일을 "C:\python_work" 폴더에 복사한 후, 전처리 작업을 수행하시오.

```
import pandas as pd
import numpy as np
import seaborn as sns
import matplotlib.pyplot as plt
import missingno as msno
df=pd.read_csv("c:\\python_work\\sungjuk.csv")
df.head()
```

	name	kor	eng	math
0	윤수진	90.0	80.0	NaN
1	김은숙	90.0	NaN	NaN
2	강수길	80.0	70.0	NaN
3	문영숙	NaN	90.0	NaN
4	김경은	100.0	80.0	NaN
5	정유진	70.0	NaN	NaN
6	윤경희	90.0	85.0	NaN
7	이은비	60.0	90.0	NaN

8	장은아	NaN	NaN	NaN
9	남희진	NaN	60.0	NaN
10	김수빈	70.0	0.0	NaN
11	박은진	85.0	85.0	NaN
12	김성경	100.0	85.0	NaN
13	이수정	NaN	90.0	NaN
14	박현아	NaN	80.0	NaN
15	NaN	NaN	NaN	NaN
16	NaN	NaN	NaN	NaN
17	NaN	NaN	NaN	NaN

❶ 'kor', 'eng', 'math' 세 과목 모두 결측값인 경우 밑줄 친 빈칸을 채워 삭제하시오.

```
______________________________
```

	name	kor	eng	math
0	윤수진	90.0	80.0	NaN
1	김은숙	90.0	NaN	NaN
2	강수길	80.0	70.0	NaN
3	문영숙	NaN	90.0	NaN
4	김경은	100.0	80.0	NaN
5	정유진	70.0	NaN	NaN
6	윤경희	90.0	85.0	NaN
7	이은비	60.0	90.0	NaN
8	장은아	NaN	NaN	NaN
9	남희진	NaN	60.0	NaN
10	김수빈	70.0	0.0	NaN
11	박은진	85.0	85.0	NaN
12	김성경	100.0	85.0	NaN
13	이수정	NaN	90.0	NaN
14	박현아	NaN	80.0	NaN

❷ 행 방향으로 2개 이상의 NULL값이 있는 데이터를 밑줄 친 빈칸을 채워 모두 삭제하시오.

```
______________________________
```

	name	kor	eng	math
0	윤수진	90.0	80.0	NaN
2	강수길	80.0	70.0	NaN
4	김경은	100.0	80.0	NaN
6	윤경희	90.0	85.0	NaN
7	이은비	60.0	90.0	NaN
10	김수빈	70.0	0.0	NaN
11	박은진	85.0	85.0	NaN
12	김성경	100.0	85.0	NaN

❸ 열 'kor'는 'kor'의 중간값으로 밑줄 친 빈칸을 채우시오.

```
______________________________
df.isnull().sum()
df
```

```
name      3
kor       8
eng       6
math     18
dtype: int64
```

	name	kor	eng	math
0	윤수진	90.0	80.0	NaN
1	김은숙	90.0	NaN	NaN
2	강수길	80.0	70.0	NaN
3	문영숙	87.5	90.0	NaN
4	김경은	100.0	80.0	NaN
5	정유진	70.0	NaN	NaN
6	윤경희	90.0	85.0	NaN
7	이은비	60.0	90.0	NaN
8	장은아	87.5	NaN	NaN
9	남희진	87.5	60.0	NaN
10	김수빈	70.0	0.0	NaN
11	박은진	85.0	85.0	NaN
12	김성경	100.0	85.0	NaN

13	이수정	87.5	90.0	NaN
14	박현아	87.5	80.0	NaN
15	NaN	87.5	NaN	NaN
16	NaN	87.5	NaN	NaN
17	NaN	87.5	NaN	NaN

이상치(outlier)

전처리 과정에서 이상치가 존재하는 데이터를 판별하고 처리할 수 있다.

❶ 이상치 탐색

- 기초 통계량 사용
- displot/boxplot/swamplot
- sorting(ascending/descending)

❷ 이상치 판단 방법

- 표준점수(z-score) 이용
- 사분위수(1Q, Inter, Quartile Range) 이용
- 비즈니스 도메인 규칙

❸ 이상치 처리

- 이상치 포함 데이터 제거
- 경계값 입력

샘플 데이터 가져오기

실습을 위해 샘플데이터 'titanic'을 가져와서 데이터프레임으로 전환해보자.

```
import pandas as pd
import numpy as np
import matplotlib.pyplot as plt
import seaborn as sns
titanic = sns.load_dataset("titanic")
titanic.head()
```

❶ df.head()

	survived	pclass	sex	age	sibsp	parch	fare	embarked	class	who	adult_male	deck	embark_town	alive	alone
0	0	3	male	22.0	1	0	7.2500	S	Third	man	True	NaN	Southampton	no	False
1	1	1	female	38.0	1	0	71.2833	C	First	woman	False	C	Cherbourg	yes	False
2	1	3	female	26.0	0	0	7.9250	S	Third	woman	False	NaN	Southampton	yes	True
3	1	1	female	35.0	1	0	53.1000	S	First	woman	False	C	Southampton	yes	False
4	0	3	male	35.0	0	0	8.0500	S	Third	man	True	NaN	Southampton	no	True

❷ df.describe()

	survived	pclass	age	sibsp	parch	fare
count	891.000000	891.000000	714.000000	891.000000	891.000000	891.000000
mean	0.383838	2.308642	29.699118	0.523008	0.381594	32.204208
std	0.486592	0.836071	14.526497	1.102743	0.806057	49.693429
min	0.000000	1.000000	0.420000	0.000000	0.000000	0.000000
25%	0.000000	2.000000	20.125000	0.000000	0.000000	7.910400
50%	0.000000	3.000000	28.000000	0.000000	0.000000	14.454200
75%	1.000000	3.000000	38.000000	1.000000	0.000000	31.000000
max	1.000000	3.000000	80.000000	8.000000	6.000000	512.329200

소수점을 갖는 이상치 데이터

소수점을 갖는 열 'age' 데이터는 올바르지 않은 데이터이다. 소수점을 갖는 나이 데이터를 탐색해 보자.

```
outlier=df[df['age']-np.floor(df['age']) > 0] ['age']
outlier
```

```
57     28.50
78      0.83
111    14.50
116    70.50
122    32.50
123    32.50
148    36.50
152    55.50
153    40.50
203    45.50
227    20.50
296    23.50
305     0.92
331    45.50
469     0.75
525    40.50
644     0.75
676    24.50
```

```
735    28.50
755     0.67
767    30.50
803     0.42
814    30.50
831     0.83
843    34.50
Name: age, dtype: float64
```

❶ 이상치 데이터 개수 확인하기

```
print("이상치 데이터 개수={}".format(len(outlier)))
```

[실행 결과]

```
이상치 데이터 개수=25
```

❷ 이상치 데이터 처리하기

```
outlier1=df[df['age']-np.floor(df['age']) == 0]
print("이상치 처리 후 데이터 개수={}".format(len(outlier1)))
```

[실행 결과]

```
이상치 처리 후 데이터 개수=689
```

그래프로 이상치 관측하기

그래프를 통해 이상치를 관측할 수 있는데 보통 관측된 데이터의 범위에서 많이 벗어난 값, 즉 lower extreme보다 작은 값이나 upper extreme보다 큰 값이 이상치이다. 그래프에서는 검은색 점 모양을 관측된 이상치로 해석할 수 있다.

❶ boxplot 그래프로 이상치 관측하기

boxplot은 값의 분포를 사분위수로 나누어 시각화하여 이상치를 쉽게 관측할 수 있다. 만약 boxplot 그래프를 수평으로 그리고 싶다면 orient='h' 옵션을 추가한다.

```
plt.figure(figsize=(16, 6))
sns.boxplot(x = 'fare', y='class', orient='h', data=df)
plt.grid()
plt.show()
```

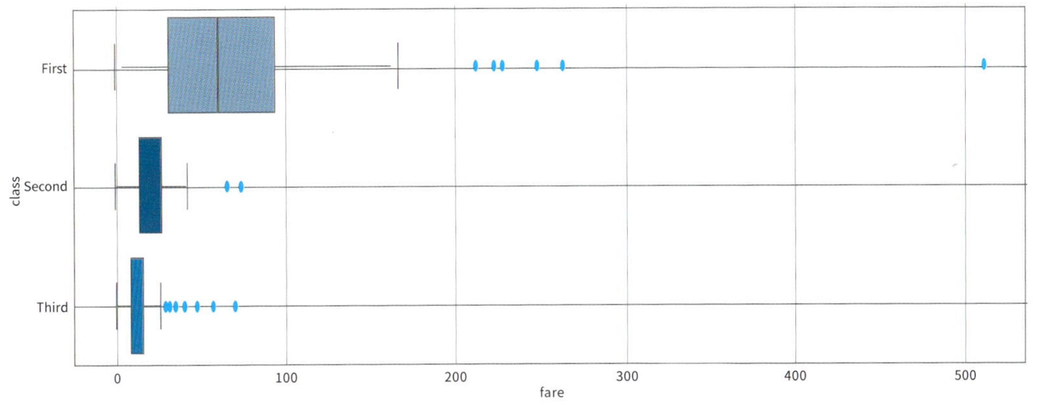

❷ carplot 그래프로 이상치 관측하기

carplot 그래프를 통해서 이상치 관측 데이터를 확인할 수 있다.

```
plt.figure(figsize=(8, 6))
sns.catplot(x='class', y='fare', kind='swarm', data=df)
plt.grid()
plt.show()
```

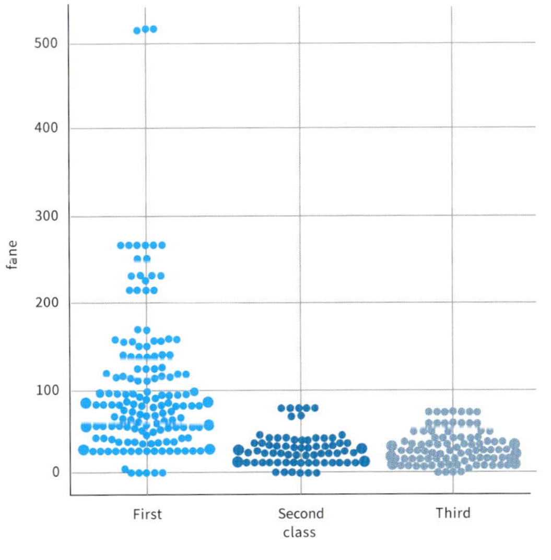

소트로 결측치 확인하기

특정 컬럼을 sort_values() 함수를 이용하여 데이터 값들을 정렬할 수 있다.

오름차순과 내림차순으로 정렬할 수 있으며 컬럼에 결측치가 있다면 그 값은 오름차순일 경우 맨 상위, 내림차순일 경우에는 맨 하위에서 확인할 수 있다.

❶ 오름차순으로 정렬하기

```
df.sort_values(by='fare', ascending=True).head(10)
```

	survived	pclass	sex	age	sibsp	parch	fare	embarked	class	who	adult_male	deck	embark_town	alive	alone
271	1	3	male	25.0	0	0	0.0	S	Third	man	True	NaN	Southampton	yes	True
597	0	3	male	49.0	0	0	0.0	S	Third	man	True	NaN	Southampton	no	True
302	0	3	male	19.0	0	0	0.0	S	Third	man	True	NaN	Southampton	no	True
633	0	1	male	NaN	0	0	0.0	S	First	man	True	NaN	Southampton	no	True
277	0	2	male	NaN	0	0	0.0	S	Second	man	True	NaN	Southampton	no	True
413	0	2	male	NaN	0	0	0.0	S	Second	man	True	NaN	Southampton	no	True
674	0	2	male	NaN	0	0	0.0	S	Second	man	True	NaN	Southampton	no	True
263	0	1	male	40.0	0	0	0.0	S	First	man	True	B	Southampton	no	True
466	0	2	male	NaN	0	0	0.0	S	Second	man	True	NaN	Southampton	no	True
732	0	2	male	NaN	0	0	0.0	S	Second	man	True	NaN	Southampton	no	True

❷ 내림차순으로 정렬하기

```
df.sort_values(by='fare',ascending=False).tail(10)
```

	survived	pclass	sex	age	sibsp	parch	fare	embarked	class	who	adult_male	deck	embark_town	alive	alone
481	0	2	male	NaN	0	0	0.0	S	Second	man	True	NaN	Southampton	no	True
302	0	3	male	19.0	0	0	0.0	S	Third	man	True	NaN	Southampton	no	True
179	0	3	male	36.0	0	0	0.0	S	Third	man	True	NaN	Southampton	no	True
263	0	1	male	40.0	0	0	0.0	S	First	man	True	B	Southampton	no	True
815	0	1	male	NaN	0	0	0.0	S	First	man	True	B	Southampton	no	True
633	0	1	male	NaN	0	0	0.0	S	First	man	True	NaN	Southampton	no	True
413	0	2	male	NaN	0	0	0.0	S	Second	man	True	NaN	Southampton	no	True
822	0	1	male	38.0	0	0	0.0	S	First	man	True	NaN	Southampton	no	True
732	0	2	male	NaN	0	0	0.0	S	Second	man	True	NaN	Southampton	no	True
674	0	2	male	NaN	0	0	0.0	S	Second	man	True	NaN	Southampton	no	True

Tips

특정 열을 기준으로 정렬하려면 df.sort_values(by='정렬 기준 컬럼명', ascending=True/False)로 할 수 있다.

데이터 중복값

중복 데이터가 있는지 확인하고 제거할 수 있다.

```
import pandas as pd
import seaborn as sns
```

```
import matplotlib.pyplot as plt
df = sns.load_dataset('iris')
df.head()
```

	sepal_length	sepal_width	petal_length	petal_width	species
0	5.1	3.5	1.4	0.2	setosa
1	4.9	3.0	1.4	0.2	setosa
2	4.7	3.2	1.3	0.2	setosa
3	4.6	3.1	1.5	0.2	setosa
4	5.0	3.6	1.4	0.2	setosa

❶ 중복 데이터 확인하기

```
df[df.duplicated(keep=False)]                    #중복된 열 출력
```

	sepal_length	sepal_width	petal_length	petal_width	species
101	5.8	2.7	5.1	1.9	virginica
142	5.8	2.7	5.1	1.9	virginica

여기서 잠깐 duplicated 옵션

- subset : None / 컬럼
  - 해당 컬럼 기준으로 중복 행 제거
  - 아무것도 쓰지 않으면 모든 컬럼을 기준으로 중복 행 제거
- keep : 'first' / 'last'
  - first : 첫 번째에 위치한 것 빼고 모두 지움(default)
  - last : 마지막에 위치한 것 빼고 노두 지움
  - False : 모두 다 지움
- inplace : True / False
  - True : 중복된 내용을 데이터프레임에 바로 적용시킴
  - False : 데이터프레임에 반영하지 않음(default)
- ignore_index : True / False(default)
  - True : 인덱스 번호를 처음부터 재구성(0,1,2,3....n-1)
  - False : 인덱스 번호를 재구성하지 않음(default)

❷ 중복 데이터 제거하기

중복되는 데이터는 drop_duplicates 메서드를 사용하여 제거한다.

```
df.drop_duplicates(['sepal_length', 'sepal_width'], keep=False, ignore_index =
True, inplace=True)
```

중복 데이터가 더 이상 조회되지 않는 것을 확인할 수 있다.

```
df[df.duplicated(keep=False)]
```

데이터 분할

전체 데이터를 목적에 따라 서로 겹치지 않게 분할하는 과정이다. 특정 컬럼을 범위에 따라 구간을 나누고, 그 구간에 속한 값들의 분포를 구할 수 있다.

데이터 분할의 정의

분석용 데이터로 모형을 구축하여 평가 및 검증하기 위해서 전체 데이터를 아래와 같이 구분한다.

❶ 학습(training) 데이터 : 데이터를 학습하여 분석 모형을 만드는 데에 직접 사용되는 데이터

❷ 평가(validation) 데이터 : 추정한 분석 모델이 과대적합 또는 과소적합인지 평가하는 데이터

❸ 검증용(test) 데이터 : 최종적으로 일반화된 분석 모형을 검증하는 테스트를 위한 데이터

과대적합(Overfitting)과 과소적합(Underfitting)

❶ 과대적합 : 학습 데이터셋에 지나치게 최적화하여 발생하는 문제로 실제 데이터에서 오차가 발생하여 정확한 예측 수행을 하지 못한다.

❷ 과소적합 : 최적화가 제대로 수행되지 않아 발생하는 문제로 실제 학습 데이터에서는 정확한 구조 및 패턴에 대한 결과를 도출하지 못한다.

구간 나누기

pd.cut() 함수는 연속된 데이터 값들을 특정 구간에 따라서 동일한 길이로 구간화하여 나누고, 나눈 구간에 라벨을 붙여서 범주형 데이터로 변환한다.

```
import pandas as pd
import numpy as np
import seaborn as sns
import matplotlib.pyplot as plt
```

```python

df= sns.load_dataset('penguins')
df.head()
```

	species	island	bill_length_mm	bill_depth_mm	flipper_length_mm	body_mass_g	sex
0	Adelie	Torgersen	39.1	18.7	181.0	3750.0	Male
1	Adelie	Torgersen	39.5	17.4	186.0	3800.0	Female
2	Adelie	Torgersen	40.3	18.0	195.0	3250.0	Female
3	Adelie	Torgersen	NaN	NaN	NaN	NaN	NaN
4	Adelie	Torgersen	36.7	19.3	193.0	3450.0	Female

위에서 결측값이 발생한 것을 확인할 수 있는데, dropna() 함수를 이용하여 결측값을 제거한다.

```python
df.dropna(how='any', inplace=True)
```

이번에는 cut() 함수를 이용하여 body_mass_g 컬럼을 bin=5로 옵션을 준 뒤, 5개 구간으로 나누어 df['body_mass_g_bin] 새로운 컬럼 영역을 생성해보자.

```python
df['body_mass_g_bin']=pd.cut(df['body_mass_g'], bins=5)
df.head()
```

아래와 같이 새로운 컬럼에 잘 생성되어 추가되었다.

	species	island	bill_length_mm	bill_depth_mm	flipper_length_mm	body_mass_g	sex	body_mass_g_bin
0	Adelie	Torgersen	39.1	18.7	181.0	3750.0	Male	(3420.0, 4140.0]
1	Adelie	Torgersen	39.5	17.4	186.0	3800.0	Female	(3420.0, 4140.0]
2	Adelie	Torgersen	40.3	18.0	195.0	3250.0	Female	(2696.4, 3420.0]
4	Adelie	Torgersen	36.7	19.3	193.0	3450.0	Female	(3420.0, 4140.0]
5	Adelie	Torgersen	39.3	20.6	190.0	3650.0	Male	(3420.0, 4140.0]

5개 구간으로 분리된 데이터를 value_counts() 함수를 이용하여 확인해보자.

```python
df.body_mass_g_bin.value_counts()
```

```
(3420.0, 4140.0]    121
(4140.0, 4860.0]     80
(2696.4, 3420.0]     56
(4860.0, 5580.0]     54
(5580.0, 6300.0]     22
Name: body_mass_g_bin, dtype: int64
```

피벗 테이블

데이터프레임에서 피벗 테이블은 데이터를 수집한 후 키값을 인덱스 기준 또는 컬럼 기준으로 정렬할 수 있다. 피벗 테이블 연산은 인덱스로 원하는 컬럼을 지정하여 평균값을 구한다.

피벗 테이블 생성 시 특별한 values를 지정하지 않으면 지정한 인덱스와 열값과 지정되지 않은 나머지 열의 values로 피벗 테이블이 생성된다.

```
df=df.pivot_table(index=['day', 'sex'])
```

day	sex	index	size	tip	total_bill
Thur	Male	131.766667	2.433333	2.980333	18.714667
	Female	147.750000	2.468750	2.575625	16.715312
Fri	Male	133.200000	2.100000	2.693000	19.857000
	Female	152.777778	2.111111	2.781111	14.145556
Sat	Male	122.169492	2.644068	3.083898	20.802542
	Female	117.750000	2.250000	2.801786	19.680357
Sun	Male	103.620690	2.810345	3.220345	21.887241
	Female	96.833333	2.944444	3.367222	19.872222

이번에는 특정한 values를 직접 지정하여 피벗 테이블을 생성해보자.

```
df=df.pivot_table(index=['day', 'sex'], values='total_bill')
df
```

day	sex	total_bill
Thur	Male	18.714667
	Female	16.715312
Fri	Male	19.857000
	Female	14.145556
Sat	Male	20.802542
	Female	19.680357
Sun	Male	21.887241
	Female	19.872222

인덱스를 'sex'로 변경한 후, 위에서 설정한 values 값 'total_bill'에 대한 피벗 테이블 필터링을 진행해보자.

```
table=df.pivot_table(index=['sex'])
table
```

피벗 테이블의 기본 집계 함수인 mean()으로 평균에 대한 결과만 확인했는데 aggfunc() 함수를 이용하여 'total_bill' 값의 길이, 최댓값, 최솟값, 합계 등에 대한 집계 연산도 가능하다.

```
table=df.pivot_table(index=['sex'], values='total_bill',aggfunc={'total_bill'
: [len, sum, max, min]})
table
```

크로스탭

그룹별로 데이터의 개수를 행과 열로 집계한 피벗 테이블의 한 유형이다.

```
df_cross=pd.crosstab([['time','day']], 'smoker', margins=True)
df_cross
```

col_0	smoker	All
row_0		
day	1	1
time	1	1
All	2	2

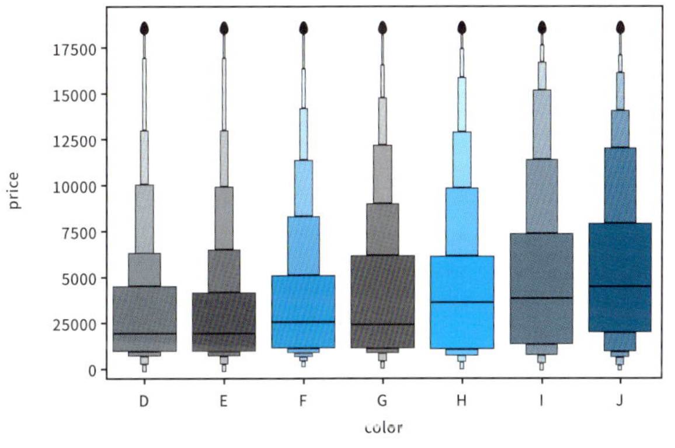

진단문제

시본의 샘플 데이터 'diamonds'를 불러와서 판다스의 데이터프레임으로 전환한 후, 데이터 이상치 관측에 필요한 시각화를 완성하시오.

❶ 샘플 데이터 가져오기

```
import pandas as pd
import seaborn as sns
import matplotlib.pyplot as plt
import numpy as np
df_diamonds = sns.load_dataset('diamonds')
df_diamonds.head()
```

	carat	cut	color	clarity	depth	table	price	x	y	z
0	0.23	Ideal	E	SI2	61.5	55.0	326	3.95	3.98	2.43
1	0.21	Premium	E	SI1	59.8	61.0	326	3.89	3.84	2.31
2	0.23	Good	E	VS1	56.9	65.0	327	4.05	4.07	2.31
3	0.29	Premium	I	VS2	62.4	58.0	334	4.20	4.23	2.63
4	0.31	Good	J	SI2	63.3	58.0	335	4.34	4.35	2.75

❷ catplot 그래프를 'boxen' 그래프 종류로 표시하여 이상치를 관측하는 그래프를 완성하시오.

Hint : sns.catplot 함수에 kind='boxen' 옵션을 추가하여 그래프의 종류를 변경한다.

요점정리

1. 결측값이란 데이터셋에 값이 비어 있거나 누락된 NA, NaN 값 등이다.

2. 이상값이란 데이터셋에 이상한 값이 들어 있거나 관측 데이터 범위에서 많이 벗어난 값으로 분석 결과가 엉뚱하게 나오는 결과값이다.

3. info() 함수는 데이터셋의 행과 열의 크기, 컬럼명, 컬럼을 구성하는 값의 자료형 등을 나타내준다. 이를 통해 인덱스 정보, 메모리 사용량 등 세부적인 정보를 확인할 수 있다.

4. df.isnull().sum()을 이용해서 결측치를 확인할 수 있다.

5. df.notnull().sum()을 이용해서 결측치가 아닌 데이터를 확인할 수 있다.

6. EDA는 데이터 분석에 앞서 그래프나 통계적인 방법을 통해 주어진 지표가 적절한지 판단하고 이상치 값을 찾아내는 과정이다.

7. msno.bar() 함수는 막대그래프 형태로 시각화해주는 함수이다.

8. fillna() 함수는 비어 있는 null 값을 모두 0으로 채우거나 특정 값으로 채울 수 있다.

9. 과대적합은 학습 데이터셋에 지나치게 최적화하여 발생하는 문제로 실제 데이터에서 오차가 발생하여 정확한 예측 수행을 하지 못한다.

10. 과소적합은 최적화가 제대로 수행되지 않아 발생하는 문세로 실제 학습 데이터에서는 정확한 구조 및 패턴에 대한 결과를 도출하지 못한다.

11. cut() 함수는 연속된 데이터 값들을 특정 구간에 따라서 동일한 길이로 구간화하여 나눌 수 있다.

12. 피벗 테이블은 데이터를 수집한 후 키값을 인덱스 또는 컬럼 기준으로 정렬할 수 있다. 피벗 테이블 연산은 인덱스로 원하는 컬럼을 지정하여 평균값을 구한다.

13. 크로스탭은 그룹별로 데이터의 개수를 행과 열로 집계한 피벗 테이블의 한 유형이다.

1. 결측값에 포함되지 않는 것은? ( )
① " " ② NA ③ NaN ④ Null

2. 데이터 범위에서 많이 벗어난 값으로 엉뚱한 결과를 초래하는 값은? ( )
① 결측치 ② 이상치 ③ 중복값 ④ 널값

3. 데이터셋의 행과 열의 크기, 컬럼명, 컬럼을 구성하는 값의 자료형 등을 나타내주는 함수는? ( )
① type() ② dtypes ③ class ④ info()

4. 비어 있는 null 값을 모두 0으로 채우거나 특정 값으로 채울 수 있는 함수는? ( )
① fillna() ② zeros() ③ insert() ④ null(0)

5. 필요 없는 결측값을 제거해주는 함수는? ( )
① delete() ② dropna() ③ erase() ④ remove()

6. 데이터 분석을 위해 수집한 데이터가 들어오면 그래프나 통계적인 방법을 통해 이상치 값을 찾아내는 과정은? ( )
① find ② proceed ③ EDA ④ outlier

7. 연속된 데이터 값들을 특정 구간에 따라서 동일한 길이로 구간화하여 나누는 함수는? ( )
① var() ② cut() ③ len() ④ sep()

8. 데이터프레임 열 '학번' 기준 오름차순 정렬의 지정이 옳은 것은? ( )

① sort_values(by='학번', ascending=True)

② sort_values(by='학번', ascending=False)

③ sort('학번', ascending=True)

④ sorted('학번', ascending=True)

9. dropna() 옵션에서 row 또는 컬럼에 NaN값이 1개만 있어도 제거되는 옵션은? ( )

① how='all'　　② how='any'　　③ how='one'　　④ how='True'

10. 그룹별로 데이터의 개수를 행과 열로 집계할 수 있는 함수는? ( )

① groupby　　② crosstab　　③ pivot_table　　④ sort_values

1. 제공해준 major.xlsx 파일을 "C:\python_work" 폴더에 복사한 후, 수행평가를 진행하시오.

❶ major.xlsx 엑셀 파일을 가져와서 판다스 데이터프레임 자료로 전환하시오.

	전공코드	프로젝트명	성명	글로컬영어	알고리즘	자료구조	PYTHON
0	N20	체스게임	김선욱	NaN	88	87	96
1	S72	온라인상점	임상효	96.0	77	45	98
2	E50	NaN	최진경	84.0	96	87	86
3	E50	NaN	황미주	98.0	94	100	97
4	C35	풍선게임	김가경	88.0	98	66	68

❷ 데이터 값의 결측치를 탐색하시오.

[실행 결과]

```
전공코드      0
프로젝트명    6
성명          0
글로컬영어    1
알고리즘      0
자료구조      0
PYTHON        0
dtype: int64
```

❸ 열 '글로컬영어'의 결측치를 숫자 정수 0으로 채우시오.

[실행 결과]

```
전공코드      0
프로젝트명    6
성명          0
글로컬영어    0
알고리즘      0
자료구조      0
PYTHON        0
dtype: int64
```

❹ 열 '프로젝트명'의 결측치를 제거한 후, df 데이터프레임에 적용하시오.

[실행 결과]

```
전공코드      0
프로젝트명    0
성명          0
글로컬영어    0
알고리즘      0
자료구조      0
PYTHON        0
dtype: int64
```

❺ 중복 데이터가 있는지 확인하시오.

	전공코드	프로젝트명	성명	글로컬영어	알고리즘	자료구조	PYTHON
19	N20	체스게임	황진표	75.0	80	60	50
20	N20	체스게임	황진표	75.0	80	60	50

❻ 중복 데이터를 제거하시오. 제거된 인덱스에 번호도 새롭게 부여하시오.

	전공코드	프로젝트명	성명	글로컬영어	알고리즘	자료구조	PYTHON
0	N20	체스게임	김선욱	0.0	88	87	96
1	S72	온라인상점	임상효	96.0	77	45	98
2	C35	풍선게임	김가경	88.0	98	66	68
3	E52	다트게임	이원영	50.0	45	50	78
4	C35	바둑게임	최성철	80.0	89	92	88
5	S72	오목게임	윤성완	98.0	80	78	97
6	N20	온라인상점	이순신	98.0	66	100	97
7	N20	온라인상점	강감찬	47.0	60	70	70
8	S72	오목게임	이기자	80.0	80	90	70
9	S72	오목게임	금수저	100.0	70	85	85
10	S72	오목게임	강남길	80.0	90	100	70
11	S72	오목게임	김명현	90.0	80	85	65
12	S72	오목게임	주성치	65.0	84	96	80
13	C35	바둑게임	최경숙	55.0	98	70	90
14	C35	풍선게임	이진효	80.0	74	98	100

❼ 아래 데이터를 인덱스 15번 행 위치에 추가하시오.

index	전공코드	프로젝트명	성명	글로컬영어	알고리즘	자료구조	PYTHON
15	N20	온라인게임	은지원	90.0	80	80	80

	전공코드	프로젝트명	성명	글로컬영어	알고리즘	자료구조	PYTHON
0	N20	체스게임	김선욱	0.0	88	87	96
1	S72	온라인상점	임상효	96.0	77	45	98
2	C35	풍선게임	김가경	88.0	98	66	68
3	E52	다트게임	이원영	50.0	45	50	78
4	C35	바둑게임	최성철	80.0	89	92	88
5	S72	오목게임	윤성완	98.0	80	78	97
6	N20	온라인상점	이순신	98.0	66	100	97

7	N20	온라인상점	강감찬	47.0	60	70	70
8	S72	오목게임	이기자	80.0	80	90	70
9	S72	오목게임	금수저	100.0	70	85	85
10	S72	오목게임	강남길	80.0	90	100	70
11	S72	오목게임	김명현	90.0	80	85	65
12	S72	오목게임	주성치	65.0	84	96	80
13	C35	바둑게임	최경숙	55.0	98	70	90
14	C35	풍선게임	이진호	80.0	74	98	100
15	N20	온라인게임	은지원	90.0	80	80	80

❽ 열에 '총점'을 추가한 후, 총점을 구하시오.

총점='글로컬영어'+'알고리즘'+'자료구조'+'PYTHON'이다.

❾ 열에 '평균'을 추가한 후, 평균을 구하시오.

평균 = 총점 / 4

	전공코드	프로젝트명	성명	글로컬영어	알고리즘	자료구조	PYTHON	총점	평균
0	S72	온라인상점	임상호	96.0	77	45	98	316.0	79.00
1	C35	풍선게임	김가경	88.0	98	66	68	320.0	80.00
2	E62	다트게임	이원영	50.0	45	50	78	223.0	55.75
3	C35	바둑게임	최성철	80.0	89	92	88	349.0	87.25
4	S72	오목게임	윤성완	98.0	80	78	97	353.0	88.25
5	N20	온라인상점	이순신	98.0	66	100	97	361.0	90.25
6	N20	온라인상점	강감찬	47.0	60	70	70	247.0	61.75
7	S72	오목게임	이기자	80.0	80	90	70	320.0	80.00
8	S72	오목게임	금수저	100.0	70	85	85	340.0	85.00
9	S72	오목게임	강남길	80.0	90	100	70	340.0	85.00
10	S72	오목게임	김명현	90.0	80	85	65	320.0	80.00
11	S72	오목게임	주성치	65.0	84	96	80	325.0	81.25
12	C35	바둑게임	최경숙	55.0	98	70	90	313.0	78.25
13	C35	풍선게임	이진호	80.0	74	98	100	352.0	88.00
15	N20	온라인게임	은지원	90.0	80	80	80	330.0	82.50

⑩ 열 '글로컬영어'의 실수형 자료형을 정수형 자료형으로 수정하시오.

	전공코드	프로젝트명	성명	글로컬영어	알고리즘	자료구조	PYTHON	총점	평균
0	S72	온라인상점	임상호	96	77	45	98	316.0	79.00
1	C35	풍선게임	김가경	88	98	66	68	320.0	80.00
2	E52	다트게임	이원영	50	45	50	78	223.0	55.75
3	C35	바둑게임	최성철	80	89	92	88	349.0	87.25
4	S72	오목게임	윤성완	98	80	78	97	353.0	88.25
5	N20	온라인상점	이순신	98	66	100	97	361.0	90.25
6	N20	온라인상점	강감찬	47	60	70	70	247.0	61.75
7	S72	오목게임	이기자	80	80	90	70	320.0	80.00
8	S72	오목게임	금수저	100	70	85	85	340.0	85.00
9	S72	오목게임	강남길	80	90	100	70	340.0	85.00
10	S72	오목게임	김명현	90	80	85	65	320.0	80.00
11	S72	오목게임	주성치	65	84	96	80	325.0	81.25
12	C35	바둑게임	최경숙	55	98	70	90	313.0	78.25
13	C35	풍선게임	이진호	80	74	98	100	352.0	88.00
15	N20	온라인게임	은지원	90	80	80	80	330.0	82.50

⑪ 열 '전공코드' C35의 '프로젝트명'이 '바둑게임'인 '전공코드'를 'C34'로 모두 대체하시오.

	전공코드	프로젝트명	성명	글로컬영어	알고리즘	자료구조	PYTHON	총점	평균
0	N20	체스게임	김선욱	0	88	87	96	271.0	67.75
1	S72	온라인상점	임상호	96	77	45	98	316.0	79.00
2	C35	풍선게임	김가경	88	98	66	68	320.0	80.00
3	E52	다트게임	이원영	50	45	50	78	223.0	55.75
4	C34	바둑게임	최성철	80	89	92	88	349.0	87.25
5	S72	오목게임	윤성완	98	80	78	97	353.0	88.25
6	N20	온라인상점	이순신	98	66	100	97	361.0	90.25
7	N20	온라인상점	강감찬	47	60	70	70	247.0	61.75
8	S72	오목게임	이기자	80	80	90	70	320.0	80.00

9	S72	오목게임	금수저	100	70	85	85	340.0	85.00
10	S72	오목게임	강남길	80	90	100	70	340.0	85.00
11	S72	오목게임	김명현	90	80	85	65	320.0	80.00
12	S72	오목게임	주성치	65	84	96	80	325.0	81.25
13	C34	바둑게임	최경숙	55	98	70	90	313.0	78.25
14	C35	풍선게임	이진호	80	74	98	100	352.0	88.00

⑫ 열 '전공코드' 기준 오름차순으로 정렬하시오.

	전공코드	**프로젝트명**	**성명**	**글로컬영어**	**알고리즘**	**자료구조**	**PYTHON**	**총점**	**평균**
4	C34	바둑게임	최성철	80	89	92	88	349.0	87.25
13	C34	바둑게임	최경숙	55	98	70	90	313.0	78.25
2	C35	풍선게임	김가경	88	98	66	68	320.0	80.00
14	C35	풍선게임	이진호	80	74	98	100	352.0	88.00
3	E52	다트게임	이원영	50	45	50	78	223.0	55.75
0	N20	체스게임	김선욱	0	88	87	96	271.0	67.75
6	N20	온라인상점	이순신	98	66	100	97	361.0	90.25
7	N20	온라인상점	강감찬	47	60	70	70	247.0	61.75
15	N20	온라인게임	은지원	90	80	80	80	330.0	82.50
1	S72	온라인상점	임상효	96	77	45	98	316.0	79.00
5	S72	오목게임	윤성완	98	80	78	97	353.0	88.25
8	S72	오목게임	이기자	80	80	90	70	320.0	80.00
9	S72	오목게임	금수저	100	70	85	85	340.0	85.00
10	S72	오목게임	강남길	80	90	100	70	340.0	85.00
11	S72	오목게임	김명현	90	80	85	65	320.0	80.00

⑬ 열 '전공코드' 기준으로 그룹화하시오.

전공코드	글로컬영어	알고리즘	자료구조	PYTHON	총점	평균
C34	135	187	162	178	662.0	165.50
C35	168	172	164	168	672.0	168.00
E52	50	45	50	78	223.0	55.75
N20	235	294	337	343	1209.0	302.25
S72	609	561	579	565	2314.0	578.50

⑭ 그룹화된 '전공코드'를 기반으로 '총점'에 대한 원형 그래프를 완성하시오.
단, 그래프 제목은 '학부 전공 성적 summary'로 글자 색은 파랑, 글자 크기는 20이다.

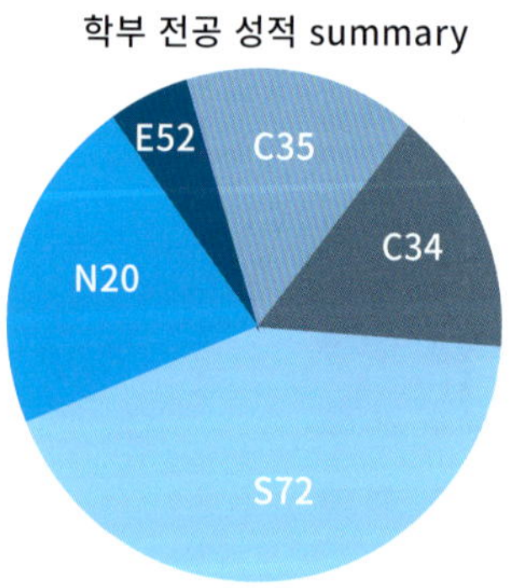

Introduction to **Data analysis**

CHAPTER

11

스크래핑과 어휘 분석

학습목표

웹에서 정보를 수집하는 방법은 두 가지가 있다. 웹 크롤링(Web crawling)과 웹 스크래핑이다. 두 방법은 서로 비슷하지만 다소 차이가 있다. 이번 장에서는 데이터 분석에 필요한 데이터를 웹사이트를 수집하거나 추출하여 가져오는 웹 스크래핑에 대해 학습한다.

또한, 워드 클라우드(word cloud)와 KoNLPy 패키지에 대해서도 학습한다. 워드 클라우드는 메타 데이터에서 얻어진 태그들을 분석하여 중요도에 따라 글자를 시각적으로 표시하는 것이고, KoNLPy 패키지는 텍스트 문자열을 여러 형태소 분석기를 통해 단어, 어절, 문법 등으로 표시하는 패키지 활용이다.

학습 목차

11.1 웹 크롤링(Web crawling)과 스크래핑(Scraping)

데이터 분석 및 처리에서 웹 크롤링과 스크래핑은 주로 정보를 수집하는 과정에서 많이 사용하는 방법이다. 웹 크롤링은 수많은 웹 사이트들을 체계적으로 돌아다니면서 URL, 키워드 등을 수집하는 것이고 웹 스크래핑은 웹 사이트에서 필요한 데이터를 추출하여 가져오는 것으로 정의할 수 있다.

웹 크롤링

웹 인덱싱을 위해 체계적으로 정보를 탐색하여 필요한 정보를 수집하는 것을 뜻한다. 즉, 수많은 웹 사이트들을 돌아다니면서 URL, 키워드 등을 수집하고 수집한 웹 페이지에 색인(index)을 부여하여 검색한 결과를 즐겨찾기나 데이터베이스화하여 필요할 때마다 데이터베이스에서 색인으로 빠르게 찾아낼 수 있다.

웹 크롤러(crawler)는 구글, 네이버와 같은 포털 검색 엔진을 통해 웹 페이지의 정보를 수집하고 분류하며, 봇(bot)은 개인이 작성한 블로그, 뉴스 기사 등의 페이지를 모두 방문해서 문서가 어디에 있는지, 누가 작성했는지, 어떠한 내용이 들어 있는지를 수집한다.

웹 크롤링 특징

❶ 웹 크롤링은 웹에서 정보를 탐색하고 정보를 나중에 가져오는 '선탐색 후추출' 방식을 이용하고 있다.

❷ 동일한 콘텐츠가 여러 페이지에 업로드된 것을 인식하지 못하므로 중복 제거는 필수이며, 수집한 웹 페이지가 중복되지 않도록 인덱싱을 부여한다.

❸ 웹 크롤링 방식은 웹 기반으로 동작되므로 웹 페이지에서 링크 및 다운로드한다.

Tips

파싱(Parsing)이란 웹 문자열이나 문장을 구문 분석하여 token(토큰)으로 분해하는 행위이다.
파서(Parser)란 interpreter나 compiler의 구성 요소 가운데 하나로 입력 token에 내재된 자료 구조를 빌드하고 문법 및 구문 분석을 검사하는 프로그램이다.

웹 스크래핑

웹 스크래핑은 우리가 포털 사이트에서 특정 검색 엔진을 사용하여 특정 주제의 뉴스, 인기 검색어 정보, 어떤 상품의 가격을 모니터링하여 특정한 웹 페이지에서 필요한 정보만을 추출하여 가져오는 것을 뜻한다.

여기서 잠깐 robots.txt

1994년에 REP(Robots Exclusion Standard Protocol)라는 프로토콜이 발표되었는데 검색 로봇은 REP 및 robots.txt 지침을 엄격히 따르고 있다.

robots.txt는 검색 엔진 크롤러를 위한 안내가 포함된 텍스트 파일로 해당 사이트의 루트 디렉토리에서 robots.txt 파일을 검색하고 포함된 지침을 읽어야 한다고 규정하고 있다.

데이터를 스크래핑하는 것 자체는 불법은 아니지만 수집 과정과 수집한 결과물의 활용 여부에 따라 법적 문제가 발생할 수 있으므로 개인정보가 포함된 내용의 수집은 삼가도록 한다.

웹 스크래핑 프로세스

웹 스크래핑을 수행하기 위해서는 먼저 웹 크롤링으로 필요한 정보를 찾고 수집하는 작업이 수행되며 스크래핑을 위한 아래 작업 프로세스를 거치게 된다.

❶ 크롤링에는 웹 페이지의 모든 키워드, URL을 저장하는 것과 같은 특정 수준의 스크래핑이 필요하다.

❷ 크롤링은 일반적으로 구글, 네이버와 같은 포털 사이트 검색엔진을 사용하여 정보를 검색한다.

❸ 웹 스크래핑은 주식 시장 데이터, 비즈니스 리드, 공급업체 제품 스크래핑과 같은 특정 데이터에 대한 특정 웹 사이트를 대상으로 한다.

❹ 날씨를 스크래핑하고 싶다면 날씨를 알려주는 사이트에서 크롤링을 통해 날씨 데이터를 어떤 주소에서 받아오는지 확인하고 즐겨찾기 목록에 추가한다.

여기서 잠깐

웹 스크래핑을 위해 준비해야 할 필수 도구는 텍스트 에디터, 브라우저, 개발자 노구, 스크래핑 패키지 설치이다.

❶ 텍스트 에디터 : 파이썬 IDE 플랫폼, 주피터 노트북, VS Code, Sublime Text, Eclipse, Atom 등

❷ 웹 브라우저 : Google Chrome, Windows Edge, Apple Safari 등

❸ 개발자 도구 : 개발자 도구를 여는 방법은 구글 크롬 기준으로 3가지 방법을 소개한다.

a. 직접 열기

크롬 우측 상단의 'Chrome 맞춤 설정 및 제어' ⋮ 모양을 클릭한 후, [도구] → [더보기] → [개발자 도구]를 선택한다.

b. [검사]

해당 콘텐츠에서 마우스 오른쪽 버튼을 클릭하여 하단의 [검사]를 누르면 개발자 도구를 열 수 있다.

c. 단축키

윈도우 OS : Ctrl + Shift + I 또는 기능키 F12

맥 OS : Alt(Option) + Command + I

필요 패키지 둘러보기

웹 스크래핑을 하기 위해 파이썬 프로그램에서 requests, beautifulsoup4, lxml 3개의 패키지를 추가 설치하여 사용하도록 한다.

❶ requests : HTTP 프로토콜을 통해 웹 서버에 요청하고 응답받는 과정을 처리하는 라이브러리

❷ BeautifulSoup : 웹 페이지 html 데이터에서 실제적으로 문서를 스크래핑으로 추출해오는 데 사용되는 라이브러리

- request : 웹 페이지의 URL을 이용해서 HTML 문서를 요청
- response : 요청한 HTML 문서를 회신
- parsing : 태그 기반으로 파싱(일련의 문자열을 의미 있는 단위로 분해)

❸ lxml : 파이썬 내장 파싱 라이브러리인 HTML 문서를 파싱하는 라이브러리로 HTML, XML 문서를 모두 파싱

Tips **scrapy 라이브러리**

웹 사이트를 크롤링하고 구조화된 데이터를 수집하는 라이브러리이다.

패키지 설치하기

패키지를 도스 모드에서 설치하기 위해서, '윈도우 로고 + R'을 눌러 실행하고 [열기]에서 [cmd]를 입력하여 도스 모드로 빠져나간다.

파이썬으로 웹을 크롤링하기 위해서는 파이썬에서 가장 많이 사용되는 3개의 패키지 Beautiful-Soup4, Requests, lxml을 설치해야 한다. 기본적으로 아나콘다 통합 패키지에 BeautifulSoup4와 Requests 라이브러리가 포함되어 있는데 설치되지 않은 경우라면 추가로 설치한다.

❶ BeautifulSoup4, Requests, lxml 패키지가 설치되었는지 확인하기 위해 pip list를 입력한다. 설치되어 있다면 skip하여 넘어간다.

```
C:\Users\dali3> pip list
```

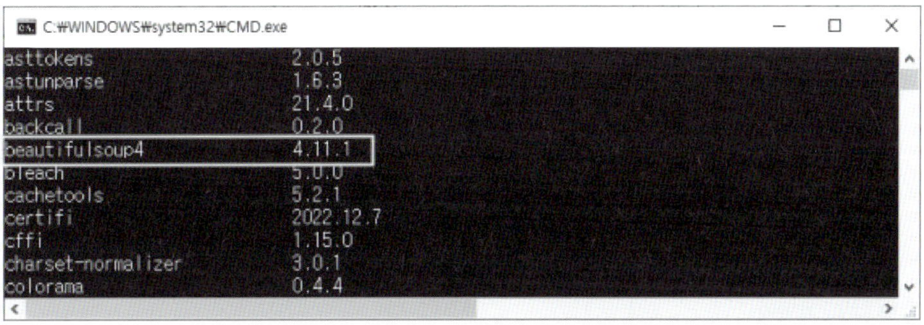

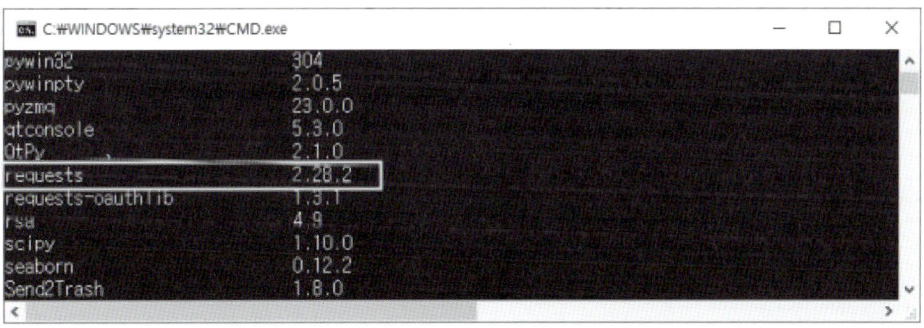

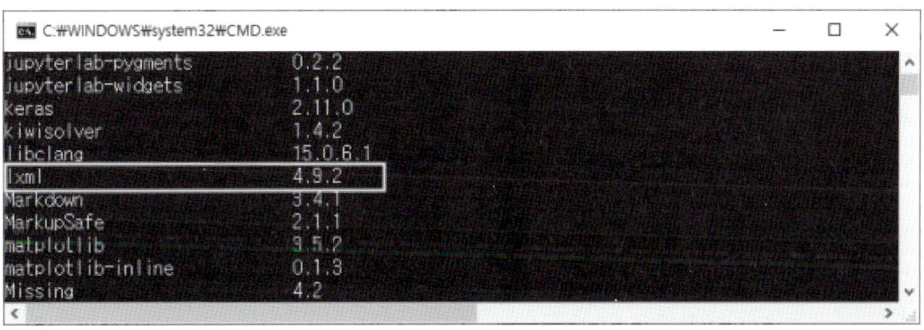

❷ 만약, 위 list에 없는 경우에는 해당 패키지만 선택하여 설치한다.

```
C:\Users\dali3> pip install beautifulsoup4
C:\Users\dali3> pip install requests
C:\Users\dali3> pip install lxml
```

robots.txt와 user agent

❶ robots.txt

웹 사이트 및 웹 페이지를 수집하는 로봇들의 무단 접근을 방지하기 위해 만들어진 로봇 배제 표준(robots exclusion standard)이다. 일부 스팸 봇이나 악성 목적을 지닌 가짜 클라이언트 로봇은 웹 사이트에 진짜 클라이언트처럼 접근한다. 그리고 무단으로 웹 사이트 정보를 긁어가거나, 웹 서버에 부하를 준다. 이런 로봇들의 무분별한 접근을 통제하기 위해 마련된 것이 robots.txt 텍스트 파일이다.

❷ user agent

web browser, 웹 페이지를 수집하는 봇, 다운로드 관리자, 웹에 접근하는 다른 앱 모두 사용자 에이전트로 구분된다. 웹 서버에 요청할 때 사용자 에이전트 HTTP 헤더(user agent HTTP header)에 브라우저 정보를 전달한다.

웹 스크래핑 기본 코드 프레임

❶ 네이버(https://www.naver.com)에 접속한다.

이때 robots.txt는 웹 페이지 주소 맨뒤에 '/robots.txt'를 입력한 후, 엔터 키를 누른다.

작업표시줄에 robots.txt가 다운로드된다.

다운로드된 robots.txt 파일을 열었더니 네이버 검색엔진 검색 봇 수집 허용/제한은 사이트의 루트 페이지만 수집하는 것으로 허용되어 있다.

robots.txt - Windows 메모장

파일(F) 편집(E) 서식(O) 보기(V) 도움말(H)

```
User-agent: *
Disallow: /
Allow : /$
```

여기서 잠깐 robots.txt 수집 허용 제한

robots.txt는 검색 로봇에게 사이트 및 웹 페이지 수집을 허용하거나 제한하는 국제 권고안이다.

- User-agent : 규칙이 적용되는 대상 사용자 에이전트가 누구인지 알려줌
- Allow : 크롤링 웹 페이지를 허용
- Disallow: 크롤링 웹 페이지를 금지

requests 사용하기

파이썬에서는 HTML 문서에 담긴 내용을 가져오기 위해 request로 요청을 해야 한다.

❶ requests.get() 함수에는 웹 페이지 문서에 포함할 url 주소를 입력한다.

requests를 사용하여 네이버 증권 웹 페이지 'https://naver.com/'에 해당 웹 페이지가 정상적으로 동작하는지 응답코드를 확인해보자. 정상적으로 동작할 때에는 200이라는 숫자 코드가 표시된다.

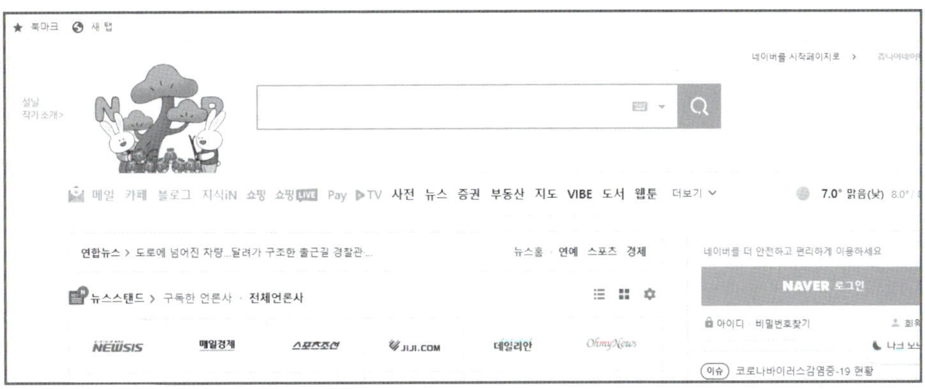

```python
import requests
import lxml
import bs4
import pandas as pd
import numpy as np
import matplotlib.pyplot as plt
import seaborn as sns
import os
plt.rcParams["font.family"] = 'malgun gothic'

utl="http://naver.com"
res=requests.get(utl)
print(res.status_code)
```

[실행 결과]

```
200
```

여기서 잠깐 서버 response 코드

서버 응답 코드에서 2로 시작하는 코드는 request 성공, 3은 redirection 추가 요청, 4는 클라이언트 오류, 5는 서버에 대한 오류로 웹 사용 시 반드시 필요한 코드이다.

▶ request를 성공적으로 처리한 response가 성공인 경우

200	OK	OK, 성공적으로 처리했을 때

▶ client 에러

400	Bad Request	클라이언트 요청 자체가 잘못되었을 때
403	Forbidden	접근 금지 응답(리소스에 대한 액세스 접근 금지) 관리자 페이지 접근 등을 차단하는 경우의 응답으로 파일 시스템 퍼미션 거부, 허가되지 않은 IP 주소를 통한 액세스의 거부 등
404	Not Found	클라이언트가 요청한 리소스가 서버에 없음
405	Mothod Not Allowed	허용되지 않는 HTTP 메서드를 사용함

▶ server 에러

500	Internal Server Error	서버에서 클라이언트 요청 처리 중에 에러가 발생
503	Service Unavailable	서버가 일시적으로 요청을 처리할 수 없음 서버 과부하 상태이거나 점검 중이므로 요청을 처리할 수 없음을 알려줌
504	Gateway Timeout	서버를 통하는 게이트웨이에 문제가 발생하여 시간이 초과됨
505	HTTP Version Not Supported	해당 HTTP 버전에서는 지원되지 않는 요청임을 알려줌

❷ status 코드를 통해 확인하려면 res.raise_for_status()를 사용할 수 있는데 정상인 경우는 에러 없이 출력 내용을 표시하지만 문제가 생긴 경우는 바로 종료하게 된다.

```
utl="http://naver.com"
requests.get(utl)
res.raise_for_status()
print("웹 스크래핑이 성공적으로 작동됩니다!")
```

[실행 결과]

웹 스크래핑이 성공적으로 작동됩니다!

❸ 네이버 내용 가져오기

네이버 웹 페이지가 성공적으로 작동한 경우라면 콘텐츠 내용을 텍스트로 가져와보자.

```
import requests
import lxml
import bs4
import pandas as pd
import numpy as np
import matplotlib.pyplot as plt
import seaborn as sns
import os
plt.rcParams["font.family"] = 'malgun gothic'
utl="http://naver.com"
res=requests.get(utl)
res.raise_for_status()
print(res.text)
```

[실행 결과]

```
<!doctype html>                    <html lang="ko" data-dark="false"> <head> <meta charset="utf-8">
<title>NAVER</title> <meta http-equiv="X-UA-Compatible" content="IE=edge"> <meta name="view-
port" content="width=1190"> <meta name="apple-mobile-web-app-title" content="NAVER"/> <meta
name="robots" content="index,nofollow"/> <meta name="description" content="네이버 메인에서 다
양한 정보와 유용한 컨텐츠를 만나 보세요"/> <meta property="og:title" content="네이버"> <meta prop-
erty="og:url" content="https://www.naver.com/"> <meta property="og:image" content="https://
s.pstatic.net/static/www/mobile/edit/2016/0705/mobile_212852414260.png"> <meta property="og:-
description" content="네이버 메인에서 다양한 정보와 유용한 컨텐츠를 만나 보세요"/> <meta name="twitt
ter:card" content="summary"> <meta name="twitter:title" content=""> <meta name="twitter:url"
content="https://www.naver.com/"> <meta name="twitter:image" content="https://s.pstatic.net/
static/www/mobile/edit/2016/0705/mobile_212852414260.png"> <meta name="twitter:description"
```

```
content="네이버 메인에서 다양한 정보와 유용한 컨텐츠를 만나 보세요"/> <link rel="stylesheet" href="https://pm.pstatic.net/dist/css/nmain.20221110.css"> <link rel="stylesheet" href="https://ssl.pstatic.net/sstatic/search/pc/css/sp_autocomplete_220526.css"> <link rel="shortcut icon" type="image/x-icon" href="/favicon.ico?1"/> <link rel="apple-touch-icon" sizes="114x114" href="https://s.pstatic.net/static/www/u/2014/0328/mma_204243574.png"/> <link rel="apple-touch-icon" href="https://s.pstatic.net/static/www/u/2014/0328/mma_2
```

텍스트로 가져왔더니 웹 페이지에 있는 내용이 html 태그 코드까지 모두 표시되어 어수선하다.

이 내용을 naverdoc.html 파일로 저장하여 표시되도록 변경해보자.

```
with open("naverdoc.html", "w", encoding="utf-8") as f:
    f.write(res.text)
```

코드의 내용을 실행시킨 뒤, 파일이 생성되었는지 확인해보자. 파일이 잘 생성되었다.

naverdoc.html

naverdoc.html 파일을 열어서 확인해보자. 잘 열리고 있다.

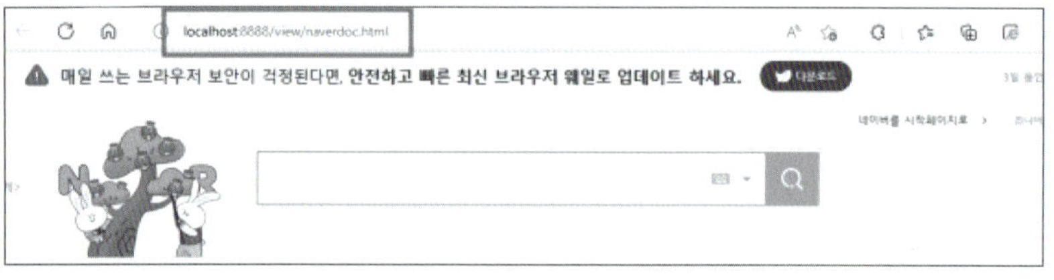

> **Tips** **한글 인코딩**
>
> 웹 스크래핑 시 데이터의 한글이 깨지는 경우가 있다.
> requests 라이브러리를 사용하여 결과 데이터를 response 객체에 담아서 인코딩할 때 한글이 깨지면 response 객체를 한글 인코딩으로 지정한 뒤 데이터를 받으면 된다.

user-agent

일부 웹 사이트에서는 기존의 웹 브라우저가 아닌 경우 접속을 차단하는 경우가 있다. 이때는 기존 웹 브라우저의 User-Agent 정보를 전달하면 된다. 즉, 웹 브라우저는 웹 사이트에 접속할 때 브라우저의 종류, 버전 등을 User-Agent라는 이름으로 허락된 콘텐츠만 전달한다.

구글에서 검색어 'user-agent string'을 입력해보자.

검색된 부분에서 'What Is my user agent?'를 클릭하면 아래와 같이 Your User Agent is:가 나온다. 박스 안에 있는 문자열을 복사한다.

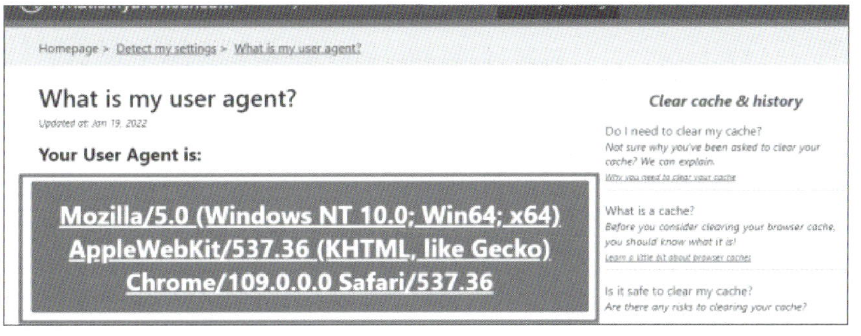

그다음 headers={ } 안에 "User-Agent":를 만든 후 복사한 문자열을 넣으면 된다.

headers = {"User-Agent": " 구글에서 복사한 문자열 내용 "}
res = requests.get(url, headers=headers)

```
import requests
import lxml
import bs4
import pandas as pd
import numpy as np
import matplotlib.pyplot as plt
import seaborn as sns
import os
plt.rcParams["font.family"] = 'malgun gothic'

utl="https://www.naver.com"
headers={"User-Agent":"Mozilla/5.0 (Windows NT 10.0; Win64; x64) AppleWebKit/537.36 (KHTML, like Gecko) Chrome/109.0.0.0 Safari/537.36" }

res=requests.get(utl, headers=headers)
```

```
res.raise_for_status()

with open("naverdoc_agent.html", "w", encoding="utf=8") as f:
    f.write(res.text)
```

user_agent에서 허용한 'naverdoc_agent.html' 파일의 소스 코드를 확인해보니 아주 간결하게 허용된 부분만 소스 파일로 만들어진 것을 확인할 수 있다.

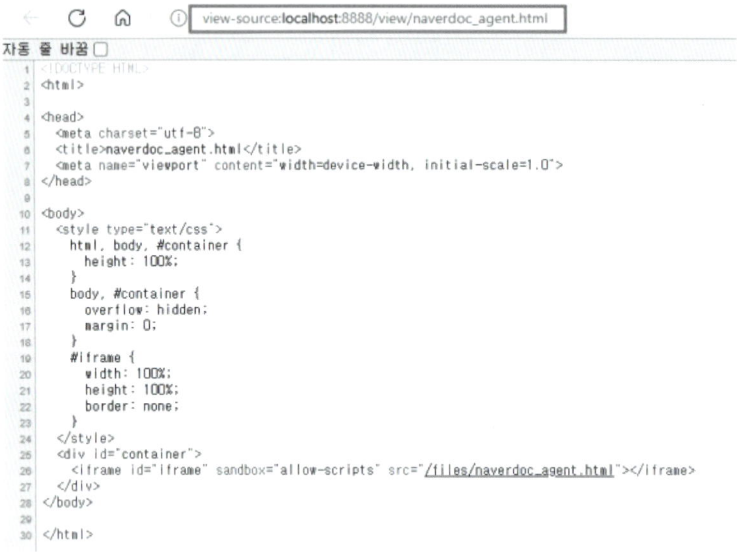

BeautifulSoup 사용하기

BeautifulSoup은 HTML 문서를 탐색해서 필요한 부분만 쉽게 가져올 수 있는 파이썬 라이브러리이다.

BeautifulSoup 라이브러리 호출을 위해 from bs4 import BeautifulSoup을 사용하여 모듈을 가져온 후, requests.get()으로 요청한 문서를 웹 서버로부터 응답받은 객체 res를 test.txt 속성으로 선택한다. 우리가 받은 HTML 소스 코드를 "html.parser" 또는 "lxml" parser를 통해 soup 변수에 할당받는다.

requests를 사용하여 'https://comic.naver.com/index' html 소스를 파이썬 코드 "html.parser"를 이용하여 제목만 가져오도록 하자.

```
import requests
import lxml.html
from bs4 import BeautifulSoup
import pandas as pd
import numpy as np
```

```
import matplotlib.pyplot as plt
import seaborn as sns
import os
plt.rcParams["font.family"] = 'malgun gothic'

utl="https://comic.naver.com/index"

res=requests.get(utl)
res.raise_for_status()
soup=BeautifulSoup(res.text, "html.parser")
print(soup.title)
```

[실행 결과]

```
<title>네이버 웹툰</title>
```

위에서 실행한 soup.title은 [개발자 도구]에서 소스 코드의 <title> 부분을 가져온 내용과 동일하다.

> **Tips** **lxml**
>
> 파서를 위해서는 기본적으로 내장된 **html.parser**를 사용할 수도 있지만, 빠른 속도를 위해 **lxml** 라이브러리를 많이 사용한다. 또한 **import lxml**을 가져올 때 **import lxml.html**을 함께 사용하기도 한다.

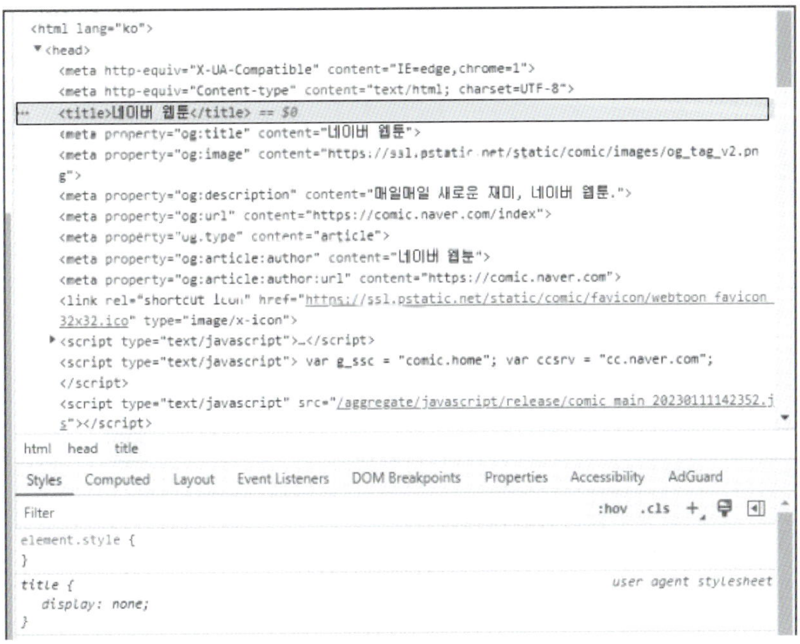

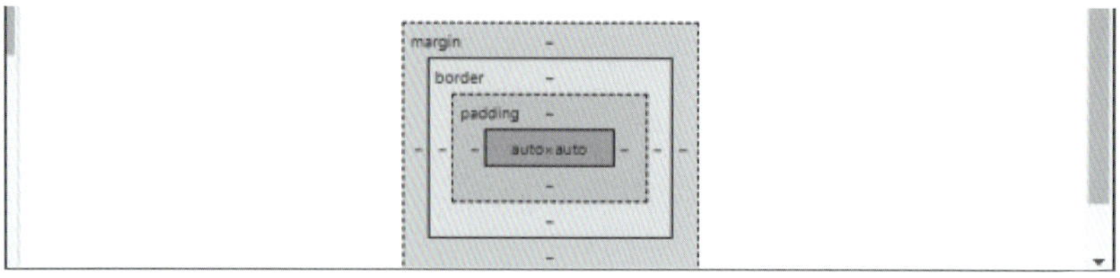

Tips **html elements 정보 접근하기**

BeautifulSoup 라이브러리 객체를 통해 정보에 접근하기 위해서는 태그를 통해 검색하는 방법과 속성으로 접근하는 방법, 트리 구조와 같이 계층형으로 접근하는 방법이 있다.

태그	설명
print(soup.head)	HTML 문서의 <head>~</head> 태그 내에 표시되는 전체 내용을 그대로 출력
print(soup.body)	HTML 문서의 <body>~</body> 태그 내에 표시되는 전체 내용을 그대로 출력
print(soup.title)	HTML 문서의 <title> 태그 내용을 그대로 출력 ex) title>네이버 웹툰</title>
print(soup.title.name)	HTML 문서의 <title> 태그명 출력 ex) title
print(soup.title.string)	HTML 문서의 <title> 태그를 제외한 텍스트 내용만 출력 ex) 네이버 웹툰
print(soup.title.get_text())	현재 태그를 포함하여 모든 하위 태그를 제거하고 텍스트만 들어 있는 문자열을 출력 ex) 메인 메뉴로 바로가기 본문으로 바로가기 : 검색

soap 객체를 통해 <h1> 태그로 해당 정보를 출력해보자.

```
print(soup.h1)                    #h1 태그
```

[실행 결과]

```
<h1>
<a class="gnb_naver" href="https://www.naver.com" onclick="nclk_v2(event,'STA.naverlogo')" ti-
tle="NAVER">NAVER</a>
<a class="gnb_comic" href="/index" onclick="nclk_v2(event,'STA.comic')" title="웹툰">웹툰</a>
<em class="bar">|</em>
<a class="gnb_novel" href="https://novel.naver.com" onclick="nclk_v2(event,'STA.novel')" title="웹소
설">웹소설</a>
<em class="bar">|</em>
```

```
<a class="gnb_series" href="https://series.naver.com" onclick="nclk_v2(event,'STA.series')" title="시리즈">시리즈</a>
</h1>
```

이후에도 링크와 관련된 정보를 <a> 태그 속성 정보에 접근하기 위해서는 코드에서 보여진 그대로 print(soup.body.div.a)를 이용하거나 바로 print(soup.a)로 접근해도 좋다.

```
print(soup.body.div.a)
```

[실행 결과]

```
<a href="#menu" onclick="document.getElementById('menu').tabIndex=-1;document.getElementById('menu').focus();return false;"><span>메인 메뉴로 바로가기</span></a>
```

또한 <a> 태그의 속성 정보를 가져올 때는 관련 element에 'attrs'를 함께 이용한다.

```
print(soup.a.attrs)
```

[실행 결과]

```
{'href': '#menu', 'onclick': "document.getElementById('menu').tabIndex=-1;document.getElementById('menu').focus();return false;"}
```

<a> <img> 태그와 같이 태그 안의 변수 속성값이 필요할 때는 [ ] 대괄호를 이용하는데,

예를 들면 <a href=" "> 또는 <img src=" ">에 정보를 얻는 경우에 자주 이용된다.

```
print(soup.a["href"])
```

[실행 결과]

```
#menu
```

find() 함수

Beautifulsoup 객체와 find() 함수를 이용하면 찾고 싶은 특정 태그에 조건을 주어 조건과 일치하면서 첫 번째로 발견되는 태그 속성을 결과값으로 리턴한다.

soup.find("태그명", attrs = {"class/id" : "name"}

soup.find("div", attrs={"id" :"container"}) 함수를 이용하여 속성 "id"가 "container"인 첫 번째 정보를 가져온다.

```html
<div class="" id="container">
<div class="" id="content">
<!-- body -->
<div class="ad_banner_premium" data-ad-banner="premium_banner"></div>
<!-- 장르별 추천 웹툰 -->
<div class="genreRecomBox">
<h3 class="titleMain">
<a href="#" id="moreGenre" onclick="nclk_v2(event,'rtb.more')"><span class="Ntxt_genre_webtoon">장르별 추천웹툰</span></a>
</h3>
<div class="tab_gr">
```

find_all을 통해서도 태그 정보를 가져올 수 있는데 객체.find_all()을 사용하여 해당 조건에 만족하는 모든 태그를 가져온다. [ ] 대괄호를 사용하면 결과에 대한 자료값은 리스트 자료형으로 반환하게 된다. 리스트로 반환된 값은 for 반복문을 이용하여 반복적인 프로그램 출력이 가능하다.

soup.find_all(["태그명"])

```python
soup.find_all(["h1"] )
```

Tips

find_all()로 2개의 태그 정보를 동시에 사용하려면 soup.find_all(["h1", "div"]) ,(콤마)를 주어 구분해준다. 또한 객체.attrs를 이용하여 다중 속성 목록 접근이 가능하다.

soup.find_all(attrs={"class" : "name", "id":"name"})

sibling 관계 항목 다루기

현재 선택된 항목에서 형제 항목을 다룰 때는 next_sibling, previous_sibling을 사용하여 다음 항목, 이전 항목 이동이 가능하다.

먼저 인기 웹툰 1위인 '99강화 나무몽둥이'를 선택하여 속성과 이름을 확인해보니 <li class='rank01'>

로 보이고 있다.

현재 웹툰 순위 1위를 선택하여 속성 class의 이름 “rank01” 정보를 get_text() 함수를 이용하여 가져와보자.

```
rank1=soup.find("li", attrs={"class":"rank01"})
print(rank1.get_text())
```

[실행 결과]

```
99강화나무몽둥이-44화. 고대 수인 (6)
```

다음 항목은 next_sibling.next_sibling을 2번 제시하여 정보를 가져올 수 있다.

```
rank2=rank1.next_sibling.next_sibling
print(rank2.get_text())
```

[실행 결과]

```
취사병 전설이 되다-196화 : 요리대회 예선
```

현재 항목에서 앞 단계로 갈 때에는 previous_sibling.previous_sibling를 사용하여 정보를 가져올 수 있다.

```
rank1=rank2.previous_sibling.previous_sibling
print(rank1.get_text())
```

[실행 결과]

```
99강화나무몽둥이-44화. 고대 수인 (6)
```

또는 find() 함수를 이용하여 <a> 태그에 특정 텍스트를 지정하여 <a> 태그와 특정 텍스트에 연결된 속성을 가져올 수도 있다.

```
webtoon=soup.find("a", text="웹툰 올리기")
print(webtoon)
```

[실행 결과]

```
<a class="Nbtn_upload" href="/mypage/myActivity" onclick="nclk_v2(event,'olk.upload');">웹툰 올리기</a>
```

Tips **sibling 관계는?**

족보상 같은 부모 자식의 레벨이면 sibling 관계에 속한다.

- previous_sibling : 왼쪽 sibling
- next_sibling : 오른쪽 sibling
- <head>의 <title>은 sibling 관계이다.
- <body>의 <p>와<form>은 sibling 관계이다.

진단문제

rank1=soup.find("li", attrs={"class":"rank01"})으로 웹툰 1위를 찾은 후, rank와 관련된 형제 항목을 순위 2위~10위까지 한꺼번에 선택하고 웹툰 제목만 가져와서 출력하도록 밑줄 친 부분을 채워 완성하시오.

```
rank1=soup.find("li", attrs={"class":"rank01"})
_______________________________
for content in contents:
    print(content.get_text().strip())
```

[실행 결과]

```
소녀의 세계-2부 129화
0
윈드브레이커-4부 - 46화 고스트 크루 리더 (2)
0
뷰티풀 군바리-363화_새로운 중수, 소수 그리고 기율
0
신화급 귀속 아이템을 손에 넣었다-33화
0
```

```
팔이피플-67화 - 결혼식
0
버림받은 왕녀의 은밀한 침실-30화. 상처받은 이가 상처받은 이에게
1
똑 닮은 딸-72화
1
장씨세가 호위무사-193화
0
순정말고 순종-100화
0
```

parent, children 관계 항목 다루기

<body> 태그를 find() 함수로 찾아 텍스트 내용을 출력해보자.

```python
body_tag = soup.find ('body')
print(body_tag.get_text())
```

[실행 결과]

```
메인 메뉴로 바로가기
본문으로 바로가기

NAVER
웹툰
    이하 생략
```

<body> 태그를 찾은 후, 'body' 태그의 자손 태그들을 for 반복문을 이용하여 출력해보자.

```python
body_tag = soup.find ('body')
for child in body_tag.children :                    #<body> 자손 태그 찾기
    print(child)
```

[실행 결과]

```
div class="end_page" id="wrap">
<div id="u_skip">
<a href="#menu" onclick="document.getElementById('menu').tabIndex=-1;document.getElementBy-
Id('menu').focus();return false;"><span>메인 메뉴로 바로가기</span></a>
```

```
<a href="#content" onclick="document.getElementById('content').tabIndex=-1;document.getElementById('content').focus();return false;"><span>본문으로 바로가기</span></a>
</div>
          이하 생략
```

<img> 태그를 찾은 후, 부모 태그 중 'html'을 포함하는 내용까지 거슬러 올라가서 찾는다.

```
img_tag = soup.find ("img" )
img_tag .find_parent ('html')
```

[실행 결과]

```
<html lang="ko">
<head>
<meta content="IE=edge,chrome=1" http-equiv="X-UA-Compatible"/>
<meta content="text/html; charset=utf-8" http-equiv="Content-type"/>
<title>네이버 웹툰</title>
<meta content="네이버 웹툰" property="og:title"/>
<meta content="https://ssl.pstatic.net/static/comic/images/og_tag_v2.png" property="og:image"/>
<meta content="매일매일 새로운 재미, 네이버 웹툰." property="og:description"/>
               이하 생략
```

selector

데이터 분석에서 CSS selector를 이용해서 데이터를 추출할 수 있다.

CSS는 선택자를 쓰고 { } 괄호 안에 속성값을 지정한다.

<표 5> 선택자

선택자	사용 방법	설명
하위 선택자(descendant selector)	스페이스	div 태그 하위의 모든 span 선택
자식 선택자(child selector)	>	div 태그의 자식 span 선택
그룹 선택자(grouping selector)	,	같은 속성 및 값을 가진 요소를 ,(콤마)로 연결하여 선택

선택자 적용 우선순위는 인라인 스타일, 아이디 선택자, 클래스 선택자, 태그 선택자순으로 지정된다.

❶ selector

네이버 증권("https://finance.naver.com")에서 '환전고시환율'을 선택하여 오늘의 미국 USD 달러 환율 정보를 선택자를 이용하여 가져와보자.

객체.select_one() 함수를 이용하면 html 요소 중 첫 번째 요소만 반환된다.

단축키 shift + C를 누른 후, 환율 금액을 선택한다.

환전 고시 환율		› 더보기
미국USD	**1,235.00**	**▼ 2.00**
일본JPY (100엔)	953.34	▼ 9.94
유럽연합EUR	1,340.47	▲ 3.03
중국CNY	182.10	▼ 0.31

소스 코드를 보면 선택자에 의해 코드가 선택된 것을 확인할 수 있다.

```
                <th scope="col">전일대비</th>
              </tr>
            </thead>
          ▼<tbody>
            ▼<tr class="down bold">
              ▶<th scope="row">…</th>
...             <td>1,235.00</td> == $0
              ▶<td>…</td>
              </tr>
            ▶<tr class="down">…</tr>
            ▶<tr class="up">…</tr>
            ▶<tr class="down">…</tr>
            </tbody>
          </table>
        ▶<p class="dec_exchange">…</p>
        ▶<a href="/marketindex/?tabSel=exchange#tab_section"
          class="btn_more" onclick="clickcr(this, 'exr.more',
          '', '', event);">…</a>
        </div>
      ▶<div class="group2">…</div>
      ▶<div class="group3">…</div>
      </div>
    ▶<div class="section2">…</div>
    </div>
```

마우스 오른쪽 버튼을 클릭해 [Copy] → [Copy selector]를 선택하여 선택자 코드를 가져온다.

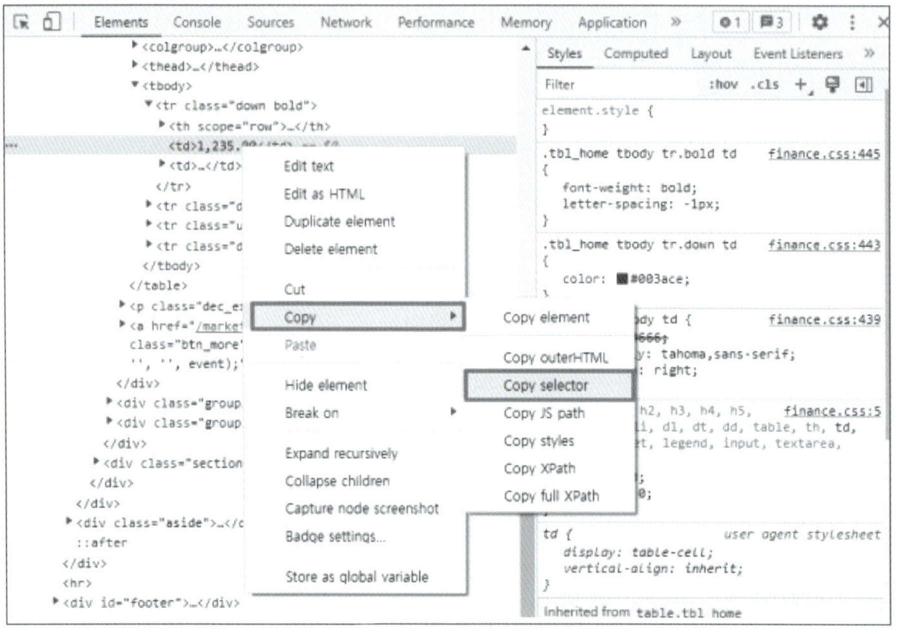

객체.select_one() 함수 안에 복사한 선택자 소스를 붙여 넣는다.

USD 환율 정보를 잘 가져온 것을 확인할 수 있다.

```
import requests
import lxml
from bs4 import BeautifulSoup
import pandas as pd
import numpy as np
import matplotlib.pyplot as plt
import seaborn as sns
import os
import csv
plt.rcParams["font.family"] = 'malgun gothic'
url="https://finance.naver.com"

res = requests.get(url)
res.raise_for_status()

soup = BeautifulSoup(res.text, "lxml")
rate = soup.select_one("#content > div.article2 > div.section1 > div.group1 > table >
tbody > tr.down.bold > td:nth-child(2)")
print("미국 USD 환율:"+str(rate.string))
```

[실행 결과]

```
미국 USD 환율:1,235.00
```

CSV 파일

데이터 분석 웹 스크래핑에서 CSV 유형의 텍스트 파일 활용은 매우 중요하다. CSV 파일은 이미 파일 처리에서 학습한 바가 있지만 이번 웹 스크래핑 단원에서는 조금 추가된 내용을 다루기로 한다.

CSV 파일 읽기

CSV는 Comma-Separated Values의 약어로 ,(콤마)로 구분되는 텍스트 데이터 파일이다.

CSV는 ,(콤마) 외에 탭(\t), 스페이스(공백)로 구분하여 처리할 수도 있다.

CSV 파일을 읽기 위해 csv.reader() 함수를 사용하고, delimiter 옵션은 파일을 읽기 위한 구분자를 사용하여 파일을 읽는다.

리턴된 리스트 자료형은 iterable하기 때문에 for 반복문을 이용하여 출력할 수 있다.

제공해준 marble.csv 파일을 'C:\python_work' 폴더에 복사한 후, csv 파일을 읽어서 반복문을 이용하여 출력해보자.

```python
import requests
import lxml.html
from bs4 import BeautifulSoup
import pandas as pd
import numpy as np
import csv
with open("C:\\python_work\\marble.csv", "r", encoding="utf-8") as f:
    csv_reader= csv.reader(f, delimiter=",")
    next(csv_reader)

    for i,j,k,l,m,n in csv_reader:
        print("{:<6}\t{:<14}\t{:<12}\t{:<14}\t{}\t{:<10}".format(i,j,k,l,m,n))
```

```
AK357   블랙팬서          2022-12-20    와칸다 포웨버      8.5    한국 마블
CK358   토르              2022-03-10    러브 앤 썬더       8.2    한국 마블
MK121   스파이더맨        2022-05-08    노웨이 홈          7.3    CJ
WA465   앤트맨            2022-03-06    퀀터매니아         6.5    CJ
ES820   토르              2022-03-11    천둥의 신          8.6    한국 마블
HK450   어벤져스          2020-03-05    엔드게임           9.2    LOTTE
YS823   캡틴 아메리카     2020-03-08    시빌워             7.8    LOTTE
```

CSV 파일 쓰기

리스트 자료형을 읽어서 CSV 파일을 작성하려면 csv.writer() 함수를 사용한다. 이것으로 만든 writer 객체에 writerows() 함수를 for 반복문과 함께 사용하면 전체 데이터를 파일에 저장할 수 있다.

리스트 변수 grade = [["김홍도",80,90,70],["윤상원",90,100,90],["박천수",85,70,85],["이만기",90,90,95],["황광희",80,70,75]]에 자료를 읽어서 'C:\\python_work' 폴더에 'list_grade.csv' 파일로 저장해보자.

```
with open("C:\\python_work\\list_grade.csv", "w", newline="") as f:
    csvwriter = csv.writer(f)

    for row in grade:
        csvwriter.writerow(row)
```

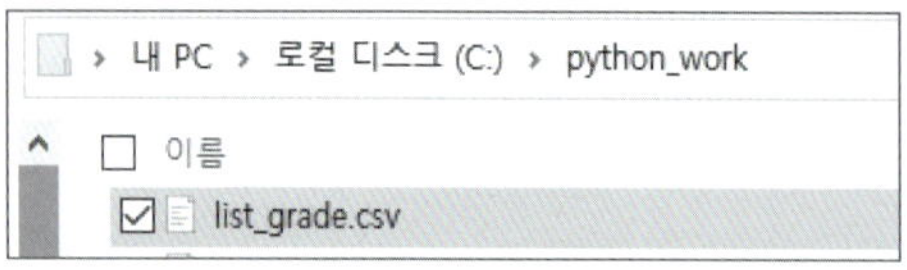

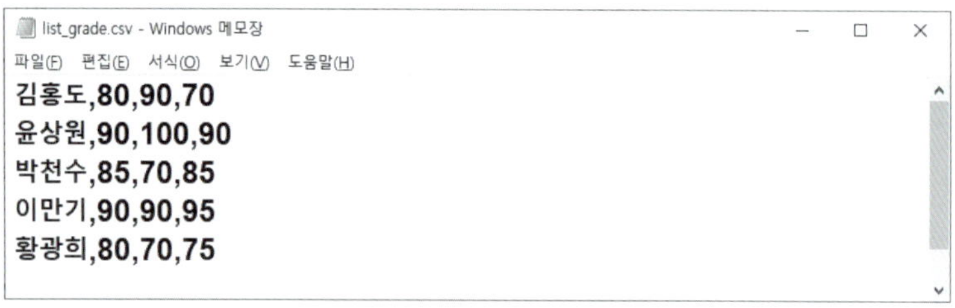

CSV로 데이터 가져오기

네이버 실시간 인기 웹툰 1위부터 10위까지의 데이터를 CSV로 저장하여 추출하고 가져오도록 하자.

```
import requests
import lxml.html
from bs4 import BeautifulSoup
import pandas as pd
import numpy as np
import matplotlib.pyplot as plt
import seaborn as sns
import os
import csv
plt.rcParams["font.family"] = 'malgun gothic'
                                                                  #-*- coding: utf-8 -*-
url="https://comic.naver.com/index"

                                                                  #엑셀 파일로 저장하기
filename = "webtoon_rank.csv"

f=open("filename", "w", encoding="utf-8", newline="") #newline=""은 엔터 없음
csvwriter = csv.writer(f)
columns_name = ["data1", "data2"]                                 #컬럼 속성을 리스트로 만듦
csvwriter.writerow(columns_name)

res = requests.get(url)
res.raise_for_status()

                                                                  #soup 객체 만들기
soup = BeautifulSoup(res.text, "lxml")
cartoonsBox = soup.find('ol', attrs={"class": "asideBoxRank"})
cartoons = cartoonsBox.find_all('a')

i=1

for cartoon in cartoons:                                          #반복문으로 인기 웹툰 가져오기
    title = cartoon.get("title")
    print(f"{str(i)}위: {title}")
    data = [str(i), title]
    csvwriter.writerow(data)
    i+=1
f.close()
```

```
1 싸움독학-163화 : 보자보자 어디보자
2 입학용병-115화
3 사형소년-35화_히어로
4 약한영웅-226화
5 시월드가 내게 집착한다-60화
6 자매전쟁-22 네 개의 시선 (4)
7 나 혼자 특성빨로 무한 성장-7화
8 일타강사 백사부-56화 : 무공을 배우는 게 아니었어
9 수희0(tngmlek0)-82화
10 분신으로 자동사냥-22화 재해 (1)
```

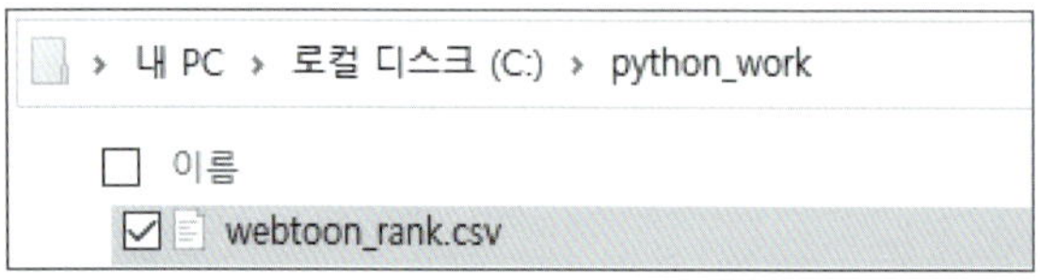

Tips

엑셀에서 csv 파일을 열 때 한글이 깨지는 경우에는 인코딩 옵션을 encoding="utf-8-sig"로 "sig"를 추가해준다.

Tips

제목이나 타이틀을 추가로 출력하려면 리스트 구조로 문자열을 만든 후, writer.writerrow() 함수를 이용하면 된다.

cartoons_head = ["순위", "웹툰제목"]

11.2 워드 클라우드(word cloud)와 KoNLPy 패키지

워드 클라우드는 메타 데이터에서 얻어진 태그들을 분석하여 중요도나 인기도에 따라 글자의 색상이나 굵기 등을 시각적으로 표시한다. KoNLPy 패키지는 여러 형태소 분석기로 텍스트 문자열을 토크나이징하여 단어, 어절 등으로 표시하는 패키지이다.

워드 클라우드

핵심 키워드 분석으로 잘 알려진 텍스트 분석 기법으로 텍스트 문서에서 단어의 출현 빈도를 바탕으로 단어를 시각화하는 기법이다.

여러 개의 텍스트 파일에서 많이 사용된 단어를 찾아 어휘의 빈도수를 계산하여 워드 클라우드 기법으로 시각화하고 핵심 이슈들을 추출하여 정보화하고 그 결과를 분석한다.

워드 클라우드 설치

도스 모드에서 워드 클라우드를 설치하기 위해 '윈도우 로고 + R'을 눌러 실행하고 [열기]에서 [cmd]를 입력하여 도스 모드로 빠져나간다.

C:\Users\dali3>pip install wordcloud

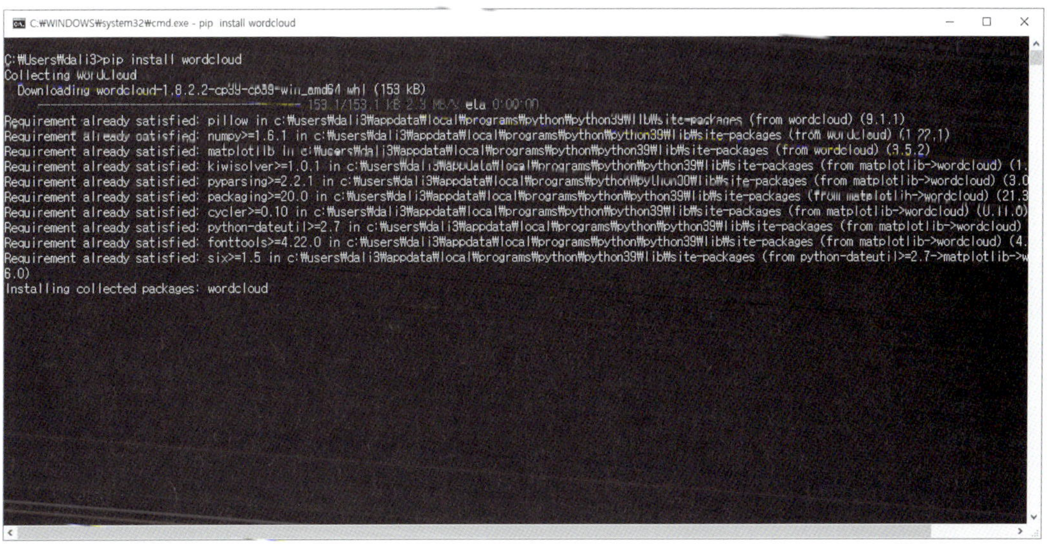

워드 클라우드 기본 설정하기

워드 클라우드는 워드 클라우드 라이브러리를 import하여 가져오는 동시에 Font Manager라는 라이브러리를 활용해 사용할 폰트 및 색상을 지정한다.

❶ 워드 클라우드는 라이브러리 사용을 위해 import하여 가져온다.

```
from wordcloud import WordCloud
```

❷ 워드 클라우드 한글을 분석하기 위해 사용할 폰트를 입력해준다.

```
wc = WordCloud(font_path='malgun.ttf', background_color=‘white’)
```

❸ 단어 분석에 따른 이미지 시각화를 위한 설정을 한다.

자세한 모양까지 설정하면 된다.

```
plt.figure(figsize=(16,16))                    #이미지 사이즈 지정
plt.axis("off")                                #x, y 축 숫자 제거
plt.show()
```

워드 클라우드 생성하기

제공해준 data.txt 파일을 c:\python_work 폴더에 복사한 후, 워드클라우드를 생성해보자.

```
import matplotlib
from matplotlib import rc
from wordcloud import WordCloud
import matplotlib.font_manager as fm
import matplotlib.pyplot as plt
plt.rcParams["font.family"] = 'malgun gothic'

wc= WordCloud(
    font_path = 'malgun.ttf',
    background_color='white',
    colormap = 'Accent_r',
    max_words=100,
    width = 800,
    height =600
)

f=open("C:\\python_work\\data.txt", "r", encoding="utf-8-sig")
text=f.read()

wc.generate(text)                              #텍스트 문자열을 전달
```

```
plt.figure(figsize=(16,16))
plt.imshow(wordcloud, interpolation='lanczos')          #이미지 생성
plt.axis('off')
plt.show()
```

❶ 치환하기

텍스트 데이터에서 줄바꿈 기호(\n)가 나오면 공백으로 치환한다.

```
text = text.replace('\n', " ")
```

❷ 글자는 모두 수평으로 비치도록 하기

```
prefer_horizontal=1
```

❸ 불용어 지정하기

```
txt="올해는 운동도 열심히 하고 공부도 열심히 해야지"
stop_word = "열심히"

stop_words = set(stop_word.split(' '))
word_tokens = okt.morphs(txt)

result = [word for word in word_tokens if not word in stop_words]

print('불용어 제거 전 :',word_tokens)
print('불용어 제거 후 :',result)
```

[실행 결과]

```
불용어 제거 전 : ['올해', '는', '운동', '도', '열심히', '하고', '공부', '도', '열심히', '해야지']
불용어 제거 후 : ['올해', '는', '운동', '도', '하고', '공부', '도', '해야지']
```

❹ 이미지 품질 설정하기

이미지 보간법 설정으로 이미지를 부드럽고 보기 좋게 설정할 수 있다.

```
interpolation='lanczos')        #우수한 품질
interpolation='bilinear')       #최고의 품질
```

Count() 라이브러리

Counter() 함수는 문자열을 분석하여 string, list와 같은 자료형에서 문자열의 단어와 같은 요소에 해당되는 것은 key로, 문자열 요소의 개수는 value로 바꾸어 딕셔너리 자료형에 정보를 추출하는 라이브러리이다. Count() 라이브러리는 텍스트 파일 내의 추출된 단어 개수를 찾아서 Matplotlib 라이브러리를 활용해서 시각적으로 표현하는 라이브러리이다.

Count() 라이브러리 설치하기

도스 모드에서 Count() 라이브러리를 설치하기 위해 '윈도우 로고 + R'을 눌러 실행하고 [열기]에서 [cmd]를 입력하여 도스 모드로 빠져나간다.

C:\Users\dali3>pip install Counter

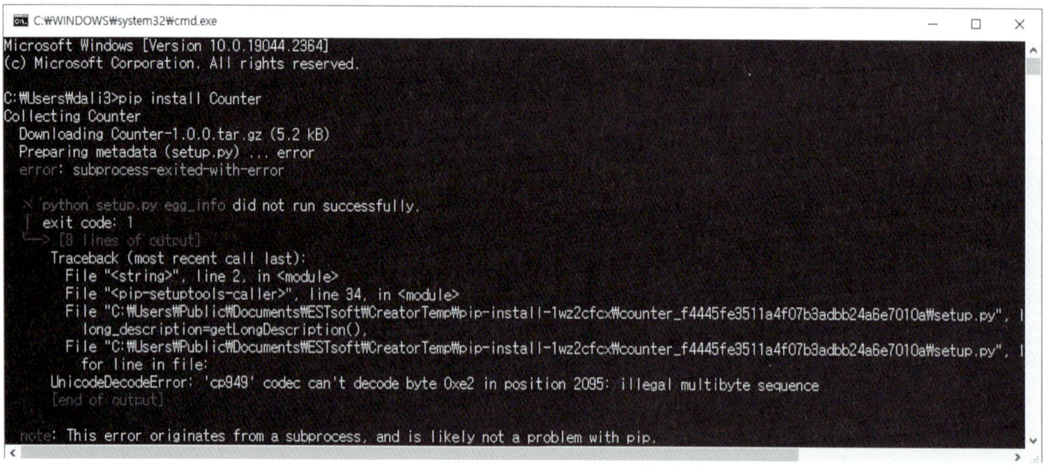

단어 개수 찾기

Count() 함수는 텍스트 내에서 string, list와 같은 자료형 내의 각 단어들의 개수를 파악할 수 있다.

❶ str 리스트 변수에 문자열을 기억한 후, 각 단어의 문자를 key에, 문자열의 개수를 value에 담아 딕셔너리 형태로 문자의 개수를 출력해보자.

```
from collections import Counter
str="4차산업혁명은 인공지능 데이터분석 데이터처리 창의적사고"
count_words=Counter(str)
print(count_words)
```

[실행 결과]

```
Counter({' ': 4, '데': 2, '이': 2, '터': 2, '4': 1, '차': 1, '산': 1, '업': 1, '혁': 1, '명': 1, '은': 1, '인': 1, '공': 1, '지': 1, '능': 1,
'분': 1, '석': 1, '처': 1, '리': 1, '창': 1, '의': 1, '적': 1, '사': 1, '고': 1})
```

❷ 딕셔너리 형태의 key와 value로 각각 나누어 출력도 가능한데, 딕셔너리 자료형으로 출력하기 위해서는 먼저 dict() 함수를 이용하여 딕셔너리 자료형으로 전환하도록 한다.

```
dict_str=dict(count_words)
```

❸ 딕셔너리 자료형에서 key값들만 출력하기 위해 객체.keys()를 이용한다.

```
print(dict_str.keys())
```

[실행 결과]

```
dict_keys(['4', '차', '산', '업', '혁', '명', '은', ' ', '인', '공', '지', '능', '데', '이', '터', '분', '석', '처', '리', '창', '의', '적', '사', '고'])
```

❹ 딕셔너리 자료형에서 value값들만 출력하기 위해 객체.values()를 이용한다.

```
print(dict_str.values())
```

[실행 결과]

```
dict_values([1, 1, 1, 1, 1, 1, 1, 4, 1, 1, 1, 1, 2, 2, 2, 1, 1, 1, 1, 1, 1, 1, 1, 1])
```

❺ key, value값들을 동시에 출력해보자.

```
print(dict_str)
```

[실행 결과]

```
{'4': 1, '차': 1, '산': 1, '업': 1, '혁': 1, '명': 1, '은': 1, ' ': 4, '인': 1, '공': 1, '지': 1, '능': 1, '데': 2, '이': 2, '터': 2, '분': 1, '
석': 1, '처': 1, '리': 1, '창': 1, '의': 1, '적': 1, '사': 1, '고': 1}
```

KoNLPy 라이브러리

KoNLPy는 한글 자연어 처리에 많이 사용하는 파이썬 패키지로 의미 있는 단어를 형태소 단위로 KoNLPy 분석기를 이용하여 명사, 형용사와 같은 단어를 추출할 때 이용된다.

KoNLPy 패키지를 이용할 때에는 기존의 자바 프로그래밍 언어로 쓰인 형태소 분석기를 사용하기 때문에 시스템에 JDK 1.7 버전 이상인 자바가 설치되어 있어야 한다.

KoNLPy 설치하기

도스 모드에서 KoNLPy 패키지를 설치하기 위해 '윈도우 로고 + R'을 눌러 실행하고 [열기]에서 [cmd]를 입력하여 도스 모드로 빠져나간다.

C:\Users\dali3>pip install konlpy

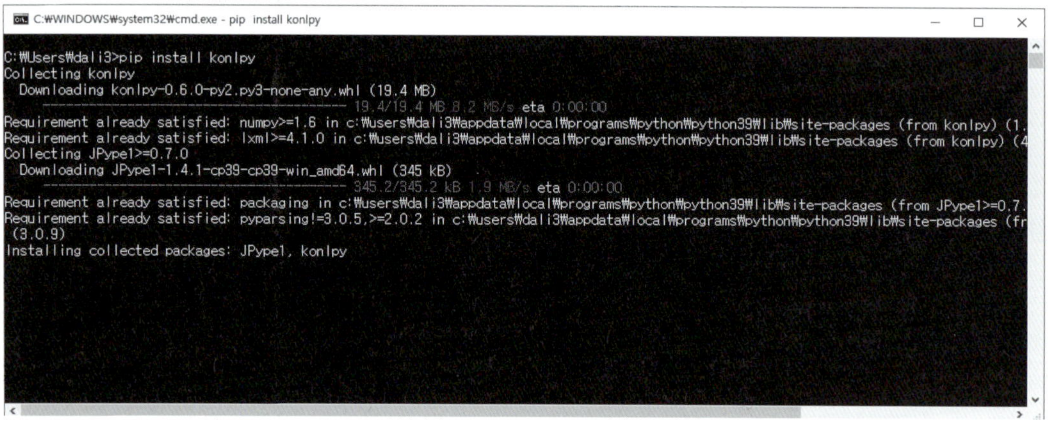

❶ 자바 버전 확인하기

자바 버전을 확인하기 위해 도스 모드로 빠져나간 후, java –version을 입력한다.

C:\Users\dali3>java -version

Tips **주피터 노트북에서 자바 버전 확인하기**

사용하고 있는 아나콘다 주피터 노트북에서 버전을 확인하기 위해서는 !(느낌표)를 붙인 후 java -version을 사용하면 된다.

```
!java -version
```

```
java version "12.0.1" 2019-04-16
Java(TM) SE Runtime Environment (build 12.0.1+12)
Java HotSpot(TM) 64-Bit Server VM (build 12.0.1+12, mixed mode, sharing)
```

여기서 잠깐 **형태소 단위 토크나이징**

KoNLPy 패키지에서는 한글 문자열 형태의 여러 형태소 분석기를 제공하여, 분석기를 호출하여 토크나이징, 즉 텍스트 정보를 단위별로 나눌 수 있다.

형태소 분석이란 의미를 가지는 단위를 기준으로 문장을 분석하여 문장을 작은 단위로 쪼개는 것으로 KoNLPy 패키지는 다음과 같은 기존 형태소 분석기들을 파이썬의 라이브러리로 통합해서 사용하도록 하고 있다.

- Hannanum
- Kkma
- Komoran
- Mecab
- Okt()

Okt() 함수

Okt() 함수는 Open Korean Text의 약어로 원래 이름은 Twitter였으나 0.5.0 버전 이후로는 이름이 Okt로 바뀌었다. Okt() 형태 분석기는 한글 텍스트 문장을 분석하여 어간, 명시, 어절, 품사 등을 추출해내는 기능을 제공하며 제공하는 주요 함수는 아래와 같다.

- morphs(text) : 텍스트에서 형태소를 리스트로 반환한다.
- okt.nouns(text) : 텍스트에서 명사를 리스트로 반환한다.
- okt.phrases(text) : 텍스트에서 어절을 리스트로 반환한다.
- okt.pos(text, norm/stem/join=True/False) : 텍스트를 형태소 단위로 나누고, 나눠진 각 형태소를 그에 해당하는 품사와 함께 다중 리스트 튜플 형태로 반환한다. 옵션을 join=True로 변경하면 리스트로 반환한다.

Okt() 분석기를 사용하기 위해 먼저 import를 한 다음 okt 객체를 생성한다.

```
from konlpy.tag import Okt
okt=Okt()
```

❶ okt 객체를 이용하여 문자열의 형태소를 분석해보자.

이때 morphs(text) 함수는 형태소를 분석하여 반환한다.

okt.morphs(text, norm/stem=None)

kt.morphs() 함수는 형태소 단위로 나누는 옵션으로 norm과 stem이 있다. norm은 normalize의 약어로 문장을 정규화하는 역할을 하고, stem은 각 단어에서 어간을 추출한다.

txt="올해는 운동도 열심히 하고 공부도 열심히 해야지"

```
print(okt.morphs(txt))
```

[실행 결과]

```
['올해', '는', '운동', '도', '열심히', '하고', '공부', '도', '열심히', '해야지']
```

stem=True 옵션을 사용하면 '해야지'가 '하다'로 변경되는 것을 확인할 수 있다.

```
print(okt.morphs(txt, stem=True))
```

[실행 결과]

```
['올해', '는', '운동', '도', '열심히', '하다', '공부', '도', '열심히', '하다']
```

```
from konlpy.tag import Okt
okt=Okt()
str="4차산업혁명은 인공지능 데이터분석 데이터처리 창의적사고"
print(okt.morphs(str))
```

[실행 결과]

```
['4', '차', '산업혁명', '은', '인공', '지능', '데이터', '분석', '데이터', '처리', '창의', '적', '사고']
```

❷ 이번에는 명사와 어절을 추출해보자. 명사는 nouns를 사용하고 어절은 phrases를 사용하면 된다. 이때 어절은 문장을 구성하고 있는 각각의 마디를 의미한다.

```
print(okt.nouns(str))
```

[실행 결과]

```
['차', '산업혁명', '인공', '지능', '데이터', '분석', '데이터', '처리', '창의', '사고']
```

```
print(okt.phrases(str))
```

[실행 결과]

['4차산업혁명', '인공지능', '인공지능 데이터분석', '인공지능 데이터분석 데이터처리', '인공지능 데이터분석 데이터처리 창의적사고', '산업혁명', '인공', '지능', '데이터', '분석', '처리', '사고']

❸ 이번에는 텍스트 문자열이 가지고 있는 각 품사를 분석하여 품사에 대한 태깅을 진행해보자. 품사 태깅 함수는 pos() 함수를 사용한다.

psp() 함수를 사용하면 다중 리스트 튜플 형태로 자료를 리턴한다.

```
print(okt.pos(text))
```

[실행 결과]

[('4', 'Number'), ('차', 'Noun'), ('산업혁명', 'Noun'), ('은', 'Josa'), ('인공', 'Noun'), ('지능', 'Noun'), ('데이터', 'Noun'), ('분석', 'Noun'), ('데이터', 'Noun'), ('처리', 'Noun'), ('창의', 'Noun'), ('적', 'Suffix'), ('사고', 'Noun')]

pos(str, join=True) 함수 뒤에 join=True를 사용하면 단어 태깅과 함께 품사를 리스트 형태로 리턴한다.

[실행 결과]

print(okt.pos(str, join=True))
['4/Number', '차/Noun', '산업혁명/Noun', '은/Josa', '인공/Noun', '지능/Noun', '데이터/Noun', '분석/Noun', '데이터/Noun', '처리/Noun', '창의/Noun', '적/Suffix', '사고/Noun']

진단문제

txt="아무리 바쁘너라도 식사는 거르지 말아야지" 문자열 변수를 이용하여 [실행 결과]를 보고 Okt() 함수를 이용하여 밑줄 친 빈칸을 채워 어간을 추출하시오.

Hint : stem 옵션을 True로 설정한다.

```
from konlpy.tag import Okt
______________________________
txt="아무리 바쁘더라도 식사는 거르지 말아야지"
print(okt.morphs(txt, stem=True))
```

[실행 결과]

['아무리', '바쁘다', '식사', '는', '기르', '지', '말다']

요점정리

1. 웹 스크래핑(Web Scraping)은 웹 사이트에서 URL, 키워드 등 필요한 데이터를 추출하여 가져오는 것이다.

2. 웹 스크래핑(Web Scraping)은 특정한 웹 페이지에서 필요한 정보만을 추출하여 가져오는 것이다.

3. 파싱(Parsing)이란 웹 문자열들이나 어떤 문장을 구문 분석하여 token(토큰)으로 분해하는 행위이다.

4. 파서(Parser)란 interpreter나 compiler의 구성 요소 중 하나로 입력 token에 내재된 자료 구조를 빌드하고 문법 및 구문 분석을 검사하는 프로그램이다.

5. requests 라이브러리는 HTTP 프로토콜을 통해 웹 서버에 요청하고 응답받는 과정을 처리하는 라이브러리이다.

6. BeautifulSoup는 웹 페이지의 html 데이터에서 실제적으로 문서를 스크래핑으로 추출해오는데 사용되는 라이브러리이다.

7. lxml 라이브러리는 파이썬 내장 파싱 라이브러리인 HTML 문서를 좀 더 빠르게 파싱하는 라이브러리로 HTML, XML 문서를 모두 파싱한다.

8. robots.txt 텍스트 파일은 웹 사이트 및 웹 페이지를 수집하는 로봇들의 무단 접근을 방지하기 위해 만들어진 로봇 배제 표준(robots exclusion standard)이다.

9. user agent는 웹 서버에 요청할 때 사용자 에이전트 HTTP 헤더(user agent HTTP header)에 브라우저 정보를 전달한다.

10. 200 코드는 request를 성공적으로 처리한 response 응답 코드이다.

11. find() 함수는 찾고 싶은 특정 태그에 조건을 주어 조건과 일치하면 첫 번째 발견되는 태그 속성을 결과값으로 리턴한다.

12. 워드 클라우드(word cloud)는 핵심 키워드 분석으로 잘 알려진 텍스트 분석 기법으로 단어의 출현 빈도를 이미징하여 시각화하는 기법이다.

13. KoNLPy 패키지는 한글 자연어 처리에 많이 사용하는 파이썬 패키지로 의미 있는 단어를 형태소 단위로 KoNLPy 분석기를 이용하여 명사, 형용사와 같은 단어를 추출할 때 이용된다. 그 중 널리 사용되는 함수가 Okt() 함수 형태소 분석기이다.

연습문제

1. 특정 검색 엔진을 웹 페이지에서 필요한 정보만을 추출하여 가져오는 것은? ( )
   ① 웹 구글링　② 웹 에이전트　③ 웹 크롤링　④ 웹 스크래핑

2. 웹 문자열들이나 어떤 텍스트를 구문 분석하여 token(토큰)으로 분해하는 행위는? ( )
   ① 파싱　② 파서　③ 서처　④ 어날라이징

3. HTTP 프로토콜을 통해 웹 서버에 요청하고 응답받는 과정을 처리하는 라이브러리는? ( )
   ① HTML　② BeautifulSoup　③ requests　④ lxml

4. 파이썬 내장 파싱 라이브러리인 HTML 문서를 좀 더 빠르게 파싱하는 라이브러리는? ( )
   ① HTML　② BeautifulSoup　③ requests　④ lxml

5. 웹 사이트에 접속할 때 브라우저의 종류, 버전 등 허락된 콘텐츠만 전달하는 것은? ( )
   ① robots.txt　② user-agent　③ header　④ browser

6. (　　) 함수는 찾고 싶은 특정 태그에 조건을 주어 조건과 일치하면 태그 속성값을 리턴한다.

7. 선택된 태그 속성의 텍스트를 가져오는 함수는? ( )
   ① get_text　② html　③ rest　④ str

8. 서버 문제를 확인하기 위해 res.raise_for_status() 요청했을 때 정상적인 상태라고 알려주는 응답 코드는? ( )
   ① 200　② 400　③ 500　④ 505

9. CSV 텍스트 데이터 파일에서 구분자로 사용할 수 없는 것은? ( )
   ① ,(콤마)　② \t　③ \n　④ " "(스페이스)

10. 핵심 키워드 분석으로 잘 알려진 텍스트 분석 기법으로 단어의 출현 빈도를 바탕으로 하여 이미지로 시각화하는 기법은? ( )
    ① word cloud　② mecab　③ Okt　④ KKma

11. Okt() 함수에서 제공하는 주요 기능이 아닌 것은? ( )
    ① 명사　② 어절　③ 품사　④ 불용어

1. 영국 드라마 <셜록 홈즈> (https://www.imdb.com)의 시즌별 리뷰 건수, 평점에 대한 스크래핑 수행평가를 진행하시오.

❶ 셜록 홈즈의 시즌별 타이틀, 리뷰 건수, 평점을 스크래핑한다.

❷ 스크래핑한 정보는 [실행 결과]와 같이 평점별 내림차순으로 출력되도록 한다.

[실행 결과]

영드 셜록(Sherlock) 평점

시즌	타이틀	리뷰건수	평점
시즌[2]	The Reichenbach Fall	39,006건	9.6점
시즌[2]	A Scandal in Belgravia	39,881건	9.4점
시즌[3]	His Last Vow	30,743건	9.2점
시즌[4]	The Lying Detective	27,758건	9.1점
시즌[1]	The Great Game	28,066건	9.0점
시즌[1]	A Study in Pink	31,845건	8.9점
시즌[3]	The Sign of Three	27,635건	8.9점
시즌[3]	The Empty Hearse	30,722건	8.8점
시즌[1]	Unaired Pilot	11,600건	8.7점
시즌[3]	Many Happy Returns	11,806건	8.4점
시즌[2]	The Hounds of Baskerville	26,603건	8.3점
시즌[4]	The Final Problem	27,945건	8.1점
시즌[4]	The Abominable Bride	34,913건	8.0점
시즌[1]	The Blind Banker	27,484건	7.9점
시즌[4]	The Six Thatchers	24,817건	7.6점

❸ 스크래핑한 정보는 다음과 같이 'C:\\python_work' 폴더에 'sherlock.csv' 파일명으로 저장한다.

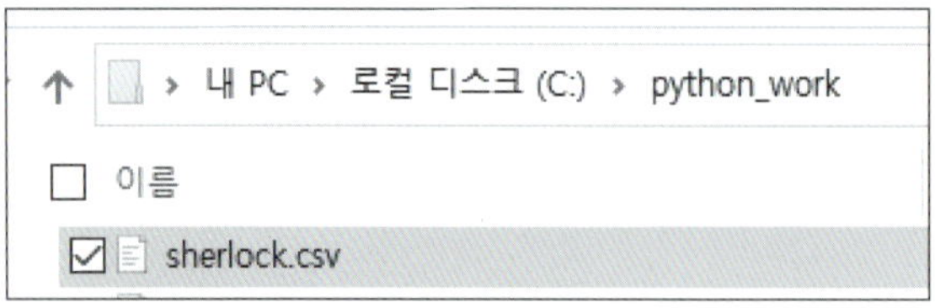

❹ 저장된 "C:\\python_work\\sherlock.csv" 파일을 엑셀로 불러와서 아래와 같이 서식을 꾸며 완성하시오.

영드 셜록(sherlock) 평점

시즌	제목	리뷰수	평점
2	The Reichenbach Fall	39,006	9.6
2	A Scandal in Belgravia	39,881	9.4
3	His Last Vow	30,743	9.2
4	The Lying Detective	27,758	9.1
1	The Great Game	28,066	9.0
1	A Study in Pink	31,845	8.9
3	The Sign of Three	27,635	8.9
3	The Empty Hearse	30,722	8.8
1	Unaired Pilot	11,600	8.7
3	Many Happy Returns	11,806	8.4
2	The Hounds of Baskerville	26,602	8.3
4	The Final Problem	27,945	8.1
4	The Abominable Bride	34,912	8.0
1	The Blind Banker	27,484	7.9
4	The Six Thatchers	24,817	7.6

2. 제공한 'poem.txt' 파일을 "C:\\python_work" 폴더에 복사한 후 수행평가를 진행하시오.

```
from collections import Counter
from konlpy.tag import Okt

f = open("C:\\python_work\\poem.txt", "r", encoding="utf-8-sig")
lines = f.read()
okt=Okt()
nouns = okt.nouns(lines)
count = Counter(nouns)
word_count = []
key_word = []

print(nouns)
```

❶ okt.morphs() 함수를 이용하여 'poem.txt' 텍스트 파일에서 한글 단어를 형태소 단위로 분석하여 명사만 추출하시오.

[실행 결과]

```
['별', '헤', '밤', '계절', '하늘', '가을로', '가득', '차', '나', '아무', '걱정', '가을', '속', '별', '헤일', '듯', '가슴', '속', '하나', '둘', '별', '이제', '못', '헤', '것', '쉬이', '아침', '까닭', '내일', '밤', '까닭', '나', '청춘', '까닭', '별', '하나', '추억', '별', '하나', '사랑', '별', '하나', '별', '하나', '동경', '별', '하나', '시', '별', '하나', '어머니', '어머니', '어머님', '나', '별', '하나', '말', '한마디', '학교', '때', '책상', '아이', '이름', '패', '경', '옥', '이국', '소녀', '이름', '벌써', '아기', '어머니', '계집애', '이름', '이웃', '사람', '이름', '비둘기', '강아지', '토끼', '노새', '노루', '프랑', '시스', '잠', '라이너', '마리아', '릴케', '시인', '이름', '네', '멀리', '별', '어머님', '당신', '멀리', '북간도', '나', '무엇', '이', '별빛', '언덕', '위', '내', '이름', '보고', '흙', '밤', '벌레', '이름', '까닭', '겨울', '나', '별', '봄', '무덤', '위', '파란', '잔디', '내', '이름', '언덕', '위', '자랑', '풀이', '무성', '거외']
```

❷ 명사로 추출한 단어의 개수를 [실행 결과]와 같이 출력하시오.

```python
for n, c in count.most_common(100):
    dics = {'key_word': n, 'word_count': c}
    if len(dics['key_word']) >= 2 and len(key_word) <= 49:
        word_count.append(dics)
        key_word.append(dics['key_word'])

for key_word in word_count:
    print(" {:<14}".format(key_word['key_word']), end='\t')
    print("{}".format(key_word['word_count']))
```

[실행 결과]

```
 하나        8
 이름        8
 까닭        4
 어머니      3
 어머님      2
 멀리        2
 언덕        2
 계절        1
 하늘        1
 가을로      1
 가득        1
 아무        1
 걱정        1
 가을        1
 헤일        1
 가슴        1
 이제        1
 쉬이        1
 아침        1
 내일        1
 청춘        1
```

추억	1
사랑	1
동경	1
한마디	1
학교	1
책상	1
아이	1
이국	1
소녀	1
벌써	1
아기	1
계집애	1
이웃	1
사람	1
비둘기	1
강아지	1
토끼	1
노새	1
노루	1
프랑	1
시스	1
라이너	1
마리아	1
릴케	1
시인	1
당신	1
북간도	1
무엇	1
별빛	1

Introduction to **Data analysis**

CHAPTER

12

데이터 분석 처리 1

학습목표

이번 장에서는 데이터를 분석 및 처리에 적합한 형태로 만드는 데이터 전처리 과정을 학습한다. 데이터 전처리는 데이터 분석 및 처리 과정에서 중요한 시작 단계로 데이터를 어떻게 수행했느냐에 따라 목적에 맞는 데이터 분석을 수행할 수 있다.

데이터 전처리 과정을 통해 부정확한 데이터를 처리하는 방법에 대해 알아보자.

학습 목차

12.1 데이터 분석 처리 1

이번 분석처리 단원에서는 지금까지 학습한 내용을 토대로 특정한 웹 사이트에서 필요한 정보를 검색하여 이를 분석 가능한 형태로 가공하여 데이터를 분석하고 처리하여 시각화하는 과정으로 진행한다.

자료 수집

웹 크롤링과 웹 스크래핑 기법을 활용하여 데이터 분석에 필요한 자료를 저장하는 단계이다.

자료 검색

❶ 한국 영화 역대 흥행 작품을 박스오피스순으로 자료를 수집한다.

영화관입장권통합전산망(www.kobis.or.kr) 웹 페이지에 접속한다.

❷ 공식통계 메뉴에서 '역대 박스오피스'를 선택, 영화 구분은 '일반영화', 국적은 '한국'을 선택하고 우측의 [조회] 버튼을 클릭한다.

조회가 되면 [엑셀] 버튼을 클릭하여 엑셀 자료로 다운로드한다.

기초 자료 가공하기

입력받은 엑셀 데이터 파일은 원활한 데이터 분석을 위해 1차적으로 불필요한 셀 서식 등을 다음과 같은 절차를 거치면서 가공한다.

❶ 다운받은 자료를 데이터 분석에서 데이터프레임으로 읽어들일 수 있도록 불필요한 제목 셀을 삭제해보자.

삭제하고 싶은 셀을 선택하고 [삭제] → [시트 행 삭제]를 선택하여 제목 셀을 삭제한다.

	A	B	C	D	E	F	G	H	I	J	K
1	■ 역대 박스오피스 (공식통계 기준)										
2	- 조회일: 2023-01-26										
3	- 출처: 영화진흥위원회 통합전산망 (http://www.kobis.or.kr)										
4	▶ 검색조건 [영화구분 : 전체 국적 : 한국]										
5-6	순위	영화명	개봉일	매출액		관객수 (S:서울 기준)		스크린수 (S:서울 기준)	대표국적	국적	배급사
7	1	명량	2014-07-30	135,748,398,910		17,613,682		1,587	한국	한국	(주)씨제이이엔엠
8	2	극한직업	2019-01-23	139,647,979,516		16,264,944		1,978	한국	한국	(주)씨제이이엔엠
9	3	신과함께-죄와 벌	2017-12-20	115,698,654,137		14,410,754		1,912	한국	한국	롯데쇼핑㈜롯데엔터테인먼트

제목 셀이 잘 삭제되었다.

	A	B	C	D	E	F	G	H	I	J	K
1-2	순위	영화명	개봉일	매출액		관객수 (S:서울 기준)		스크린수 (S:서울 기준)	대표국적	국적	배급사
3	1	명량	2014-07-30	135,748,398,910		17,613,682		1,587	한국	한국	(주)씨제이이엔엠
4	2	극한직업	2019-01-23	139,647,979,516		16,264,944		1,978	한국	한국	(주)씨제이이엔엠
5	3	신과함께-죄와 벌	2017-12-20	115,698,654,137		14,410,754		1,912	한국	한국	롯데쇼핑㈜롯데엔터테인먼트

❷ [관객수], [스크린수] 왼쪽에 필요 없는 빈 열 2개가 보인다.

삭제할 셀을 선택하고 [삭제] → [시트 열 삭제]를 선택하여 빈 열을 삭제한다.

	A	B	C	D	E	F	G	H	I
1-2	순위	영화명	개봉일	매출액			대표국적	국적	배급사
3	1	명량	2014-07-30	135,748,398,910	17,613,682	1,587	한국	한국	(주)씨제이이엔엠
4	2	극한직업	2019-01-23	139,647,979,516	16,264,944	1,978	한국	한국	(주)씨제이이엔엠
5	3	신과함께-죄와 벌	2017-12-20	115,698,654,137	14,410,754	1,912	한국	한국	롯데쇼핑㈜롯데엔터테인먼트

❸ 2행으로 입력된 제목 행 중 1행은 삭제한다. 그다음 셀 제목이 없는 곳에 관객수, 스크린수를 차례대로 입력한다.

	A	B	C	D	E	F	G	H	I
1	순위	영화명	개봉일	매출액	관객수	스크린수	대표국적	국적	배급사
2	1	명량	2014-07-30	135,748,398,910	17,613,682	1,587	한국	한국	(주)씨제이이엔엠
3	2	극한직업	2019-01-23	139,647,979,516	16,264,944	1,978	한국	한국	(주)씨제이이엔엠
4	3	신과함께-죄와 벌	2017-12-20	115,698,654,137	14,410,754	1,912	한국	한국	롯데쇼핑㈜롯데엔터테인먼트

❹ 열 [매출액], [관객수], [스크린]의 숫자 서식에 적용된 ,(콤마)를 모두 삭제하기 위해 [셀] → [서식] → [셀 서식] → [표시 형식]을 클릭하고 '범주'- '숫자' 항목의 1000단위 구분 기호(,) 사용 체크박스를 해제한다.

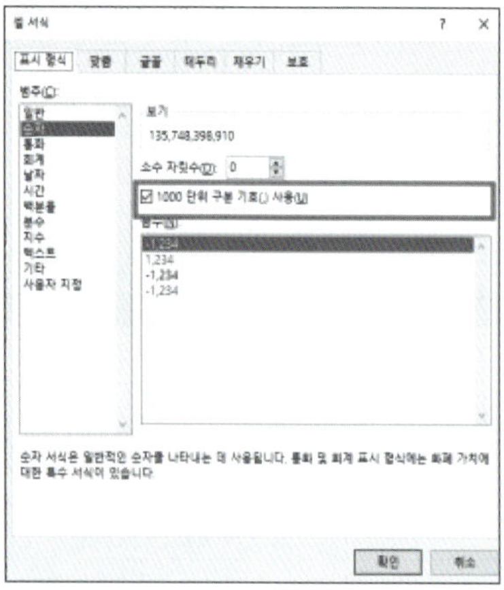

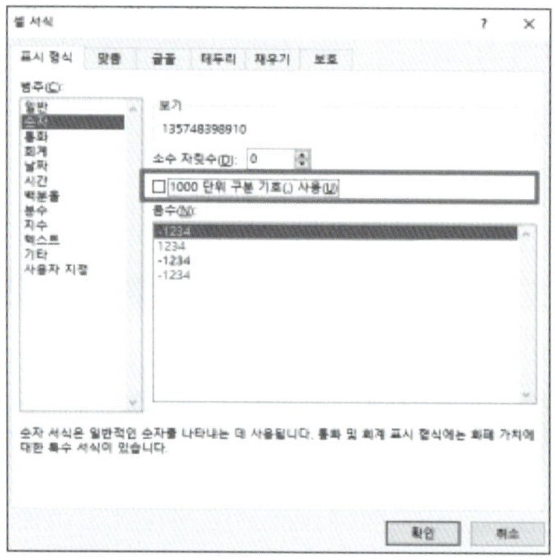

❺ 데이터 가공이 완료되었다면 데이터를 엑셀 파일로 저장한다.

[파일] → [다른 이름으로 저장] → [KOBIS_역대_박스오피스_내역.xlsx]

❻ 이번에는 CSV 텍스트 파일로 저장하기 위해 [파일] → [다른 이름으로 저장] → [파일 형식]에서 [CSV-UTF-8(쉼표로 분리)(*.csv)]을 선택하고 [KOBIS_역대_박스오피스_내역.csv]를 저장한다.

데이터 가져오기

❶ pd.read_csv 명령을 이용해서 csv 파일을 불러온다.

```
import numpy as np
import pandas as pd
import matplotlib.pyplot as plt
import seaborn as sns
df = pd.read_csv("c:\\python_work\\KOBIS_역대_박스오피스.csv")
```

❷ 데이터셋 확인

판다스 데이터프레임을 데이터셋으로 잘 가져왔다. head() 함수를 통해 상위 데이터를 확인해보자.

```
df.head()
```

	순위	영화명	개봉일	매출액	관객수	스크린수	대표국적	국적	배급사
0	1	명량	2014-07-30	1.357484e+11	17613682	1587	한국	한국	(주)씨제이이엔엠
1	2	극한직업	2019-01-23	1.396480e+11	16264944	1978	한국	한국	(주)씨제이이엔엠
2	3	신과함께-죄와 벌	2017-12-20	1.156987e+11	14410754	1912	한국	한국	롯데쇼핑㈜롯데엔터테인먼트
3	4	국제시장	2014-12-17	1.109135e+11	14257115	966	한국	한국	(주)씨제이이엔엠
4	5	베테랑	2015-08-05	1.051682e+11	13414009	1064	한국	한국	(주)씨제이이엔엠

❸ 데이터프레임 열 타입 확인하기

df.info() 함수를 통해 각 컬럼의 정보를 확인해보니 총 9개의 열로 구성된 데이터프레임이며, 행의 개수는 500개이다.

```
df.info()
```

```
<class 'pandas.core.frame.DataFrame'>
RangeIndex: 500 entries, 0 to 499
Data columns (total 9 columns):
 #   Column  Non-Null Count  Dtype
---  ------  --------------  -----
 0   순위      500 non-null    int64
 1   영화명     500 non-null    object
 2   개봉일     500 non-null    object
 3   매출액     489 non-null    float64
 4   관객수     500 non-null    int64
 5   스크린수    500 non-null    int64
 6   대표국적    500 non-null    object
 7   국적      500 non-null    object
 8   배급사     494 non-null    object
dtypes: float64(1), int64(3), object(5)
memory usage: 35.3+ KB
```

int64는 정수형 숫자 자료형이고, object는 기본적으로 문자열 자료형이다.

> **Tips** **df.dtypes 속성**
>
> 간단하게 타입만 확인하는 경우는 **df.dtypes** 속성을 사용한다.
>
> ```
> 순위          int64
> 영화명        object
> 개봉일        object
> 매출액       float64
> 관객수         int64
> 스크린수        int64
> 대표국적       object
> 국적         object
> 배급사        object
> dtype: object
> ```

데이터 전처리 작업

모든 데이터 분석에서 데이터 전처리는 반드시 거쳐야 하는 과정이다.

데이터셋은 중복 자료, Null 값과 같은 결측치, 이상치 값이 존재할 수 있으므로 전처리 과정은 생략할 수 없는 필수 수행 과정이다. 불러온 자료를 데이터 분석이 가능한 상태로 만들기 위해 지금까지 학습한 다양한 방법으로 전처리 과정을 수행해보자.

Null 값 데이터 확인

데이터 분석에서는 가장 먼저 결측치를 위해 Null data를 파악해야 한다.

결측치 Null data 파악이 끝나면 Null 데이터를 어떻게 처리해야 할지 결정해야 한다. 결측치 값의 셀을 삭제하거나 0, 평균값, 중간값, 최빈값 등으로 대체해주어야 한다. 결측값을 처리하지 않고 데이터 처리를 하면 정확한 데이터 분석 및 처리에 어려움이 생길 수 있다.

df2 데이터프레임의 결측치 값을 확인해보자. 그리고 연습을 위해 df2로 데이터프레임 사본을 하나 만들도록 한다.

```
df2=df.copy()
df2.isnull().sum()
```

❶ 열 '매출액', '배급사'에 Null값이 존재하고 있다.

```
순위        0
영화명      0
개봉일      0
매출액      11
관객수      0
스크린수    0
대표국적    0
국적        0
배급사      6
dtype: int64
```

❷ 열 '매출액'과 '배급사'의 Null값 비중은 얼마나 차지하는지 확인해보자.

```
null_rate= df2['매출액'].isnull().sum() /df2['매출액'].shape[0]*100
print("매출액 Null 값 차지 비율={:.2f}%".format(null_rate))
```

[실행 결과]

```
매출액 Null 값 차지 비율=2.20%
```

```
null_rate= df2['배급사'].isnull().sum() /df2['배급사'].shape[0]*100
print("배급사 Null 값 차지 비율={:.2f}%".format(null_rate))
```

[실행 결과]

```
배급사 Null 값 차지 비율=1.20%
```

Tips **Null 값 데이터 확인**

.is null().sum() : 열에 Null값이 존재하면 Null값의 전체 개수를 출력하고 없으면 0을 출력한다.

.shape() : 차원별로 몇 개의 데이터가 있는지 확인하여 반영한다.

컬럼 삭제

데이터 분석 과정에 큰 영향을 미치지 않는 컬럼 데이터는 삭제한다.

열 '대표국적' 컬럼을 삭제해보자. 삭제를 위해 drop(column명) 함수를 이용한다.

이때 axis=1은 세로축을 의미하고 inplace=True는 바로 데이터프레임에 적용한다.

```
df2.drop(['대표국적'], axis=1, inplace=True)
df2
```

	순위	영화명	개봉일	매출액	관객수	스크린수	국적	배급사
0	1	명량	2014-07-30	1.357484e+11	17613682	1587	한국	(주)씨제이이엔엠
1	2	극한직업	2019-01-23	1.396480e+11	16264944	1978	한국	(주)씨제이이엔엠
2	3	신과함께-죄와 벌	2017-12-20	1.156987e+11	14410754	1912	한국	롯데쇼핑㈜롯데엔터테인먼트
3	4	국제시장	2014-12-17	1.109135e+11	14257115	966	한국	(주)씨제이이엔엠
4	5	베테랑	2015-08-05	1.051682e+11	13414009	1064	한국	(주)씨제이이엔엠
...	...	...	...	...	...	...	...	...
495	496	미쓰 와이프	2015-08-13	7.387087e+09	988451	437	한국	플러스엠 엔터테인먼트
496	497	시체가 돌아왔다	2012-03-29	7.360631e+09	986923	435	한국	(주)씨제이이엔엠
497	498	원더풀 라디오	2012-01-05	7.255598e+09	986287	474	한국	(주)쇼박스
498	499	전국노래자랑	2013-05-01	6.685476e+09	977873	581	한국	롯데쇼핑㈜롯데엔터테인먼트
499	500	내 사랑	2007-12-18	4.329408e+08	977401	56	한국	(주)쇼박스

500 rows × 8 columns

진단문제

열 '순위' 컬럼을 [실행 결과]와 같이 밑줄 친 부분을 채워 삭제해보자.

```
1  ________________________________
2  df2.isnull().sum()
```

[실행 결과]

```
영화명      0
개봉일      0
매출액     11
관객수      0
스크린수     0
국적       0
배급사      6
dtype: int64
```

결측치 제거

열 '배급사' Null값 데이터는 모두 제거한다.

제거를 위해서는 df2.dropna(subset=["배급사"], inplace=True)을 사용하거나, df2=df2['배급사'].dropna() 함수를 사용한다.

❶ 열 '배급사' 결측치 Null값을 모두 제거해보자.

```
df2.dropna(subset=["배급사"], inplace=True)
```

❷ 확인해보니 '배급사'에 대한 결측치 Null값이 모두 잘 제거되었다.

```
df2.isnull().sum()
df2
```

```
순위        0
영화명      0
개봉일      0
매출액      11
관객수      0
스크린수    0
국적        0
배급사      0
dtype: int64
```

결측치 대체

결측치 값은 평균값, 중앙값, 최빈값 등 통계값을 적용하여 채우기도 한다. 또한 모든 결측치 값을 '0'으로 적용하기도 하며, 담당자가 직접 확인하고 적절한 값으로 수정하기도 한다.

Null값을 대체값으로 처리할 때는 fillna(함수 또는 값, inplace=True)를 사용한다. 그럼 열 '매출액'의 결측치 값을 0으로 대체해보자.

```
df2['매출액'].fillna(0, inplace=True)
df2.isnull().sum()
```

```
순위        0
영화명      0
개봉일      0
매출액      0
관객수      0
스크린수    0
국적        0
배급사      0
dtype: int64
```

Tips **평균값으로 채우기**

```
df2['매출액'].fillna(int(df2['매출액'].mean()), inplace=True)
```

데이터 추출

데이터 추출 과정은 데이터를 분석하기 원하는 형태로 가공하여 조건에 맞는 데이터만 추출하는 과정이다. 데이터 추출은 필요한 변수만 추출하기, 정렬하기, 파생 변수 추가하기, 그룹별 요약하기, 종류별로 나누기, 데이터 합치기 등이 해당된다.

영화 배급사 스크린수 상위 5개

과거 기록을 통해 영화 배급사의 영화 상영관 점유율 상위 5개를 검색해보자.

영화 상영관 점유율은 스크린수로 확인할 수 있다. 우선 스크린 점유율 상위 배급사의 스크린수를 내림차순으로 정렬한 후, head() 함수로 상위 데이터를 확인한다.

❶ 먼저 '배급사'로 그룹화한다.

```
product=df2.groupby(['배급사']).sum()
```

❷ '스크린수'로 내림차순 정렬한 후, head(5)로 상위 5개를 출력한다.

㈜씨제이이이엔엠 영화 배급사가 스크린 점유율 1위인 것을 확인할 수 있다.

```
product.sort_values(by='스크린수', ascending=False).head(5)
```

배급사	매출액	관객수	스크린수
(주)씨제이이이엔엠	2.652439e+12	336759994	82142
(주)쇼박스	1.765816e+12	329019938	57006
(주)넥스트엔터테인먼트월드(NEW)	1.297393e+12	166001929	47963
롯데쇼핑㈜롯데엔터테인먼트	9.178984e+11	135382297	26565
롯데컬처웍스(주)롯데엔터테인먼트	4.770918e+11	54707670	26070

스크린 상위

영화 배급사 중 전체 스크린수가 30,000개 이상인 영화 배급사를 검색해보자.

❶ 위에서 설정한 그룹화한 변수 product 변수를 사용한다.

조건으로는 product['스크린수']>=30000을 사용한다.

```
screen=product[product['스크린수']>=30000]
```

❷ 스크린수가 30,000개 이상인 영화 배급사가 조회되었다.

배급사	매출액	관객수	스크린수
(주)넥스트엔터테인먼트월드(NEW)	1.297393e+12	166001929	47963
(주)쇼박스	1.765816e+12	329019938	57006
(주)씨제이이엔엠	2.652439e+12	336759994	82142

역대 흥행 관객수 조회하기

영화 배급사 중 전체 영화 흥행 관객수가 가장 많은 영화 배급사를 검색해보자.

❶ 역대 영화 상위 흥행 관객수를 조회하기 위해 그룹화한 변수 product 변수를 사용한다. 정렬 키로 '관객수'를 내림차순 정렬한다.

```
boxoffice_rank=product.sort_values(by='관객수', ascending=False)
```

❷ head() 함수로 상위 5개를 출력한다.

㈜씨제이이엔엠에서 배급한 영화들의 관객수가 가장 많은 것을 확인할 수 있다.

```
boxoffice_rank.head()
```

배급사	매출액	관객수	스크린수
(주)씨제이이엔엠	2.652439e+12	336759994	82142
(주)쇼박스	1.765816e+12	329019938	57006
CJ ENM	5.246996e+11	185843562	15179
(주)넥스트엔터테인먼트월드(NEW)	1.297393e+12	166001929	47963
롯데쇼핑㈜롯데엔터테인먼트	9.178984e+11	135382297	26565

구간별 나누기

데이터 값들을 특정 구간에 따라서 범주화하여 나누고자 할 때 cut() 함수와 qcut() 함수를 사용한다.

cut() 함수

pd.cut() 함수를 이용하여 데이터 값들을 특정 구간으로 범주화해보자.

❶ 열 '스크린'을 기준으로 데이터를 10개 그룹으로 분류한다.

이때 bins 옵션은 구간 개수를 설정할 때 사용하며 생성된 ['스크린수_cut'] 변수는 컬럼 열에 추가된다.

```
df2['스크린수_cut'] = pd.cut(df2['스크린수'], bins=10)
```

❷ 10개의 스크린으로 나눈 df2['스크린수_cut'] 열을 출력하여 확인해보자.

최댓값~최솟값으로 10개의 구간으로 나누어진 것을 확인할 수 있다.

```
df2['스크린수_cut'].value_counts()
```

```
(-2.575, 257.5]      153
(515.0, 772.5]        96
(257.5, 515.0]        69
(772.5, 1030.0]       64
(1030.0, 1287.5]      51
(1287.5, 1545.0]      32
(1545.0, 1802.5]      13
(1802.5, 2060.0]      10
(2060.0, 2317.5]       3
(2317.5, 2575.0]       3
Name: 스크린수_cut, dtype: int64
```

❸ for 반복문을 활용해 range 범위로 구간을 나누어 '스크린' 수의 평균을 구하여 표시하도록 설정한다.

스크린수는 100~2600 사이로 100단위마다 데이터프레임 스크린수에 대한 조건을 부여하여 조건에 따른 평균값을 출력한다.

```
for i in range(100, 2600, 100):              #구간 범위
    start =i
    end = i+100
    temp = df2[(df2["스크린수"]>=start)&(df2["스크린수"]<end)]
  print("{:>5}이상 {:>4}미만 스크린수: {:>7.2f}".format(start, end, temp["스크린수"].mean()))
```

[실행 결과]

```
100이상 200미만 스크린수: 124.53
 200이상 300미만 스크린수: 256.00
 300이상 400미만 스크린수: 351.06
 400이상 500미만 스크린수: 447.77
 500이상 600미만 스크린수: 550.42
 600이상 700미만 스크린수: 646.76
 700이상 800미만 스크린수: 754.56
 800이상 900미만 스크린수: 850.54
```

```
900이상 1000미만 스크린수: 957.79
1000이상 1100미만 스크린수: 1057.25
1100이상 1200미만 스크린수: 1153.13
1200이상 1300미만 스크린수: 1262.07
1300이상 1400미만 스크린수: 1334.54
1400이상 1500미만 스크린수: 1447.75
1500이상 1600미만 스크린수: 1538.50
1600이상 1700미만 스크린수: 1640.71
1700이상 1800미만 스크린수: 1756.50
1800이상 1900미만 스크린수: 1847.00
1900이상 2000미만 스크린수: 1953.14
2000이상 2100미만 스크린수: 2027.00
2100이상 2200미만 스크린수: 2137.00
2100이상 2200미만 스크린수: 2137.00
2200이상 2300미만 스크린수: 2229.00
2300이상 2400미만 스크린수: 2389.00
2400이상 2500미만 스크린수: 2498.00
2500이상 2600미만 스크린수: 2575.00
```

리스트로 구간 나누기

사용자가 리스트로 나눌 구간 범위를 미리 지정한 후, 기준 범위에 들어갈 구간을 레이블로 정하여 나눌 수 있다.

pd.cut()을 사용해서 리스트 요소에 정해진 값에 따라 구간을 나누어보자.

```
bins = list(range(100, 2601, 100))
bins_label = [str(i)+"이상 "+str(i+100)+"미만" for i in bins]
df2["범위"] = pd.cut(df2["스크린수"], bins, right=False, labels=bins_label[:-1])
df2[["스크린수","범위"]]
```

Tips **right 옵션**

right=True로 설정하면 리스트 구간의 범주 범위가 ‘100 < 스크린 범위 < =2601’로 2600은 범위에 포함된다. 하지만 100 미만 범위는 포함되지 않으므로 NaN으로 표시된다.

right=False는 ‘100 <= 스크린 범위 < 2601’ 까지 범주에 포함되어 100 미만 범위는 포함되고 2600은 포함되지 않는다.

right=False

	스크린수	범위
0	1587	1500이상 1510미만
1	1978	1900이상 1910미만
2	1912	1900이상 1910미만
3	966	900이상 910미만
4	1064	1000이상 1010미만
...	...	...
495	437	400이상 410미만
496	435	400이상 410미만
497	474	400이상 410미만
498	581	500이상 510미만
499	56	NaN

right=True

	스크린수	범위
0	1587	1500이상 1600미만
1	1978	1900이상 2000미만
2	1912	1900이상 2000미만
3	966	900이상 1000미만
4	1064	1000이상 1100미만
...	...	...
495	437	400이상 500미만
496	435	400이상 500미만
497	474	400이상 500미만
498	581	500이상 600미만
499	56	NaN

qcut() 함수

cut() 함수는 bins 옵션을 지정하여 나누었는데 qcut() 함수는 나누고자 하는 범주 개수만 정해주면 동일한 개수가 되도록 나누어지며 이때 새로운 컬럼이 생성된다.

'q' 파라미터 옵션은 나누고자 하는 범주를 지정할 때 사용한다. 만약 레이블도 넣어주고 싶다면 같은 방식으로 지정하면 된다.

스크린수를 70개의 구간으로 나누어보자. 이때 q=70 옵션을 사용하여 구간을 나눌 수 있다.

```
df2['스크린수_qcut'] = pd.qcut(df2['스크린수'], q=70)
df2['스크린수_qcut'].value_counts()
```

```
(68.943, 71.0]        11
(48.214, 52.0]         9
(52.0, 54.0]           9
(-0.001, 29.129]       8
(83.686, 87.0]         8
                      ..
(405.0, 418.457]       6
(1054.0, 1079.2]       6
(65.0, 68.943]         5
(75.0, 76.6]           4
(54.0, 55.343]         3
Name: 스크린수_qcut, Length: 70, dtype: int64
```

데이터 시각화 작업

데이터 시각화는 정보와 데이터를 그래프로 나타내는 것으로 위에서 영화 흥행 상위 5개를 boxoffice_rank 변수에 저장하였다. 흥행 영화 상위 5개에 대한 데이터 분석 결과를 한눈에 쉽게 보고 이해할 수 있다.

barplot 그래프

영화 흥행 상위 5개 데이터를 기반으로 아래 조건에 맞게 분석한 데이터를 barplot 그래프로 작성해보자.

조건

- 그래프 종류 : barplot(막대그래프)
- 그래프 크기 : 가로 너비 14, 세로 길이 10
- x축 label 제목 : 영화 배급사, 글자 크기 18
- y축 label 제목 : 스크린수, 글자 크기 18
- 그래프 제목 : 흥행 영화 순위 Top 5, 글자색 녹색

```
import matplotlib.pyplot as plt
import seaborn as sns
plt.rcParams["font.family"] = 'malgun gothic'
plt.figure(figsize=(14,10))
boxoffice_rank.head(5).스크린수[:].plot(kind='bar', rot=0)  #rot은 글자를 가로로 표시
plt.title('흥행 영화 순위 Top 5', fontsize=24, color='g')
plt.xlabel('영화 배급사', fontsize=18)
plt.ylabel('스크린수' ,fontsize=18)
plt.show()
```

배급사	매출액	관객수	스크린수
(주)씨제이이엔엠	2.652439e+12	336759994	82142
(주)쇼박스	1.765816e+12	329019938	57006
CJ ENM	5.246996e+11	185843562	15179
(주)넥스트엔터테인먼트월드(NEW)	1.297393e+12	166001929	47963
롯데쇼핑㈜롯데엔터테인먼트	9.178984e+11	135382297	26565

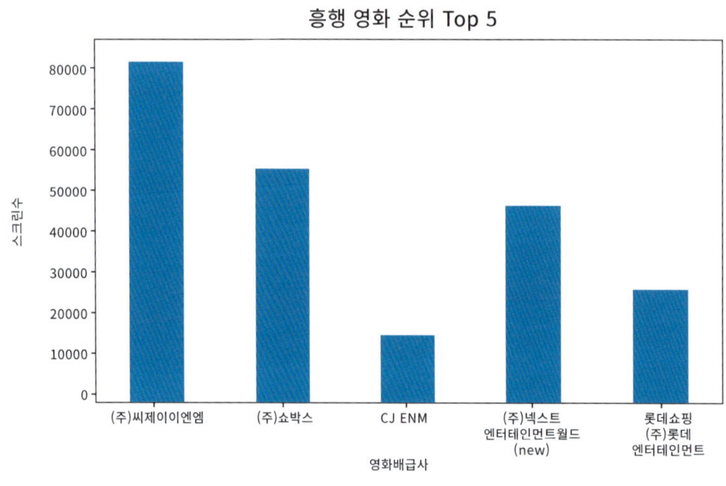

plot 그래프

영화 흥행 상위 5개 데이터를 기반으로 아래 조건에 맞게 분석한 데이터를 꺾은선 그래프로 작성해보자.

조건

- 그래프 종류 : plot(꺾은선 그래프)
- 그래프 크기 : 가로 너비 14, 세로 길이 10
- x축 label 제목 : 영화 배급사, 글자 크기 18
- y축 label 제목 : 스크린수, 글자 크기 18
- 선 스타일 : --
- 마커 표시 : 'o'
- 그래프 제목 : 흥행 영화 순위 Top 5, 글자색 녹색

```
plt.figure(figsize=(14,10))
plt.title('흥행 영화 순위 Top 5', fontsize=24, color='g')
plt.xlabel('영화 배급사', fontsize=18)
plt.ylabel('스크린수' ,fontsize=18)
plt.plot(boxoffice_rank.head(5).스크린수[:], color='blue', linestyle='--',mark-
er='o')
plt.show()
```

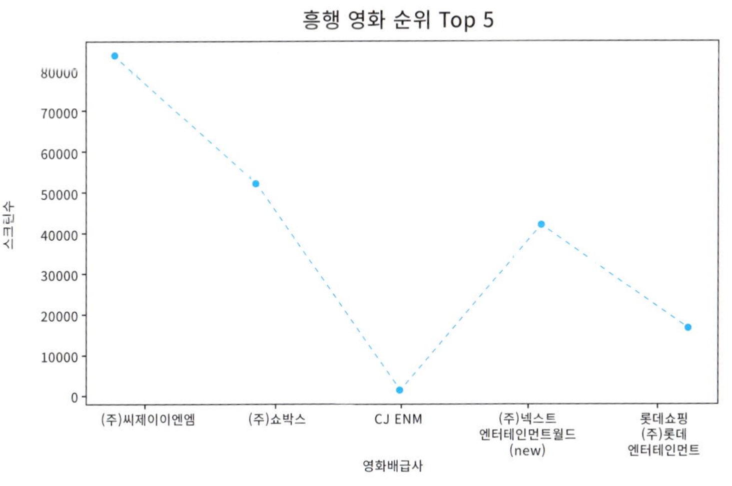

진단문제

❶ 아래 데이터를 참고하여 데이터프레임을 완성하시오.

	team	points	assists	rebounds
0	KB	25	5	11
1	KB	12	7	8
2	KGC	15	7	10
3	KGC	14	9	6
4	KGC	19	12	6
5	SKT	23	9	5
6	SKT	25	9	9
7	SKT	29	4	12

```
import numpy as np
import pandas as pd
import matplotlib.pyplot as plt
import seaborn as sns
______________________________________________________
                    _____________________________
                    _____________________________
                    _____________________________
df
```

❷ 열 'point', 'assists', 'rebounds' 수치형 자료에 대한 각종 통계 요약을 표시하시오.

Hint : 각종 통계 요약을 위해서는 describe() 함수를 사용한다.

```
____________________________
```

	points	assists	rebounds
count	8.000000	8.00000	8.000000
mean	20.250000	7.75000	8.375000
std	6.158618	2.54951	2.559994
min	12.000000	4.00000	5.000000
25%	14.750000	6.50000	6.000000
50%	21.000000	8.00000	8.500000
75%	25.000000	9.00000	10.250000
max	29.000000	12.00000	12.000000

❸ 수치형 자료 요약과 object 타입 자료 요약 정보를 모두 포함하여 표시하시오.

Hint : 수치형 자료와 object 자료를 포함한 통계 요약은 df.describe(include='all') 함수를 사용한다.

	team	points	assists	rebounds
count	8	8.000000	8.00000	8.000000
unique	3	NaN	NaN	NaN
top	KGC	NaN	NaN	NaN
freq	3	NaN	NaN	NaN
mean	NaN	20.250000	7.75000	8.375000
std	NaN	6.158618	2.54951	2.559994
min	NaN	12.000000	4.00000	5.000000
25%	NaN	14.750000	6.50000	6.000000
50%	NaN	21.000000	8.00000	8.500000
75%	NaN	25.000000	9.00000	10.250000
max	NaN	29.000000	12.00000	12.000000

❹ 특정한 열 'point' 수치형 자료에 대한 각종 통계 요약을 표시하시오.

Hint : 'point'에 대한 요약을 위해서는 df['points'].describe() 함수를 사용한다.

```
count     8.000000
mean     20.250000
std       6.158618
min      12.000000
25%      14.750000
50%      21.000000
75%      25.000000
max      29.000000
Name: points, dtype: float64
```

❺ 열 'point', 'assists' 2개의 열에 대한 삭종 통계 요약을 표시하시오.

	points	assists
count	8.000000	8.00000
mean	20.250000	7.75000
std	6.158618	2.54951
min	12.000000	4.00000
25%	14.750000	6.50000
50%	21.000000	8.00000
75%	25.000000	9.00000
max	29.000000	12.00000

❻ 'team'을 그룹화하여 표시하시오.

```
________________________________________
df_grp
```

	points	assists	rebounds
team			
KB	37	12	19
KGC	48	28	22
SKT	77	22	26

❼ 열 'point'에 대해서만 평균값을 산출하여 'team'을 그룹화하여 표시하시오.

```
______________________________________
group_point
```

```
team
KB     18.500000
KGC    16.000000
SKT    25.666667
Name: points, dtype: float64
```

❽ df 데이터프레임의 시각화를 진행하시오.

[조건]

- 그래프 종류 : barplot
- x축 : team
- y축 : point
- 그래프 제목 : 팀별 포인트 현황, 글자 크기 20

```
plt.rcParams["font.family"] = 'malgun gothic'
______________________________________
______________________________________
```

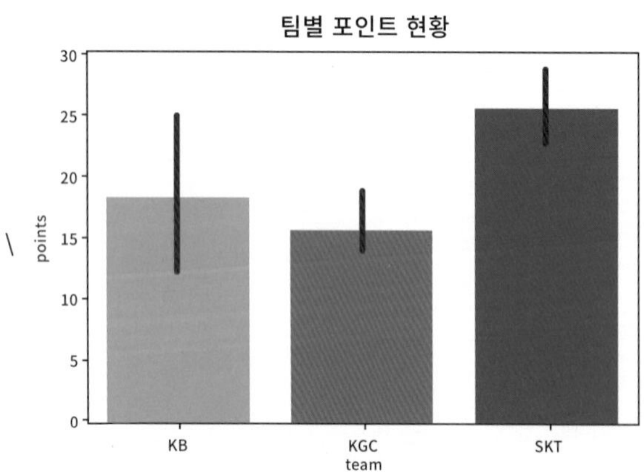

요점정리

1. 'csv' 파일을 읽어들이기 위해서는 pd.read_csv("파일명")를 사용한다.

2. int64는 정수형 숫자 자료형이고, object는 기본적으로 문자열 자료형이다.

3. 결측치 Null값은 0, 평균값, 중간값, 최빈값 등으로 대체해주어야 한다.

4. axis=0은 행을 의미하고 axis=1은 세로축을 의미한다.

5. df['열이름'].dropna() 함수는 열을 제거한다.

6. 데이터 추출에는 필요한 변수만 추출하기, 정렬하기, 파생 변수 추가하기, 그룹별 요약하기, 종류별로 나누기, 데이터 합치기 등이 해당된다.

7. 열에 조건을 사용하기 위해서는 df[df['열이름'] 조건]을 사용한다.

8. 데이터는 df.sort_values(by='정렬키', ascending=True/False)로 정렬한다.

9. pd.cut() 함수를 이용하여 데이터 값들을 특정 구간에 대해 범주로 나눌 수 있다.

10. 데이터프레임을 그룹화하기 위해서는 df.groupby('열이름').sum() 함수를 이용한다.

11. 수치형 자료에 대해서만 각종 통계 요약을 표시하기 위해서는 df.describe() 함수를 사용한다.

12. 수치형 자료 요약과 object 타입의 자료 요약 정보를 모두 포함한 통계 요약은 df.describe(include='all') 함수를 사용한다.

1. 각종 수치형 데이터 열의 통계 요약을 표시하는 함수는? ( )

   ① info() ② summary() ③ describe() ④ count()

2. 연속된 수치를 구간을 나누어 동일한 길이로 나누는 함수는? ( )

   ① cut() ② qcut() ③ len() ④ sep()

3. 데이터 전처리 과정에서 데이터가 일부 손상되거나 부정확한 부분을 수정하고, 불필요한 데이터를 삭제하거나 불완전한 값을 교체하는 등의 작업 과정은? ( )

   ① 정제 ② 변환 ③ 수정 ④ 보정

4. 데이터프레임에서 타입 변경, 또는 특정한 컬럼의 타입을 변경하는 함수는? ( )

   ① astype() ② dtype() ③ to_datetime() ④ to_numeric()

5. 데이터프레임의 행이나 열을 삭제하는 함수는? ( )

   ① drop() ② del() ③ pop() ④ erase()

6. 결측치 Null값이 포함된 열이나 행을 삭제하는 함수는? ( )

   ① drop() ② dropNa() ③ pop() ④ erase()

7. 데이터프레임에서 값을 적용할 때 새 데이터프레임으로 반환하는 것이 아니라 원래 값을 바로 적용하는 옵션은? ( )

   ① update=True ② update=False ③ inplace=False ④ inplace=True

8. 데이터프레임에서 간단하게 데이터 유형만 확인하고자 할 때 사용하는 속성은? ( )

   ① df.dtypes ② df.attribute ③ df.column ④ df.info

9. 열 '매출액'의 결측치 값을 0으로 대체하기 위해 밑줄 친 부분에 들어갈 내용으로 올바른 것은?

```
df['매출액']. ____ (0, inplace=True)
```

   ① fillzero ② fill ③ fillrep ④ fillna

10. 데이터프레임 정렬에 대한 설명으로 옳지 않은 것은? (　)

① 정렬을 위해서는 sort_values() 함수를 사용한다.

② by='열이름'은 정렬 키 기준 컬럼을 정의한다.

③ ascending=True는 생략 가능하다.

④ 정렬 키 값은 한 개만 설정할 수 있다.

수행평가

1. 제공한 'it_product.csv' 파일을 'C:\python_work' 폴더에 복사한 후, 수행평가를 진행하시오.

	A	B	C
1	product	price	year
2	mouse	22000	2021
3	mouse	27000	2022
4	usb	25000	2022
5	usb	29000	2022
6	usb	35000	2023
7	iPad	600000	2022
8	iPad	620000	2023

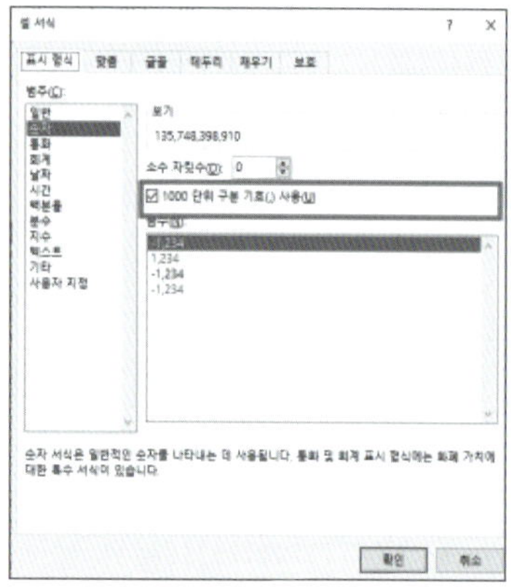

❶ 파일을 읽어서 데이터프레임 데이터셋으로 전환하시오.

	product	price	year
0	mouse	22000	2021
1	mouse	27000	2022
2	usb	25000	2022
3	usb	29000	2022
4	usb	35000	2023
5	iPad	600000	2022
6	iPad	620000	2023

❷ 열 'price'의 통계 요약 정보를 표시하시오.

```
count          7.000000
mean      194000.000000
std       284268.652276
min        22000.000000
25%        26000.000000
50%        29000.000000
75%       317500.000000
max       620000.000000
Name: price, dtype: float64
```

❸ 전체 열의 통계 요약 정보를 표시하시오.

```
       product          price         year
count        7       7.000000     7.000000
unique       3            NaN          NaN
top        usb            NaN          NaN
freq         3            NaN          NaN
mean       NaN  194000.000000  2020.714286
std        NaN  284268.652276     3.903600
min        NaN   22000.000000  2012.000000
25%        NaN   26000.000000  2021.500000
50%        NaN   29000.000000  2022.000000
75%        NaN  317500.000000  2022.500000
max        NaN  620000.000000  2023.000000
```

❹ 전체 데이터 개수는 몇 개인지 조사하시오.

[실행 결과]

```
데이터 개수: 7
```

❺ 열 'price'의 표준편차를 구하고 위에서 표시한 통계 요약과 일치하는지 확인하시오.

[실행 결과]

```
284268.6522757419
```

❻ 열 'price'의 중간값을 구하고 위에서 표시한 통계 요약과 일치하는지 확인하시오.

[실행 결과]

```
29000.0
```

❼ 열 'product'로 그룹화한 다음 'price' 금액이 작은 순으로 정렬하시오.

product	price	year
mouse	49000	4043
usb	89000	6057
iPad	1220000	4045

❽ 열 'year'는 삭제하시오.

product	price
mouse	49000
usb	89000
iPad	1220000

❾ 데이터프레임의 데이터셋에 대한 시각화를 진행하시오.

조건

- 그래프 크기 : 가로 너비 5, 세로 길이 5
- 그래프 종류 : 막대그래프와 꺾은선 그래프 동시 표시
- x축 : product
- y축 : price
- x축 제목 : 제품명, 글자 크기 18

- y축 제목 : 가격, 글자 크기 18
- 그래프 제목 : 제품별 총액, 글자 크기 20, 글자 색 녹색
- 막대그래프 : 색상 노랑, 대각선으로 채우기, 테두리 선 녹색
- 꺾은선 그래프 : 선 스타일 --, marker '0', 마커색 빨강

Hint : 막대그래프 대각선 채우기 : hatch='/', 테두리 선 색 : edgecolor='g'

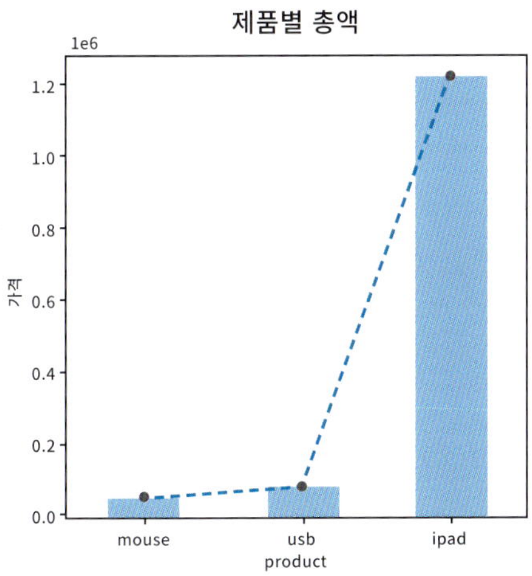

Introduction to **Data analysis**

Introduction to **Data analysis**

CHAPTER

13

데이터 분석 처리 2

학습목표

이번 장에서는 데이터 분석 처리 1의 문제적인 요소를 응용하여 처리하기 위한 조건을 알아보고 다양한 각도에서 데이터를 분석한다. 또한 분석한 자료를 시각화하여 데이터 처리를 돕는다.

학습목차

13.1 데이터 분석 처리 2

이번 단원에서는 공공데이터 웹 페이지에 접속하여 한국부동산원(구.한국감정원)에서 제공하는 전국주택가격동향조사 월간동향 중 아파트의 매매가격-평균매매가격 자료를 검색해서 자료를 수집할 것이다. 수집한 자료를 토대로 다양한 방법으로 데이터를 분석하고 처리하여 그 결과값을 시각화해보자.

자료 수집

자료 검색

❶ 공공데이터포털(https://www.data.go.kr) 웹 페이지에 접속한다.

'통계목록검색' 입력 창에 '전국 평균 분양가격'을 입력하고 검색 버튼을 클릭한다.

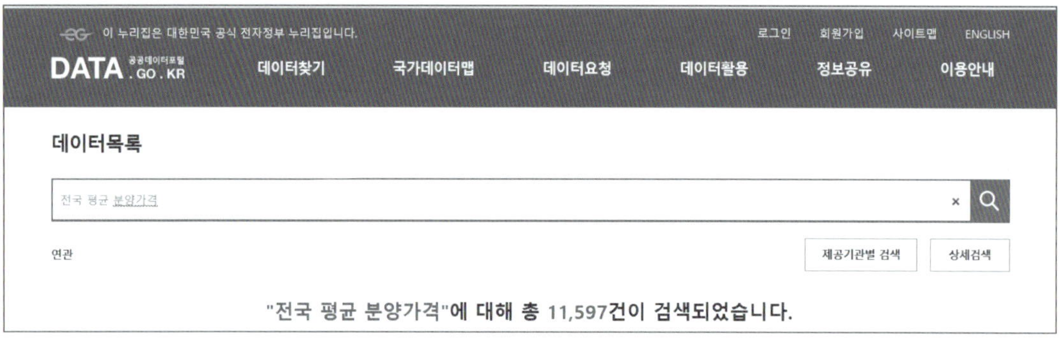

검색된 데이터 중에서 '주택도시보증공사_전국 신규 민간아파트 분양가격 동향' 항목 좌측의 CSV 버튼을 클릭하여 내용을 미리 확인한다.

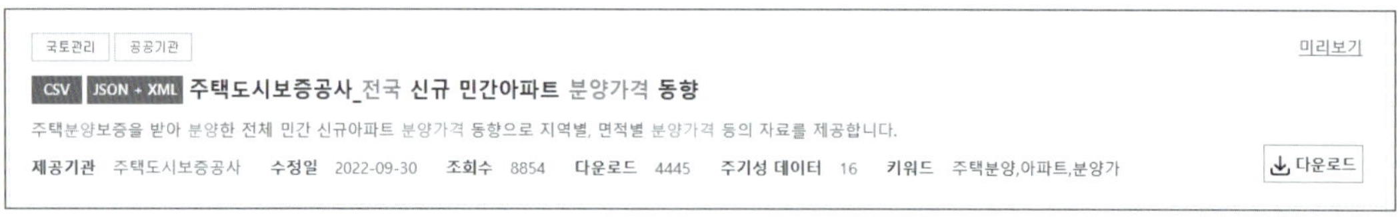

내용을 확인해보니 아래와 같은 데이터가 표시되고 있다.

지 역	2012-01	2012-02	2012-03	2012-04	2012-05	2012-06	2012-07	2012-08
전국	264474	264035	263470	262630	261823	260425	258959	257163
수도권	365249	364275	362790	360918	359253	356737	354214	350990
지방권	163394	163491	163849	164044	164096	163820	163416	163052
6대광역시	195186	194989	195093	195037	194851	194273	193523	192675
5대광역시	190421	190312	190555	190603	190631	190183	189587	188896
9개도	211371	211340	211142	210804	210270	209478	208457	207287
8개도	139237	139518	139979	140306	140378	140256	140024	139951
서울	540954	538876	536079	532409	529733	525131	521123	515846
서울 강북지역	405962	405406	404184	402746	401085	398926	397172	395249

csv 파일로 다운로드 받아 주피터 폴더에 업로드하기

검색된 데이터를 [다운로드] 버튼을 클릭하여 CSV 파일로 다운로드한다.

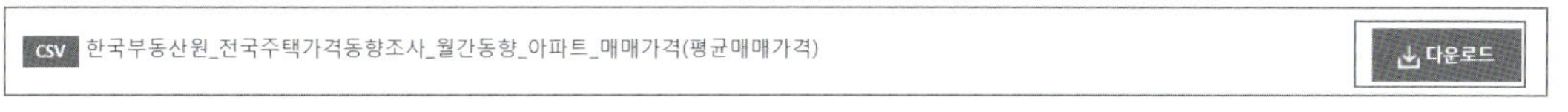

파일 이름을 '분양가동향.csv'로 변경한다.

주피터 노트북 작업 폴더로 가져오기 위해 [Upload] 버튼을 클릭하여 '분양가동향.csv' 파일을 불러들인 후, [Upload] 버튼을 클릭하여 폴더로 가져온다.

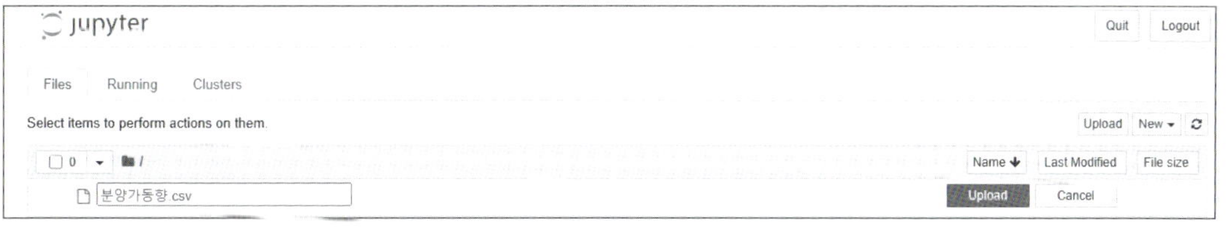

'분양가동향.csv' 텍스트 파일이 잘 업로드되었다.

데이터 가져오기

주피터 코드 셀로 필요한 라이브러리들을 import한다.

그다음 read_csv() 함수로 파일을 읽어 데이터프레임으로 전환해보자.

```
import numpy as n
import pandas as pd
import matplotlib.pyplot as plt
import seaborn as sns
df=pd.read_csv("분양가동향.csv", encoding="utf-8")          #한글 인코딩 오류
```

Tips **한글 인코딩 오류**

공공데이터에서 제공하는 한글 타입에서 오류가 발생하였다.

'utf-8' codec can't decode byte 0xc1 in position 0: invalid start byte

한글 인코딩 타입의 다른 방식은 'cp949'와 'euc-kr' 타입 등이 있다.

한글 인코딩을 encoding="utf-8"에서 encoding="cp949" 방식으로 변경하여 데이터 파일을 가져와 보자.

```
import numpy as np
import pandas as pd
import matplotlib.pyplot as plt
import seaborn as sns
df=pd.read_csv("분양가동향.csv", encoding="cp949")         #한글 인코딩 변경
df.head()
```

	지역명	규모구분	연도	월	분양가격(제곱미터)
0	서울	모든면적	2015	10	5841
1	서울	전용면적 60제곱미터이하	2015	10	5652
2	서울	전용면적 60제곱미터초과 85제곱미터이하	2015	10	5882
3	서울	전용면적 85제곱미터초과 102제곱미터이하	2015	10	5721
4	서울	전용면적 102제곱미터초과	2015	10	5879

데이터 타입 확인

df 객체의 데이터 타입을 확인해보자.

열 '연도', '월'만 숫자형 자료형이고 나머지는 문자열 타입이다.

```
df.info()
```

```
지역명              object
규모구분             object
연도               int64
월               int64
분양가격(제곱미터)      object
dtype: object
```

데이터 타입 변환

열 '분양가격'이 object 타입으로 되어 있어 조건에 대한 부분을 처리할 수 없으므로 astype() 함수를 사용하여 숫자형 자료형으로 변환하도록 한다.

```
df['분양가격']=pd.to_numeric(df["분양가격(제곱미터)"]).astype(int)
```

여기서 잠깐　문자형 자료 타입 변환 시 에러

object 문자열 자료형을 숫자형 자료로 변환하다가 'Unable to parse string " " at position 28'이 발생하였다. 공백(" ")을 문자열 자료형으로 인식하기 때문에 숫자형 자료형으로 변환이 불가능한 valueerror가 발생한 것이다. 이를 해결하기 위해서는 errors='coerce' 옵션을 사용할 수 있다. 'coerce' 옵션은 숫자로 변경할 수 없는 문자열 자료형의 기존 데이터를 지우고 문자열 자료형을 강제로 NaN으로 처리한다.

```
pd.to_numeric(df["분양가격(제곱미터)"], errors='coerce')
```

```
0       5841.0
1       5652.0
2       5882.0
3       5721.0
4       5879.0
         ...
6370       NaN
6371       NaN
6372       NaN
6373       NaN
6374       NaN
Name: 분양가격(제곱미터), Length: 6375, dtype: float64
```

문자열 자료형을 강제로 NaN으로 처리하여 열 '분양가격'을 변수로 추가해보자.

```
df['분양가격']=pd.to_numeric(df["분양가격(제곱미터)"], errors='coerce')
```

	지역명	규모구분	연도	월	분양가격(제곱미터)	분양가격
0	서울	모든면적	2015	10	5841	5841.0
1	서울	전용면적 60제곱미터이하	2015	10	5652	5652.0
2	서울	전용면적 60제곱미터초과 85제곱미터이하	2015	10	5882	5882.0
3	서울	전용면적 85제곱미터초과 102제곱미터이하	2015	10	5721	5721.0
4	서울	전용면적 102제곱미터초과	2015	10	5879	5879.0

...	...	...	...	...	...	...
6370	제주	모든면적	2021	12	6,574	NaN
6371	제주	전용면적 60제곱미터이하	2021	12	2,862	NaN
6372	제주	전용면적 60제곱미터초과 85제곱미터이하	2021	12	6,516	NaN
6373	제주	전용면적 85제곱미터초과 102제곱미터이하	2021	12	5,924	NaN
6374	제주	전용면적 102제곱미터초과	2021	12	6,493	NaN

> **Tips** 숫자형 자료 변환 함수
>
> 문자열 자료형을 숫자형 자료형으로 변환할 때에는 astype()이나 to_numeric() 함수를 사용한다.

조건 열 조회하기

조건에 부합하는 데이터를 조회하여 추출하는 것은 매우 중요하다.

조건에 대한 편리성과 가독성을 제공하는 Query() 함수를 이용하여 파이썬 기초 과정에서 학습한 관계 연산자, 논리 연산자, in 연산자 사용이 가능하다.

❶ 비교 연산자(==, >, >=, <, <=, !=)

❷ in 연산자(in, ==, not in, !=)

❸ 논리 연산자(and, or, not)

❹ 외부 변수(또는 함수) 참조 연산

❺ 인덱스 검색

❻ 문자열 부분 검색(str.contains, str.startswith, str.endswith)

a. 열 '지역명'이 '서울'인 데이터를 검색해보자.

```
df.query('지역명=="서울"')
```

	지역명	규모구분	연도	월	분양가격	평당분양가
0	서울	모든면적	2015	10	5841.0	19275.3
1	서울	전용면적 60제곱미터이하	2015	10	5652.0	18651.6
2	서울	전용면적 60제곱미터초과 85제곱미터이하	2015	10	5882.0	19410.6
3	서울	전용면적 85제곱미터초과 102제곱미터이하	2015	10	5721.0	18879.3
4	서울	전용면적 102제곱미터초과	2015	10	5879.0	19400.7

b. 열 '평당분양가'가 45000원 이상인 데이터를 검색해보자.

```
df.query('평당분양가>=45000')
```

	지역명	규모구분	연도	월	분양가격	평당분양가
4423	서울	전용면적 85제곱미터초과 102제곱미터이하	2020	2	13835.0	45655.5
4508	서울	전용면적 85제곱미터초과 102제곱미터이하	2020	3	13835.0	45655.5
4593	서울	전용면적 85제곱미터초과 102제곱미터이하	2020	4	13835.0	45655.5

c. 열 '평당분양가'가 40000원 이상 45000원 이하인 데이터를 검색해보자.

```
df.query('평당분양가>=40000 and 평당분양가<=45000')
```

	지역명	규모구분	연도	월	분양가격	평당분양가
3743	서울	전용면적 85제곱미터초과 102제곱미터이하	2019	6	12728.0	42002.4
3828	서울	전용면적 85제곱미터초과 102제곱미터이하	2019	7	12728.0	42002.4
3913	서울	전용면적 85제곱미터초과 102제곱미터이하	2019	8	12728.0	42002.4
3998	서울	전용면적 85제곱미터초과 102제곱미터이하	2019	9	12728.0	42002.4
4083	서울	전용면적 85제곱미터초과 102제곱미터이하	2019	10	12728.0	42002.4
4168	서울	전용면적 85제곱미터초과 102제곱미터이하	2019	11	12728.0	42002.4
4253	서울	전용면적 85제곱미터초과 102제곱미터이하	2019	12	12728.0	42002.4
4338	서울	전용면적 85제곱미터초과 102제곱미터이하	2020	1	12728.0	42002.4
4763	서울	전용면적 85제곱미터초과 102제곱미터이하	2020	6	12587.0	41537.1

d. 열 '규모구분'에 '102' 문자열이 포함된 모든 데이터 자료를 검색해보자.

```
df.query("규모구분.str.contains('102')").head(5)
```

	지역명	규모구분	연도	월	분양가격	평당분양가
3	서울	전용면적 85제곱미터초과 102제곱미터이하	2015	10	5721.0	18879.3
4	서울	전용면적 102제곱미터초과	2015	10	5879.0	19400.7
8	인천	전용면적 85제곱미터초과 102제곱미터이하	2015	10	3545.0	11698.5
9	인천	전용면적 102제곱미터초과	2015	10	3408.0	11246.4
13	경기	전용면적 85제곱미터초과 102제곱미터이하	2015	10	3496.0	11536.8

e. 열 '지역명'이 '인천'이나 '제주'인 모든 데이터 자료를 검색해보자.

```
df.query("지역명 in ['인천','제주']")
```

	지역명	규모구분	연도	월	분양가격	평당분양가
5	인천	모든면적	2015	10	3163.0	10437.9
6	인천	전용면적 60제곱미터이하	2015	10	3488.0	11510.4
7	인천	전용면적 60제곱미터초과 85제곱미터이하	2015	10	3119.0	10292.7
8	인천	전용면적 85제곱미터초과 102제곱미터이하	2015	10	3545.0	11698.5
9	인천	전용면적 102제곱미터초과	2015	10	3408.0	11246.4
...	...	...	...	...	...	...
6370	제주	모든면적	2021	12	NaN	NaN
6371	제주	전용면적 60제곱미터이하	2021	12	NaN	NaN
6372	제주	전용면적 60제곱미터초과 85제곱미터이하	2021	12	NaN	NaN
6373	제주	전용면적 85제곱미터초과 102제곱미터이하	2021	12	NaN	NaN
6374	제주	전용면적 102제곱미터초과	2021	12	NaN	NaN

750 rows × 6 columns

열 추가하기

이번에는 열 '평당분양가'를 추가해보자. '분양가격 * 3.3'으로 "평당분양가" 열을 추가하면 된다.

```
df['평당분양가']=df['분양가격']*3.3
df
```

	지역명	규모구분	연도	월	분양가격(제곱미터)	분양가격	평당분양가
0	서울	모든면적	2015	10	5841	5841.0	19275.3
1	서울	전용면적 60제곱미터이하	2015	10	5652	5652.0	18651.6
2	서울	전용면적 60제곱미터초과 85제곱미터이하	2015	10	5882	5882.0	19410.6
3	서울	전용면적 85제곱미터초과 102제곱미터이하	2015	10	5721	5721.0	18879.3
4	서울	전용면적 102제곱미터초과	2015	10	5879	5879.0	19400.7
...	...	...	...	...	...	...	...
6370	제주	모든면적	2021	12	6,574	NaN	NaN
6371	제주	전용면적 60제곱미터이하	2021	12	2,862	NaN	NaN
6372	제주	전용면적 60제곱미터초과 85제곱미터이하	2021	12	6,516	NaN	NaN
6373	제주	전용면적 85제곱미터초과 102제곱미터이하	2021	12	5,924	NaN	NaN
6374	제주	전용면적 102제곱미터초과	2021	12	6,493	NaN	NaN

6375 rows × 7 columns

열 삭제하기

불필요한 열인 '분양가격(제곱미터)'을 삭제하여 df 객체에 바로 반영해보자.

```
df.drop(["분양가격(제곱미터)"], axis=1, inplace=True)
df.head()
```

	지역명	규모구분	연도	월	분양가격	평당분양가
0	서울	모든면적	2015	10	5841.0	19275.3
1	서울	전용면적 60제곱미터이하	2015	10	5652.0	18651.6
2	서울	전용면적 60제곱미터초과 85제곱미터이하	2015	10	5882.0	19410.6
3	서울	전용면적 85제곱미터초과 102제곱미터이하	2015	10	5721.0	18879.3
4	서울	전용면적 102제곱미터초과	2015	10	5879.0	19400.7

정리한 자료를 info() 함수로 확인해보자.

```
df.info()
```

```
<class 'pandas.core.frame.DataFrame'>
RangeIndex: 6375 entries, 0 to 6374
Data columns (total 6 columns):
 #   Column  Non-Null Count  Dtype
---  ------  --------------  -----
 0   지역명     6375 non-null   object
 1   규모구분    6375 non-null   object
 2   연도      6375 non-null   int64
 3   월       6375 non-null   int64
 4   분양가격    5548 non-null   float64
 5   평당분양가   5548 non-null   float64
dtypes: float64(2), int64(2), object(2)
memory usage: 299.0+ KB
```

데이터 전처리 작업

고유한 값 찾기

데이터프레임 데이터 셋이 어떤 고유한 데이터 값들로 구성되어 있는지 확인할 때 unique() 함수를 사용한다.

열 '규모구분'의 고유한 값을 unique() 함수를 사용해서 알아보자.

```
df['규모구분'].unique()
```

```
array(['모든면적', '전용면적 60제곱미터이하', '전용면적 60제곱미터초과 85제곱미터이하',
       '전용면적 85제곱미터초과 102제곱미터이하', '전용면적 102제곱미터초과'], dtype=object)
```

nunique() 함수를 사용하여 고유한 값은 몇 개인지 확인해보자.

```
df['규모구분'].nunique()
```

[실행 결과]

```
5
```

value_counts() 함수로 고유한 값의 종류별 데이터 수를 오름차순으로 확인해보자.

```
df['규모구분'].value_counts(ascending=True)
```

```
모든면적                              1275
전용면적 60제곱미터이하                  1275
전용면적 60제곱미터초과 85제곱미터이하      1275
전용면적 85제곱미터초과 102제곱미터이하     1275
전용면적 102제곱미터초과                 1275
Name: 규모구분, dtype: int64
```

시각화 결측치 처리 확인

데이터프레임 데이터 셋에서 결측치 값을 처리할 때 함수를 통해서 확인할 수도 있지만 시각화 라이브러리를 통해 더 간단하게 결측치 값을 확인할 수 있다.

❶시본 라이브러리 시각화 이용

시본 시각화를 이용해서 결측치를 확인해보자. 데이터프레임 데이터 셋에 히트맵 결측치 시각화로 확인해본 결과 '분양가격', '평당분양가' 열에 결측치가 포함되어 있다.

```
plt.figure(figsize=(8,6))
plt.rcParams["font.family"] = 'malgun gothic'
sns.heatmap(df.isnull(), cbar=False)
```

❷ missingno 라이브러리 시각화

missingno 라이브러리는 주피터에서 바로 설치하여 사용할 수 있다. !(느낌표)와 pip install missingno를 입력하여 설치해보자.

```
! pip install missingno
```

```
Defaulting to user installation because normal site-packages is not writeable
Requirement already satisfied: missingno in c:\users\dali3\appdata\roaming\python\python39\site-packages (0.5.1)
Requirement already satisfied: matplotlib in c:\programdata\anaconda3\lib\site-packages (from missingno) (3.5.1)
Requirement already satisfied: seaborn in c:\programdata\anaconda3\lib\site-packages (from missingno) (0.11.2)
Requirement already satisfied: scipy in c:\programdata\anaconda3\lib\site-packages (from missingno) (1.7.3)
Requirement already satisfied: numpy in c:\programdata\anaconda3\lib\site-packages (from missingno) (1.21.5)
Requirement already satisfied: fonttools>=4.22.0 in c:\programdata\anaconda3\lib\site-packages (from matplotlib->missingno) (4.25.0)
Requirement already satisfied: packaging>=20.0 in c:\programdata\anaconda3\lib\site-packages (from matplotlib->missingno) (21.3)
Requirement already satisfied: cycler>=0.10 in c:\programdata\anaconda3\lib\site-packages (from matplotlib->missingno) (0.11.0)
Requirement already satisfied: kiwisolver>=1.0.1 in c:\programdata\anaconda3\lib\site-packages (from matplotlib->missingno) (1.3.2)
Requirement already satisfied: pillow>=6.2.0 in c:\programdata\anaconda3\lib\site-packages (from matplotlib->missingno) (9.0.1)
Requirement already satisfied: python-dateutil>=2.7 in c:\programdata\anaconda3\lib\site-packages (from matplotlib->missingno) (2.8.
2)
Requirement already satisfied: pyparsing>=2.2.1 in c:\programdata\anaconda3\lib\site-packages (from matplotlib->missingno) (3.0.4)
Requirement already satisfied: six>=1.5 in c:\programdata\anaconda3\lib\site-packages (from python-dateutil>=2.7->matplotlib->missing
no) (1.16.0)
Requirement already satisfied: pandas>=0.23 in c:\programdata\anaconda3\lib\site-packages (from seaborn->missingno) (1.4.2)
Requirement already satisfied: pytz>=2020.1 in c:\programdata\anaconda3\lib\site-packages (from pandas>=0.23->seaborn->missingno) (20
21.3)
```

missingno 라이브러리를 가져온 후, msno.matrix를 이용하여 결측치 값을 확인해보자.

그래프에서 하얀색으로 표시된 곳이 빈 공간으로, 결측치 값을 의미한다.

```
import missingno as msno
plt.figure(fig   size=(6,4))
msno.matrix(df)
plt.show()
```

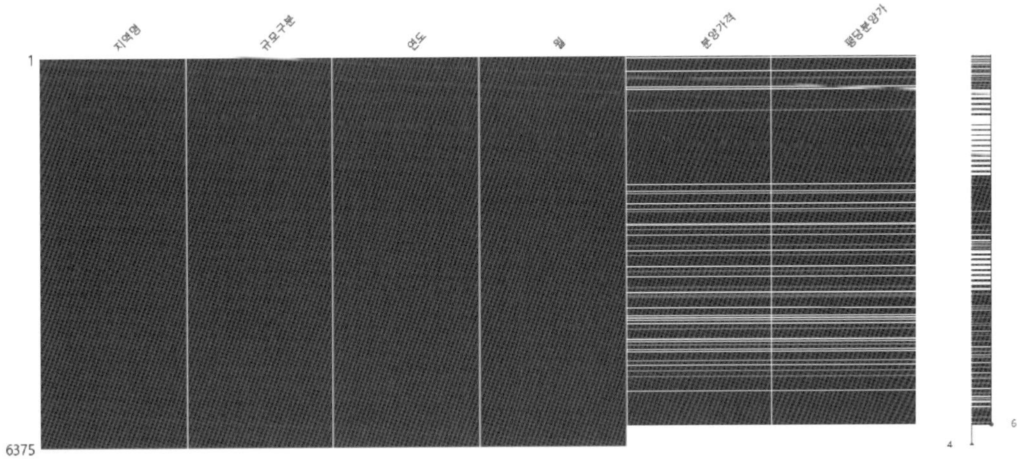

이번에는 bar 차트를 통해서 결측치 값을 확인해보자.

왼쪽 y축 숫자 눈금 1.0은 percentage로 1.0에 도달한 그래프는 결측치가 아닌 데이터이다. 또한, 오른쪽 y축 상단 숫자 6375는 데이터의 개수이다. 아래 그래프에서 분양가격, 평당분양가에 결측치 값이 존재하는 것을 알 수 있다.

```
msno.bar(df)
plt.show()
```

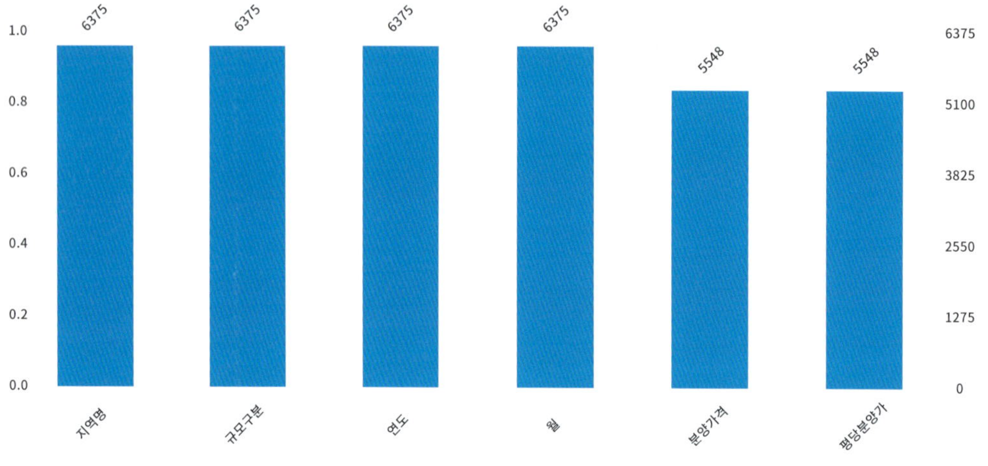

함수를 사용한 결측치

```
df.isna().sum()
```

```
지역명        0
규모구분       0
연도         0
월          0
분양가격     827
평당분양가    827
dtype: int64
```

```
df.isnull().sum()
```

```
지역명        0
규모구분       0
연도         0
월          0
분양가격     827
평당분양가    827
dtype: int64
```

describe() 함수는 숫자 컬럼의 기본적인 통계 수치들을 확인할 수 있다.

```
df.describe()
```

	연도	월	분양가격	평당분양가
count	6375.000000	6375.000000	5548.000000	5548.000000
mean	2018.360000	6.680000	3450.018205	11385.060076
std	1.808567	3.499455	1406.599626	4641.778765
min	2015.000000	1.000000	1868.000000	6164.400000
25%	2017.000000	4.000000	2567.000000	8471.100000
50%	2018.000000	7.000000	3064.000000	10111.200000
75%	2020.000000	10.000000	3911.000000	12906.300000
max	2021.000000	12.000000	13835.000000	45655.500000

특정 데이터의 object 문자열 컬럼 정보를 확인할 수 있는 옵션(include=[np.object])을 추가해준다.

```
df.describe(include=[np.object])
```

	지역명	규모구분
count	6375	6375
unique	17	5
top	서울	모든면적
freq	375	1275

Tips describe object 항목

- count : 데이터 개수
- unique : 컬럼에 들어간 값의 종류
- top : 제일 많은 빈도수를 가진 값
- freq : top의 빈도수

결측치 제거

결측치 값이 NaN으로 존재하는 행(row) 또는 열(column)을 제거할 수 있다.

how='any' 옵션은 NaN 값이 1개만 있어도 제거되며 how='all' 옵션은 모든 값이 NaN이어야 제거된다. 축에 대한 옵션에서 axis=0이면 행, axis=1이면 열 값을 제거한다.

행에 NaN 값이 1개 이상인 결측치 값을 제거해보자. '분양가격', '평당분양가' 결측치 값이 제거된 것을 확인할 수 있다.

```
df.dropna(how='any', axis=0, inplace=True)
df.isnull().sum()
```

```
지역명          0
규모구분        0
연도           0
월            0
분양가격       827
평당분양가      827
dtype: int64
```

→

```
지역명        0
규모구분      0
연도         0
월          0
분양가격      0
평당분양가     0
dtype: int64
```

데이터 그룹화하기

데이터를 분석하다 보면 그룹별로 데이터를 요약하여 그룹에 대한 통계값을 구할 수 있다. 각종 통계 함수는 .(점)과 함께 사용한다. groupby를 사용하면 기본으로 그룹 라벨이 인덱스가 된다.

이제 데이터프레임 그룹화를 통해 자료들에 대한 다양한 집계 분포를 구해보자.

열 '지역명'으로 그룹화하고 '지역명'에 대한 '평당분양가' 평균값을 구해보자.

```
df_loc_mean=df.groupby(['지역명'])['평당분양가'].mean()
```

```
지역명
강원      8562.691837
경기     13775.231831
경남      9754.237283
경북      8946.151351
광주     11052.022222
대구     12969.009538
대전     10516.325000
부산     12510.950704
서울     25185.422380
세종     10261.405000
울산     11156.424783
인천     12893.852137
전남      8155.968966
전북      7984.194872
제주     12698.411498
충남      8534.084821
충북      7882.213598
Name: 평당분양가, dtype: float64
```

열 '규모구분'으로 그룹화하고 '규모구분'에 대한 '평당분양가' 평균값을 구하고 오름차순으로 출력해보자.

```
df_scale_mean=df.groupby(['규모구분'])['평당분양가'].mean()
df_scale_mean.sort_values(ascending=True)
```

```
규모구분
전용면적 60제곱미터초과 85제곱미터이하      10969.213877
모든면적                                  10990.281795
전용면적 60제곱미터이하                     11011.521770
전용면적 85제곱미터초과 102제곱미터이하     11884.432017
전용면적 102제곱미터초과                    12228.519907
Name: 평당분양가, dtype: float64
```

열 '지역명'과 '규모구분'으로 그룹화하고 '지역명'과 '규모구분'에 대한 '평당분양가' 평균값을 구한 다음 오름차순으로 출력해보자.

```python
df_loc_scale_mean=df.groupby(['지역명', '규모구분'])['평당분양가'].mean()
df_loc_scale_mean.sort_values(ascending=True)
```

```
지역명  규모구분
충북    전용면적 60제곱미터이하                     7419.515493
        모든면적                                  7497.181690
        전용면적 60제곱미터초과 85제곱미터이하      7547.657746
전북    전용면적 60제곱미터초과 85제곱미터이하      7602.223944
전남    전용면적 60제곱미터이하                     7633.760870
                                                    ...
서울    전용면적 60제곱미터초과 85제곱미터이하      23926.161972
        모든면적                                  24053.049296
        전용면적 60제곱미터이하                     24676.702817
        전용면적 102제곱미터초과                    25179.717391
        전용면적 85제곱미터초과 102제곱미터이하     28091.319718
Name: 평당분양가, Length: 85, dtype: float64
```

열 '연도'와 '지역명'으로 그룹화하고 '연도'와 '지역명'에 대한 '평당분양가' 평균값을 구해보자.

```python
df_year_loc=df1.groupby(['연도','지역명']) ['평당분양가'].mean()
df_year_loc
```

```
연도   지역명
2015  강원      7188.060000
      경기     11060.940000
      경남      8459.220000
      경북      7464.160000
      광주      7916.700000
                   ...
2021  전남      9930.800000
      전북      8801.861538
      제주     22619.469231
      충남      9645.639474
      충북      8805.142500
Name: 평당분양가, Length: 119, dtype: float64
```

stack과 unstack

데이터프레임에서 stack() 함수는 컬럼을 인덱스로 가져오고 unstack() 함수는 인덱스 값을 컬럼으로 보내는 역할을 한다.

열 '연도'와 '지역명'을 기준으로 평당분양가 평균값을 그룹화해보자.

이때 소수점 데이터는 반올림 처리한다.

```
1  df_year_loc_mean=df1.groupby(['연도','지역명'])['평당분양가'].mean().unstack().
   round()
2  df_year_loc_mean
```

지역명	강원	경기	경남	경북	광주	대구	대전	부산	서울	세종	울산	인천	전남	전북	제주	충남	충북
연도																	
2015	7188.0	11061.0	8459.0	7464.0	7917.0	9019.0	8191.0	10377.0	20316.0	8765.0	9368.0	10976.0	6799.0	7110.0	7951.0	7690.0	6829.0
2016	7163.0	11685.0	8497.0	7753.0	9191.0	10282.0	8911.0	10744.0	21753.0	8858.0	9583.0	11099.0	6937.0	6907.0	9567.0	7958.0	7133.0
2017	7319.0	12296.0	8807.0	8288.0	9600.0	12192.0	9913.0	11638.0	21864.0	9133.0	10630.0	11672.0	7413.0	7406.0	12629.0	8157.0	7463.0
2018	8219.0	14258.0	9328.0	8681.0	9527.0	12139.0	10234.0	12890.0	23202.0	10340.0	10241.0	11882.0	7930.0	8175.0	11936.0	8202.0	8149.0
2019	8934.0	15666.0	10698.0	9050.0	12112.0	14082.0	12619.0	13538.0	28287.0	11299.0	10216.0	13250.0	8219.0	8532.0	11828.0	8749.0	7971.0
2020	10302.0	15106.0	10919.0	9998.0	13406.0	15314.0	11239.0	13353.0	29781.0	11628.0	12838.0	14983.0	9562.0	8559.0	14193.0	9139.0	8359.0
2021	10286.0	14591.0	11270.0	11172.0	13715.0	15525.0	11740.0	13900.0	28749.0	12541.0	14180.0	15887.0	9931.0	8802.0	22619.0	9646.0	8805.0

피벗 테이블 데이터 집계

피벗 테이블은 방대한 데이터 자료를 테이블 형태로 요약하여 데이터프레임의 열을 각각 함수의 인자로 전달하여 표시한다. 피벗 테이블은 그룹화를 사용하지 않고도 편리하게 집계 자료를 구할 수 있는 장점이 있다. 피벗 테이블이 다른 점은 그룹을 위한 그룹화는 시리즈 형태로 반환되고, 그룹에 대한 요약 집계를 위한 피벗 테이블은 데이터프레임 형태로 반환된다는 것이다.

피벗 테이블 데이터 집계

열 '연도'와 '지역명'을 기준으로 평당분양가 평균값을 피벗 테이블로 요약해보자.

```
1  df_pvt=pd.pivot_table(df1, index=['연도','지역명'], values='평당분양가')
2  df_pvt
```

		평당분양가
연도	지역명	
2015	강원	7188.060000
	경기	11060.940000
	경남	8459.220000
	경북	7464.160000
	광주	7916.700000

...	...	...
2021	**전남**	9930.800000
	전북	8801.861538
	제주	22619.469231
	충남	9645.639474
	충북	8805.142500

119 rows × columns

행 '규모구분'과 열 '지역명' 기준으로 그룹화하여 평당분양가 평균값을 피벗 테이블로 요약해보자. 이때 소수점 데이터는 반올림 처리한다.

```
df_pvt_idx=pd.pivot_table(df1,index='규모구분', columns='지역명', values='평당분양가').round()
df_pvt_idx
```

지역명	강원	경기	경남	경북	광주	대구	대전	부산	서울	세종	울산	인천	전남	전북	제주	충남	충북
규모구분																	
모든면적	8041.0	13031.0	9100.0	8568.0	10787.0	12762.0	10214.0	12439.0	24053.0	10274.0	11323.0	12275.0	7826.0	7634.0	12846.0	8145.0	7497.0
전용면적 102제곱미터초과	9642.0	15200.0	10376.0	9695.0	12348.0	13977.0	14875.0	13340.0	25180.0	10460.0	11523.0	15112.0	9054.0	8422.0	12200.0	8960.0	8455.0
전용면적 60제곱미터이하	8273.0	13480.0	9007.0	8516.0	10320.0	12818.0	9819.0	11966.0	24677.0	10017.0	10920.0	12211.0	7634.0	7851.0	14199.0	8109.0	7420.0
전용면적 60제곱미터초과 85제곱미터이하	8011.0	12994.0	9063.0	8550.0	10706.0	12770.0	10162.0	12387.0	23926.0	10230.0	11402.0	12355.0	7830.0	7602.0	12734.0	8167.0	7548.0
전용면적 85제곱미터초과 102제곱미터이하	8903.0	14171.0	11265.0	9611.0	11587.0	12452.0	9078.0	12422.0	28091.0	10252.0	9622.0	12641.0	8442.0	8436.0	10709.0	9484.0	8509.0

행 '연도', '지역명' 기준으로 그룹화하여 평당분양가 평균값을 피벗 테이블로 요약해보자. 이때 소수점 데이터는 반올림 처리한다.

```
df_pvt_avg=pd.pivot_table(df1, index=['연도','지역명'], values='평당분양가').round()
df_pvt_avg
```

		평당분양가
연도	지역명	
2015	강원	7188.0
	경기	11061.0
	경남	8459.0
	경북	7464.0
	광주	7917.0
...	...	...
2021	전남	9931.0
	전북	8802.0
	제주	22619.0
	충남	9646.0
	충북	8805.0

119 rows × 1 columns

피벗 테이블에서는 집계 함수를 동시에 여러 개 사용할 수 있다. 다중 인자의 집계 함수를 조회하려면 aggfunc 항목을 사용하여 구하고자 하는 집계 함수 항목을 리스트로 전달한다. 이제 '연도', '지역명' 그룹의 '평당분양가' 집계 함수의 최댓값, 평균값, 최솟값을 동시에 표시하여 피벗 테이블을 요약해보자.

```
1  df_pvt_avg=pd.pivot_table(df1, index=['연도','지역명'], values=['평당분양가'], agg-
   func=['max','mean', 'min'])
2  df_pvt_avg
```

		max	mean	min
		평당분양가	평당분양가	평당분양가
연도	지역명			
2015	강원	7563.6	7188.060000	6801.3
	경기	12705.0	11060.940000	10160.7
	경남	10041.9	8459.220000	7260.0
	경북	8302.8	7464.160000	7078.5
	광주	8213.7	7916.700000	7428.3
...	...	...	...	...
2021	전남	10929.6	9930.800000	8844.0
	전북	11147.4	8801.861538	7949.7
	제주	27753.0	22619.469231	15463.8
	충남	11315.7	9645.639474	8801.1
	충북	9273.0	8805.142500	8527.2

119 rows × 3 columns

Tips **피벗 테이블 옵션**

- values : 피벗 테이블에서 각 그룹별로 조회할 값의 컬럼
- index : 기존 컬럼인데 'index=컬럼'을 정의하여 테이블의 행으로 조회할 컬럼
- columns : 테이블의 열로 조회할 컬럼
- fill_value : 값이 존재하지 않는 그룹에 채워질 값(기본적으로 NaN)
- aggfunc : 각 그룹별로 조회할 집계 함수 정의

행 '연도', 열 '지역명' 그룹의 '평당분양가' 평균값의 피벗 테이블을 요약해보자.

```
df_pvt_year=pd.pivot_table(df1, index='연도', columns='지역명', values='평당분양가').round()
df_pvt_year
```

지역명	강원	경기	경남	경북	광주	대구	대전	부산	서울	세종	울산	인천	전남	전북	제주	충남	충북
연도																	
2015	7188.0	11061.0	8459.0	7464.0	7917.0	9019.0	8191.0	10377.0	20316.0	8765.0	9368.0	10976.0	6799.0	7110.0	7951.0	7690.0	6829.0
2016	7163.0	11685.0	8497.0	7753.0	9191.0	10282.0	8911.0	10744.0	21753.0	8858.0	9583.0	11099.0	6937.0	6907.0	9567.0	7958.0	7133.0
2017	7319.0	12296.0	8807.0	8288.0	9600.0	12192.0	9913.0	11638.0	21864.0	9133.0	10630.0	11672.0	7413.0	7406.0	12629.0	8157.0	7463.0
2018	8219.0	14258.0	9328.0	8681.0	9527.0	12139.0	10234.0	12890.0	23202.0	10340.0	10241.0	11882.0	7930.0	8175.0	11936.0	8202.0	8149.0
2019	8934.0	15666.0	10698.0	9050.0	12112.0	14082.0	12619.0	13538.0	28287.0	11299.0	10216.0	13250.0	8219.0	8532.0	11828.0	8749.0	7971.0
2020	10302.0	15106.0	10919.0	9998.0	13406.0	15314.0	11239.0	13353.0	29781.0	11628.0	12838.0	14983.0	9562.0	8559.0	14193.0	9139.0	8359.0
2021	10286.0	14591.0	11270.0	11172.0	13715.0	15525.0	11740.0	13900.0	28749.0	12541.0	14180.0	15887.0	9931.0	8802.0	22619.0	9646.0	8805.0

데이터 시각화

데이터 분석에 대한 전문 지식이 없어도 패턴과 상황을 시각화하여 데이터를 쉽게 비교 판단하여 파악할 수 있다.

데이터에서 분석한 내용의 특성을 파악한 후, 처리한 데이터 내용을 다양한 그래프로 표시해보자.

barplot 그래프

연도별 평당분양가를 barplot 그래프로 나타내보자.

```
plt.figure(figsize=(12,8))
plt.title('연도별 평당분양가', fontsize=20)
sns.barplot(data=df, x='연도', y='평당분양가')
```

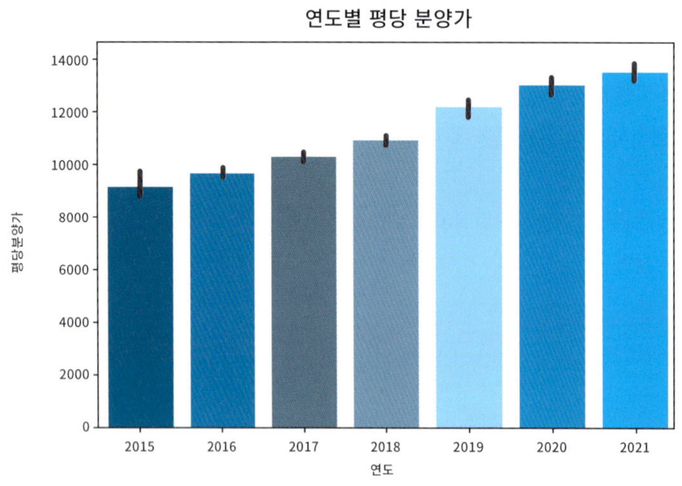

서울의 연도별 평당분양가를 barplot과 pointplot 그래프로 동시에 나타내보자.

```
plt.figure(figsize=(12,8))
df_sel=df[df['지역명']=='서울']
plt.title('연도별 서울 평당분양가', fontsize=20)
sns.barplot(data=df_sel, x='연도', y='평당분양가')
sns.pointplot(data=df_sel, x='연도', y='평당분양가')
```

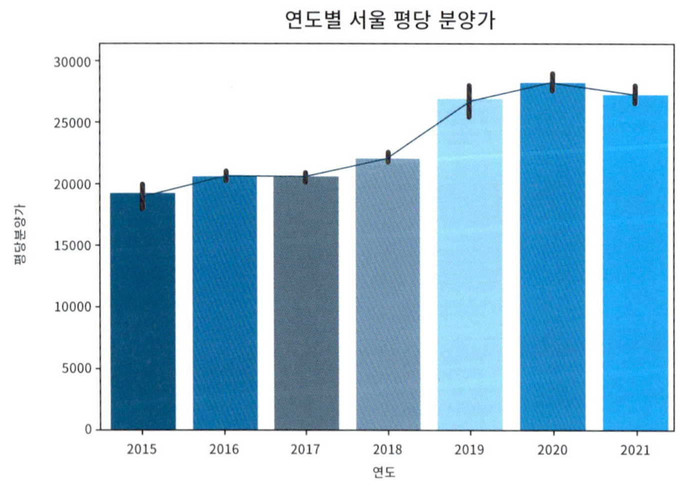

서울의 연도별 평당분양가를 violinplot 그래프로 나타내보자.

```
plt.figure(figsize=(12,8))
plt.title('연도별 서울 평당분양가', fontsize=20)
sns.violinplot(data=df_sel, x='연도', y='평당분양가')
```

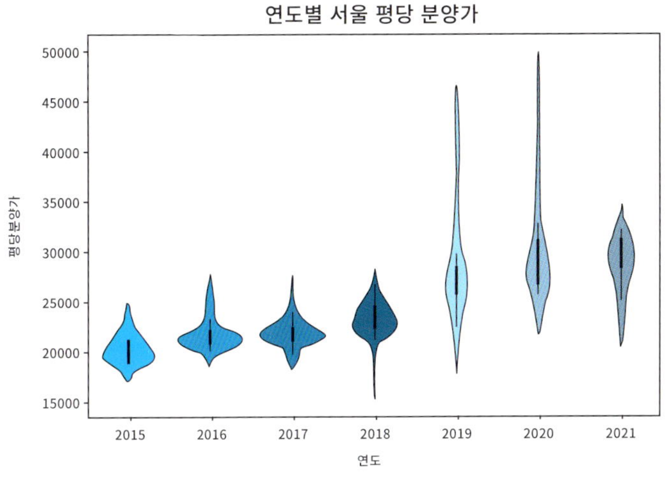

서울의 연도별 평당분양가를 pointplot 그래프로 나타내보자.

```
plt.figure(figsize=(12,8))
plt.title('연도별 서울 평당분양가', fontsize=20)
sns.pointplot(data=df, x='연도', y='평당분양가')
```

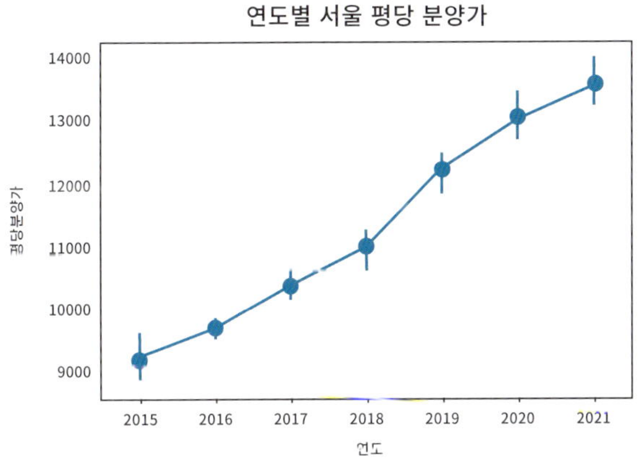

전국 평당분양가를 boxenplot 그래프로 나타내보자.

```
plt.figure(figsize=(12,8))
plt.title('전국 평당분양가', fontsize=20)
sns.boxenplot(data=df, x='지역명', y='평당분양가')
```

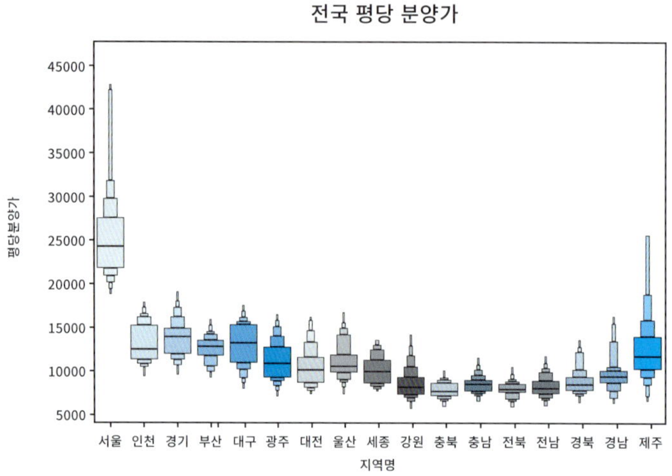

전국 평당분양가를 barplot 그래프로 나타내보자.

```
plt.figure(figsize=(12,8))
plt.title('전국 평당분양가', fontsize=20)
sns.barplot(data=df, x='지역명', y='평당분양가')
```

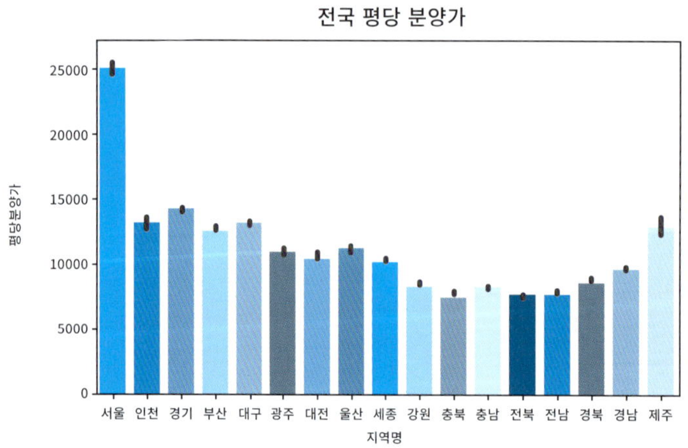

진단문제

x='연도', y='평당분양가', hue='지역명'을 사용하여 pointplot 시본 그래프를 밑줄 친 부분을 채워 완성하시오. 단, 그래프 제목은 '연도별 서울 평당분양가', 글자 크기 20, 글자 색은 파란색으로 한다.

```
import numpy as np
import pandas as pd
import matplotlib.pyplot as plt
import seaborn as sns
plt.rcParams["font.family"] = 'malgun gothic
```

```
plt.figure(figsize=(12,10))
plt.title('연도별 서울 평당분양가', fontsize=20,  color="b")
plt.xlabel("연도", fontsize=18, color='magenta')
plt.ylabel("평당분양가", fontsize=18, color='magenta')
______________________________________________
```

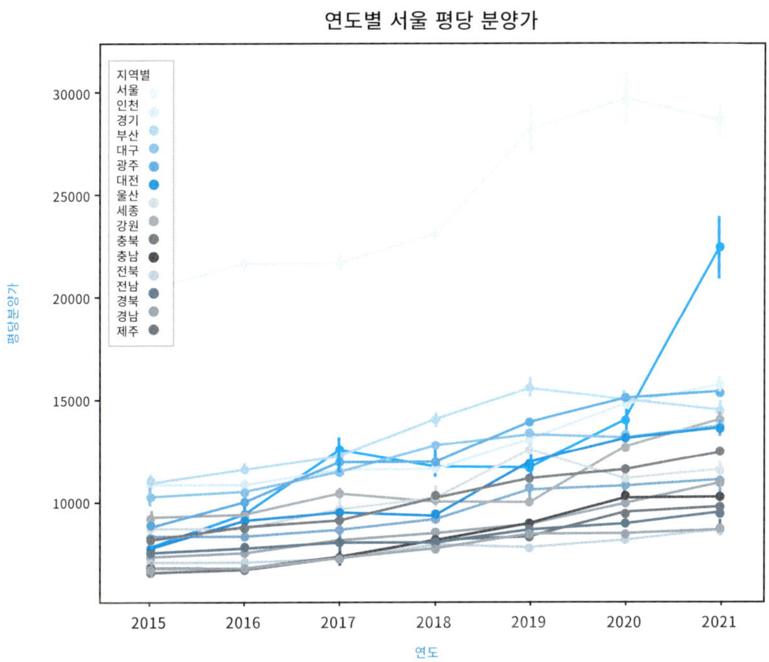

요점정리

1. 조건을 부여할 때 df[df['열이름'] 조건]을 사용하기도 하지만 data.query() 함수를 사용하면 더 편리하게 조건을 줄 수 있다.

2. 한글 인코딩 타입은 'utf-8', 'cp949', 'euc-kr' 타입 등이 있다.

3. object를 숫자형으로 변환 시 'coerce' 옵션은 숫자로 변경할 수 없는 문자열 자료형의 기존 데이터를 지우고 문자열 자료형을 강제로 NaN으로 변환 처리한다.

4. 문자열 자료형을 숫자형 자료형으로 변환할 때 astype()이나 to_numeric() 함수를 사용한다.

5. df.isna().sum()와 df.isnull().sum() 함수를 이용하여 결측치 값을 확인할 수 있다.

6. dropna 결측치 제거 시 how='any' 옵션은 NaN 값이 1개만 있어도 제거되며 how='all' 옵션은 모든 값이 NaN이어야 제거된다. 축에 대한 옵션은 axis=0이면 행, axis=1이면 열 값을 제거한다.

7. 데이터프레임에서 stack() 함수는 컬럼을 인덱스로 가져오고 unstack() 함수는 인덱스 값을 컬럼으로 보내는 역할을 한다.

8. 피벗 테이블은 방대한 데이터 자료를 테이블 형태로 요약하여 데이터프레임의 열을 각각 함수의 인자로 전달하여 표시한다.

9. 그룹화는 시리즈 형태로 반환되고, 피벗 테이블은 데이터프레임 형태로 반환된다.

10. groupby 함수에서 aggfunc 옵션은 각 그룹별로 조회할 집계 함수를 정의할 때 사용한다.

1. 한글 인코딩 타입 방식으로 옳지 않은 것은? ( )
   ① ks-4800　② utf-8　③ cp-949　④ euc-kr

2. 그룹화(groupby)에 대한 설명으로 옳지 않은 것은? ( )
   ① groupby는 기본적으로 시리즈 형태의 1차원 값으로 반환된다.
   ② groupby는 1개 기준으로만 그룹화할 수 있다.
   ③ 그룹화는 피벗 테이블보다 속도가 빠르다.
   ④ 그룹화는 합계, 평균 함수를 동시에 적용하여 집계할 수 있다.

3. 그룹화에서 groupby를 집계할 때 다수의 함수를 한 번에 적용하는 함수는? ( )
   ① apply()　② args()　③ aggregate()　④ agg()

4. 데이터 열 중에서 두 개의 열을 각각 행 인덱스, 열 인덱스로 사용하여 데이터를 조회하여 펼쳐 놓는 그룹 분석은? ( )

5. 피벗 테이블에서 결측치 값을 NaN으로 대체하는 함수는? ( )
   ① values()　② index()　③ fill_value()　④ aggfunc()

6. dropna() 함수에서 how 옵션 중 결측치가 하나라도 존재하면 제거하는 옵션 항목은? ( )
   ① any　② once　③ just　④ all

7. 데이터프레임에서 다양한 기술 통계값을 한 번에 구하는 함수는? ( )
   ① std()　② type()　③ info()　④ describe()

8. 데이터프레임에서 문자열 자료형을 숫자형 자료형으로 변환하는 함수는? ( )
   ① eval()　② astype()　③ value()　④ int()

9. 데이터프레임이나 array 형태의 차원을 확인하는 함수는? ( )
   ① dim()　② shape()　③ series()　④ arange()

10. 피벗 테이블에 대한 설명으로 옳지 않은 것은? ( )

① 피벗 테이블을 메서드로 사용하면 객체 자체가 데이터가 되므로 데이터 인수가 필요 없다.

② 피벗 테이블은 index 행, column 열 단위로 합계 집계를 기본으로 구한다.

③ 피벗 테이블 명령은 groupby 명령처럼 그룹 분석을 하지만 최종적으로는 피벗 명령처럼 피벗 테이블을 만든다.

④ values 옵션은 데이터프레임에서 분석할 컬럼이다.

1. 제공한 'public.csv' 파일을 'C:\python_jupyter' 폴더에 복사한 후 수행평가를 진행하시오.

name	Age	Country	Height	Weight	avg	income	rooms	family	type	gen
adar	6	SP	113	30	70	16700	7	6	1	M
agam	6	GR	172	71	92	9200	5	4	2	F
avi	7		143	58	82	12000	3	7	1	M
dani	7	US		70	90	15000	4	4	2	M
dina	7	ISR	110	26	64	10000	6	8	1	F
efrat	7		115	33	75	8000	5	5	3	F
ehud	8	ISR	155	66	85	18000	2	7	1	M
eli	8		155	61	84	8900	7	10	2	M
ester	8	ISR		48	79	19600	2	4	1	F

❶ 파일을 읽어서 데이터프레임 데이터 셋으로 전환하시오.

	name	Age	Country	Height	Weight	avg	income	rooms	family	type	gen
0	adar	6	SP	113.0	30	70	16700	7	6	1	M
1	agam	6	GR	172.0	71	92	9200	5	4	2	F
2	avi	7	NaN	143.0	58	82	12000	3	7	1	M
3	dani	7	US	NaN	70	90	15000	4	4	2	M
4	dina	7	ISR	110.0	26	64	10000	6	8	1	F

❷ 컬럼만 출력하시오.

```
['name', 'Age', 'Country', 'Height', 'Weight', 'avg', 'income', 'rooms', 'family', 'type', 'gen']
```

❸ 전체 열의 통계 요약 정보를 표시하시오.

```
<class 'pandas.core.frame.DataFrame'>
RangeIndex: 30 entries, 0 to 29
Data columns (total 11 columns):
 #   Column   Non-Null Count  Dtype
---  ------   --------------  -----
 0   name     30 non-null     object
 1   Age      30 non-null     int64
 2   Country  21 non-null     object
 3   Height   24 non-null     float64
 4   Weight   30 non-null     int64
 5   avg      30 non-null     int64
 6   income   30 non-null     int64
 7   rooms    30 non-null     int64
 8   family   30 non-null     int64
 9   type     30 non-null     int64
 10  gen      30 non-null     object
dtypes: float64(1), int64(7), object(3)
memory usage: 2.7+ KB
```

❹ 전체 데이터가 몇 행 몇 열로 구성되었는지 차원 정보를 출력하시오.

[실행 결과]

```
(30,11)
```

❺ 데이터프레임의 결측치 값을 검색하시오.

```
name       0
Age        0
Country    9
Height     6
Weight     0
avg        0
income     0
rooms      0
family     0
type       0
gen        0
dtype: int64
```

❻ 열 'Age'가 10보다 크고 열 'rooms'가 5보다 작은 데이터를 조회하시오.

	name	Age	Country	Height	Weight	avg	income	rooms	family	type	gen
20	orit	44	US	123.0	40	78	18900	3	7	3	F
21	orit	11	NaN	175.0	73	89	54100	4	3	2	F
22	rina	11	EN	NaN	31	73	30000	2	5	3	F
23	shely	11	ISR	148.0	60	86	8000	4	3	1	F
27	yafit	13	FR	180.0	90	93	12800	2	4	1	F

❼ 열 'Country'의 고유한 항목 개수를 출력하시오.

Hint : 고유한 항목의 종류를 출력할 때는 df['컬럼 이름'].unique()
고유한 항목의 개수를 출력할 때는 df['컬럼 이름'].nunique()

[실행 결과]

```
6
```

❽ 열 'Country'의 고유한 항목 종류를 출력하시오.

```
array(['SP', 'GR', nan, 'US', 'ISR', 'EN', 'FR'], dtype=object)
```

❾ 열 'Age' 기준 오름차순으로 10개의 데이터를 출력하시오.

	name	Age	Country	Height	Weight	avg	income	rooms	family	type	gen
0	adar	6	SP	113.0	30	70	16700	7	6	1	M
1	agam	6	GR	172.0	71	92	9200	5	4	2	F
2	avi	7	NaN	143.0	58	82	12000	3	7	1	M
3	dani	7	US	NaN	70	90	15000	4	4	2	M
4	dina	7	ISR	110.0	26	64	10000	6	8	1	F
5	efrat	7	NaN	115.0	33	75	8000	5	5	3	F
6	ehud	8	ISR	155.0	66	85	18000	2	7	1	M
7	eli	8	NaN	155.0	61	84	8900	7	10	2	M
8	ester	8	ISR	NaN	48	79	19600	2	4	1	F
9	evyatar	8	NaN	110.0	34	72	7600	3	4	1	M

⑩ 열 'Age', 'Height', 'Weight' 기준으로 오름차순 정렬하여 출력하시오.

	name	Age	Country	Height	Weight	avg	income	rooms	family	type	gen
0	adar	6	SP	113.0	30	70	16700	7	6	1	M
1	agam	6	GR	172.0	71	92	9200	5	4	2	F
4	dina	7	ISR	110.0	26	64	10000	6	8	1	F
5	efrat	7	NaN	115.0	33	75	8000	5	5	3	F
2	avi	7	NaN	143.0	58	82	12000	3	7	1	M
3	dani	7	US	NaN	70	90	15000	4	4	2	M
10	itamar	8	EN	110.0	30	71	27000	2	5	2	M
9	evyatar	8	NaN	110.0	34	72	7600	3	4	1	M
11	liel	8	NaN	142.0	55	84	24000	2	7	1	M
7	eli	8	NaN	155.0	61	84	8900	7	10	2	M
6	ehud	8	ISR	155.0	66	85	18000	2	7	1	M

⑪ 열 'Age', 'type' 기준으로 그룹화하여 그룹의 개수를 출력하시오.

		name	Country	Height	Weight	avg	income	rooms	family	gen
Age	type									
6	1	1	1	1	1	1	1	1	1	1
	2	1	1	1	1	1	1	1	1	1
7	1	2	1	2	2	2	2	2	2	2
	2	1	1	0	1	1	1	1	1	1
	3	1	0	1	1	1	1	1	1	1
8	1	4	2	3	4	4	4	4	4	4
	2	2	1	2	2	2	2	2	2	2
9	1	1	1	1	1	1	1	1	1	1
	2	1	1	1	1	1	1	1	1	1
	3	3	2	2	3	3	3	3	3	3
10	1	2	1	1	2	2	2	2	2	2
	2	1	1	1	1	1	1	1	1	1
11	1	1	1	1	1	1	1	1	1	1
	2	1	0	1	1	1	1	1	1	1
	3	1	1	0	1	1	1	1	1	1
12	2	1	1	1	1	1	1	1	1	1
	3	1	0	1	1	1	1	1	1	1
13	1	1	1	1	1	1	1	1	1	1
	2	1	1	0	1	1	1	1	1	1
	3	1	1	1	1	1	1	1	1	1

14	1	1	1	1	1	1	1	1	1	1
44	3	1	1	1	1	1	1	1	1	1

2. 데이터프레임의 데이터셋에 대한 시각화를 진행하시오.

❶ 열 'Height'와 'Weight'의 선점도 그래프를 표시하시오.

[조건]

- 그래프 크기 : 가로 너비 12, 세로 길이 10
- 그래프 종류 : 선점도 표시
- x축 : 키
- y축 : 몸무게
- x축 제목 : 키, 글자 크기 18, 글자 색 파랑
- y축 제목 : 몸무게, 글자 크기 18, 글자 색 파랑
- 그래프 제목 : 키, 몸무게 선점도 현황, 글자 크기 20, 글자 색 파랑
- 그래프 색상 : 녹색

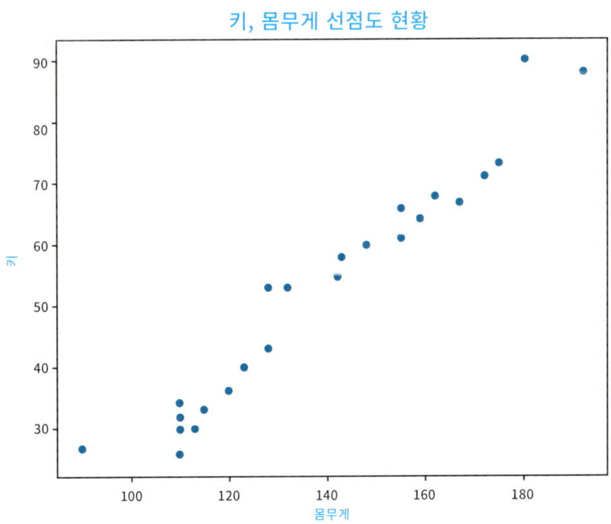

❷ 열 'income'에 대한 히스토그램 그래프를 표시하시오.

[조건]

- 그래프 크기 : 가로 너비 12, 세로 길이 10
- 그래프 종류 : 히스토그램

- 그래프 제목 : 제품별 총액, 글자 크기 20, 글자색 파랑
- 막대그래프 : 색상 노랑, 대각선으로 채우기, 테두리 선 녹색

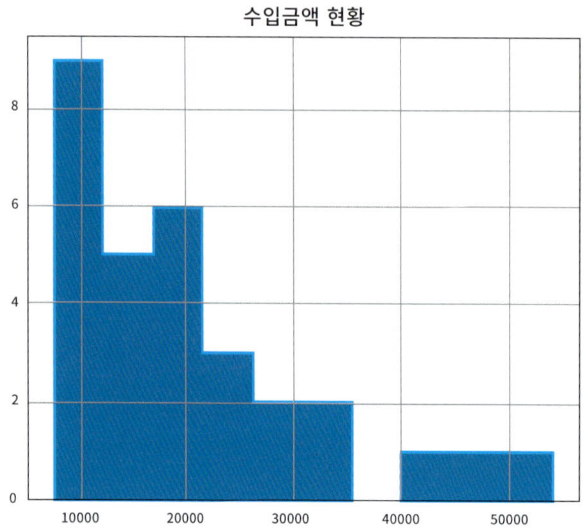

찾아보기

F

G, H

I

J, K, L

M

N, O

P, Q

R

S

T

U

V

W, X

숫자, 기호